Research on Chen Yun's Thoughts
on Socialist Construction

 社会主义建设
思想研究

江泰然◎著

人民出版社

目　　录

第一章 陈云社会主义建设思想研究的基本情况

陈云是伟大的无产阶级革命家、政治家，杰出的马克思主义者，中国社会主义经济建设的开创者和奠基人之一，中国共产党和中华人民共和国久经考验的卓越领导人。他是以毛泽东同志为核心的党的第一代中央领导集体和以邓小平同志为核心的党的第二代中央领导集体的重要成员，为党和人民事业的发展作出了重大贡献。今天，研究陈云特别是研究陈云社会主义建设思想，对于不断推进中国特色社会主义伟大事业、努力实现第二个百年奋斗目标和以中国式现代化全面推进中华民族伟大复兴，意义重大而深远。

第一节 对学术界陈云研究成果情况的梳理

陈云社会主义建设思想研究，是陈云研究的一个重要组成部分，是中国共产党历史研究和中华人民共和国历史研究的一项重要内容，也是中国共产党领袖人物研究的一个重要方面。党史学界、新中国史学界以及理论界和学术界，对陈云的研究包括对陈云社会主义建设思想的研究，肇始于1980年下半年。可以这样认为，这项研究是20世纪80年代初从整理、选编、出版陈云文稿开始的，然后逐步深入和拓展。综合有关观点，陈云研究大体"经历四个阶段"①。

一、起步阶段

一般来说,起步阶段的研究,都比较艰难,比如,20 世纪 80 年代初期,对中共党史人物研究包括对他们的思想生平研究,就存在这样的情形。一是当时政治形势和学术环境刚刚往好的方面变化不久,并且处在变化当中;二是研究者的思想认识水平、专业能力和学术素养不一,参差不齐;三是研究资料严重缺乏,亟待收集、鉴别、整理、出版或发表。陈云研究无疑也不例外。因此,起步阶段对陈云的研究包括对陈云社会主义建设思想的研究,就只能是大体处于对陈云的相关文献资料整理及其个人文章著作选编这样一个基础工程阶段。与此同时,也出现了一些研究者撰写的有见地的文章和专著。

中共十一届三中全会以后,为了初步总结并认真汲取新中国成立以来经济建设的经验与教训,1980 年 10 月,中共中央书记处研究室编辑了《陈云同志文稿选编(1956—1962 年)》,包括了陈云从 1956 年 9 月至 1962 年关于社会主义建设的一部分重要文稿。"在文稿中,有一些是没有整理过的讲话记录,我们作了文字上的加工。有个别文稿,我们在文字上作了些删节、补充或修改。选编的文稿,是按照年月次序排列的。"②陈云在这一阶段的主要文稿,共 23 篇。对中国社会主义建设的许多重要问题,"陈云同志都提出了他的看法和意见,所有这些,有的在那时被采纳并付诸实施了,有的则没有被采纳,有的甚至受到误解和批评。然而历史却证明,他的观点和主张不仅在那时是正确和可行的,而且现在看来也还是正确和可行的"③。

1982 年 6 月,中共中央书记处研究室又编辑了《陈云文稿选编(1949—

---

① 迟爱萍:《回顾与展望:陈云研究述评》,中共中央文献研究室陈云研究组编:《陈云研究述评》上册,中央文献出版社 2004 年版,第 15 页。
② 《陈云同志文稿选编(1956—1962 年)》,人民出版社 1981 年版,第 1 页。
③ 《陈云同志文稿选编(1956—1962 年)》,人民出版社 1981 年版,第 4 页。

1956 年)》,包括了陈云从 1949 年 8 月到 1956 年 7 月亲自起草的文稿和在重要会议上讲话的记录稿,共 49 篇,其中有将近 3/4 是没有公开发表过的。①作为中国共产党和中华人民共和国的领导人,"陈云同志当时主持经济工作,在他的文稿中,准确地记录了我们走过的胜利历程,总结了同资本主义斗争的经验。认真学习陈云同志这本文稿,不仅有助于正确地认识这一段充满光辉业绩的历史,而且将使广大干部首先是领导干部保持清醒的头脑,避免在坚持实行对外开放和对内搞活经济的政策的同时,忘掉反对资本主义腐蚀和进攻的斗争,偏离现代化建设的社会主义方向"②。陈云立足国情和实际所发表的一系列讲话,以及提出的一系列思想主张,在当时无疑起到了重大作用。

总之,人们从这两本陈云文稿选编中,可以清楚地知道新中国成立之后的头 13 年中国社会主义革命和建设的历史脉络,也可以比较系统地了解陈云关于中国社会主义革命和建设的思想,特别是他的经济建设思想。

1983 年 12 月,中共中央文献研究室编辑、中国曲艺出版社出版的《陈云同志关于评弹的谈话和通信》,收入了陈云 1959 年至 1983 年间,与江苏、浙江、上海和北京等地的有关人士关于苏州评弹的谈话、通信和文稿,共 40 篇。这期间,一些报纸、期刊和出版社还刊登、发表或出版了陈云自己撰写的文章。这一举措有助于更好地研究陈云的生平和思想。

有了上述整理、出版和刊发出来的陈云文稿及研究资料,陈云研究也就有了一个良好的开端。当然,这一阶段研究主要依靠的资料,还是前面所提到的两本陈云文稿选编。正是从全党学习、研究和宣传这两本陈云文稿选编开始,理论界、学术界和党史学界、新中国史学界才真正展开了对陈云的研究。在这个起步阶段,陈云研究也出现了一些学习宣传类成果和学术研究类成果。

---

① 《陈云文稿选编(1949—1956 年)》,人民出版社 1982 年版,第 1 页。

② 中共中央文献研究室编:《文献和研究(1982 年汇编本)》,中共中央党校出版社 1983 年版,第 154—155 页。

二、逐步发展

随着《陈云文选》三卷本的出版,陈云研究进入一个逐步发展阶段。1984年1月、1984年7月和1986年6月,由中共中央书记处研究室编辑、中共中央文献研究室参加审核和校阅的《陈云文选(1926—1949年)》、《陈云文选(1949—1956年)》和《陈云文选(1956—1985年)》,分别由人民出版社出版发行。这三卷本《陈云文选》,有助于学术界对陈云的生平和思想展开研究。比如,围绕《陈云文选》三卷本的出版,《人民日报》《红旗》以及一些地方报刊,都选登了陈云的文章。中共中央文献研究室编辑的《十二大以来重要文献选编》(人民出版社1986年版)、《十一届三中全会以来重要文献选读》(人民出版社1987年版)等书籍,都选载了《陈云文选》中的相关文章。

正是有陈云论著的发表和出版,陈云研究才进入了一个新的发展阶段。迟爱萍对这个阶段的研究成果情况进行了综述。① 比如,党建研究类文章逐渐增多。为配合当时的整党形势,理论工作者结合实际,对陈云的党建思想进行研究。因此,这一阶段党建研究方面的成果自然而然地就多起来了。代表性的文章主要有:梅行的《从思想上、政治上和组织上巩固党的卓越文献》(《人民日报》1984年2月17日),顾明的《共产党员要对党无限忠诚》(《光明日报》1984年3月31日),陈野苹的《加强干部队伍建设的重要思想武器》(《红旗》1984年第7期)等。经济研究类论著的理论深度有所挖掘。王杰的《陈云经济论著研究》(河南人民出版社1988年版),涉及陈云的综合平衡思想及其思想体系的研究内容。另有薛暮桥的《运筹帷幄之中 决胜千里之外》(《红旗》1984年第15期),周太和的《建国初期经济战线上的"三大战役"》(《党的文献》1988年第3期)。与此同时,还有一些研究陈云哲学思想的文章。《陈云文选》三卷本出版后,"全国报刊发表了研究文章140余篇,其

① 迟爱萍:《回顾与展望:陈云研究述评》,中共中央文献研究室陈云研究组编:《陈云研究述评》上册,中央文献出版社2004年版,第16—23页。

中有 20 多篇是阐述书中哲学思想的"①。

从 1984 年 9 月至 1988 年 2 月，中共中央文献研究室又编辑了《文献和研究》四卷汇编本，均由人民出版社出版，其中的两卷汇编本汇集了《文献和研究》上曾经发表过的陈云的文章。

在这一阶段，学术界对陈云在红军长征途中的活动也作了宣传与研究。如《人民日报》1985 年 1 月 17 日刊载了陈云 1935 年撰写的《遵义政治局扩大会议传达提纲》。此外，《人民日报》还发表了一些老同志的回忆文章。比如，周太和的《实事求是，做好财经工作》(《人民日报》1984 年 3 月 5 日)，研究了陈云在西北财经办事处的财经思想与实践。唐凯的《坚持斗争　扭转战局》(《解放军报》1984 年 6 月 13 日)和萧劲光的《回忆和陈云同志在一起战斗的岁月——为〈陈云文选(一九二六——一九四九年)〉出版而作》(《人民日报》1984 年 3 月 16 日)，回顾了陈云领导辽东斗争的情况。苏星的《陈云同志是怎样作工业调查的？——煤炭座谈会纪实》(《红旗》1986 年第 24 期)，回忆并记述了煤炭座谈会的情况。"老同志对自己所述的历史和人物有着亲身的感受，所以对问题认识的深刻程度和表述问题的角度都是一般研究者所不能比拟的。"②

三、不断推进

1995 年 4 月 10 日，陈云在北京逝世。4 月 17 日，《人民日报》发表了《陈云同志伟大光辉的一生》的文章，对陈云作出了实事求是的评价。同年 5 月，新版《陈云文选》一至三卷、《陈云》画册出版。新版《陈云文选》一至三卷，是从事陈云研究的研究者们依据的主要历史资料，也是学者们掌握陈云思想观

---

① 金邦秋：《陈云哲学思想研究述评》，中共中央文献研究室陈云研究组编：《陈云研究述评》下册，中央文献出版社 2004 年版，第 701 页。

② 迟爱萍：《回顾与展望：陈云研究述评》，中共中央文献研究室陈云研究组编：《陈云研究述评》上册，中央文献出版社 2004 年版，第 30 页。

点的主要历史资料。6 月 13 日,江泽民在《陈云文选》一至三卷、《陈云》画册出版发行暨纪念陈云同志诞辰九十周年座谈会上发表讲话,对陈云作了高度评价,为全党学习、研究和宣传陈云提供了重要指导。

之所以在这里讲陈云研究进入了不断推进阶段,是因为这一阶段研究的资料、领域、水平和影响不断地丰富、拓展、提高和扩大。具体来说,表现如下:一是研究资料不断丰富;二是研究领域不断拓展;三是研究水平不断提高;四是研究影响不断扩大。

四、全面深入

从 1996 年 1 月开始,学术界、理论界、党史学界和新中国史学界对陈云的思想生平进行了全面系统的研究,陈云研究也进入全面深入阶段,主要呈现出以下若干特点。

一是编辑出版和公开发表了一批研究陈云的书籍文章。体现在以时间为顺序编辑出版的资料问世和以回忆性文章逐渐增多两个方面,中央文献出版社和其他单位的出版社出版了研究陈云的书籍资料,比如,2000 年,中央文献出版社出版了朱佳木主编的《陈云年谱(1905—1995)》(上、中、下卷);2005年,中共中央文献研究室编辑并出版了《陈云传》(上、下册);2005 年,中共中央文献研究室编辑并出版了《陈云文集》一至三卷。

二是经济、党建以及哲学领域的陈云研究成果更加丰硕。从陈云研究来看,为什么经济、党建和哲学这三个领域的研究成果,比起其他领域的研究成果更加突出呢? 这是因为,陈云革命的一生,主要是同经济工作、党的建设和哲学思考紧密相连,所以这三个领域的研究成果更加突出,就自然而然了。

三是陈云生平研究在许多方面有很大的进展。虽然陈云研究的主要领域集中体现在经济和党建这两个方面,但是,在这一阶段,陈云生平研究也有不少进展,取得了一定的成就。比如,孙业礼、熊亮华合著的《共和国经济风云中的陈云》(中央文献出版社 1996 年版),朱佳木、迟爱萍、赵士刚编著的《中华名人丛书——陈云》(中央文献出版社 1999 年版)。

四是陈云研究和宣传的大众化影响不断扩大。在这一阶段,陈云著作出现了两种新的表现形式:格言和手迹。① 比如,中共中央文献研究室编的《毛泽东、周恩来、刘少奇、朱德、邓小平、陈云格言》(中央文献出版社 1997 年版),中共中央文献研究室、中央档案馆合编的《陈云手迹选》(商务印书馆 2000 年版),形式比较新,史料价值高。另外,中央电视台还播出了有关陈云的电视连续剧。

五是对陈云研究成果作了比较系统的总结。对陈云研究成果进行比较系统的总结,体现在两个方面:一是集中体现在 2004 年 5 月 26—28 日中共中央文献研究室在北京召开的陈云研究述评学术讨论会及其成果《陈云研究述评》(上、下册)方面,二是集中体现在每年公开发表的对前一年学术界、理论界、党史学界和新中国史学界研究陈云的学术信息综述方面。

除了《陈云研究述评》这本专门对陈云研究情况进行梳理的编著外,《当代中国史研究》每年都发表一篇当年对“陈云与当代中国学术研讨会”的情况进行总结的文章,《上海陈云研究》每年也发表一篇关于陈云生平思想研究述评的文章。这些“研讨总结”和“研究述评”的文章,同样需要我们去关注和了解。

1996 年以来,陈云研究取得重大突破。2005 年 6 月 13 日,是陈云诞辰 100 周年纪念日,以此为契机,陈云研究更是有了多方面的进展。由于资讯发达、资料充足,阅读便捷、检索方便,因此,这里对 1996 年及其以后的陈云研究成果便不再冗述。从陈云诞辰 100 周年和 110 周年期间的研究成果看,从成立的专门研究陈云的学术机构和团体看,从编辑出版的研究陈云资料和公开发表的研究陈云论著看,这一阶段的陈云研究成果丰硕:第一,中共中央举行了纪念陈云诞辰 100 周年和 110 周年的活动;第二,成立了专门研究陈云的机构和团体;第三,当代中国研究所和中华人民共和国国史学会、陈云纪念馆等

---

① 迟爱萍:《回顾与展望:陈云研究述评》,中共中央文献研究室陈云研究组编:《陈云研究述评》上册,中央文献出版社 2004 年版,第 61 页。

共同举办了 18 届"陈云与当代中国学术研讨会"。

但是,从《陈云研究述评》看,从近些年一些学者撰写并发表的陈云研究综述看,在涉及比较多的陈云生平与思想的专题研究述评中,还没有陈云社会主义建设思想这个专题。作为中国社会主义经济建设的开创者和奠基人之一,陈云长期担任中国共产党和中华人民共和国的重要领导职务,参与或直接领导了一系列重大方针政策的制定与执行,对他关于社会主义建设思想进行系统而全面的研究,是非常必要的。

这里需要说明的是,对于中共领袖人物来讲,每一个历史时期或每一个历史阶段,他们基本上都有自己的著述,有的多,有的少,这与他们所处的社会环境和历史环境、担任的领导职务和担负的工作职责、面临的解决问题与化解矛盾有关,也与中国共产党在当时的中心工作和主要任务分不开。由此,对他们每个时期或每个阶段的研究,也呈现出一般性和特殊性特点,或多或少,就再正常不过了。所以,离今天越近,对陈云的研究就越重视,也就越有更多的研究成果,影响也就越来越大。越对陈云进行研究,就越发现他的思想观点、政策主张和实践结果,越放射出新的时代的光芒和震荡出历史的回声。

第二节　陈云社会主义建设思想的内容概述

陈云既是以毛泽东同志为核心的党的第一代中央领导集体的成员,又是以邓小平同志为核心的党的第二代中央领导集体的成员。他对党、对国家、对人民的贡献是巨大的、多方面的,他为中国社会主义经济建设的开创和奠基所建立的功勋特别突出。陈云社会主义建设思想具有极其丰富的内容,其主要内容体现在五个方面。

一、陈云关于社会主义经济建设的思想

在党的第一代中央领导集体和党的第二代中央领导集体中,陈云是最熟

悉经济工作的成员之一,他既有丰富的经济工作实践,又有丰富的经济建设思想。无论是领导陕甘宁边区的财经工作,还是领导东北财经工作,无论是领导组建中央财经委员会工作机构,还是主管或分管国家的财经工作,陈云都发挥了巨大作用。陈云关于社会主义经济建设的思想内容十分丰富,他在领导中国社会主义经济建设工作中提出了一系列正确的思想和主张。比如,进行经济建设必须从国情出发;积极稳妥地发展经济;坚持综合平衡和有计划按比例的方针;在安排好人民生活的基础上搞建设;与时俱进地改革经济体制。

二、陈云关于社会主义文化建设的思想

文化建设是社会主义建设的重要组成部分。新中国成立后,党和国家非常重视文化工作,把文化建设提到一个很高的高度。陈云虽然不主管文化工作,但他对党和国家的文化事业十分关心,特别重视知识分子的作用。陈云还与评弹艺术结下了不解之缘,听评弹是他的业余爱好,研究评弹则成为他工作的一个重要组成部分。陈云关于社会主义文化建设的思想内容很丰富,他在领导经济建设工作并提出一系列经济建设思想和主张的同时,也提出了一系列文化建设的思想和主张。比如,他曾提出过:知识分子是我们的国宝;搞好干部教育和学校教育;古籍整理是国家长远的事情;繁荣党的文艺事业;关注评弹艺术。

三、陈云关于社会主义社会建设的思想

社会建设也是社会主义建设的一个重要组成部分,它与政治建设、经济建设、文化建设等是不可分离的。陈云作为党和国家重要领导人,曾主管过工会工作、财政经济工作、社会救济工作和社会福利工作,这些工作对他的社会建设思想有着重要的作用和影响。陈云关于社会主义社会建设的思想内容很丰富,他在领导经济建设工作并提出一系列经济建设思想和主张的同时,也提出了一系列社会建设的思想和主张。比如,他曾提出过:必须重视劳动者就

业问题;制定和实施社会保险政策;推动社会救济工作的开展;关心社会福利和社会优抚事业;节制生育是"有关经济建设的大问题"。

四、陈云关于社会主义生态建设的思想

中国社会主义建设具有丰富的内容,除了经济建设、政治建设、文化建设和社会建设之外,还包括生态建设。陈云作为党的第一代和第二代中央领导集体的成员,非常重视生态建设包括生态环境保护等问题,并就如何保护生态环境发表了一系列重要讲话,也作出了一系列重要批示。陈云的生态文明观的理论来源是马克思主义生态文明思想以及中国传统生态文明思想。陈云关于社会主义生态建设的思想内容很丰富,他提出了很多生态建设的思想和主张。比如,他曾提出:从战略高度认识水的问题;高度重视林业工作;保护环境以造福子孙后代。

五、陈云关于中国共产党的建设的思想

无论是新民主主义革命时期,社会主义革命和建设时期,还是改革开放和社会主义现代化建设新时期,党的建设都至关重要。陈云非常重视党的建设。在延安工作期间,陈云曾担任过七年的中共中央组织部部长;中共十一届三中全会以后,又担任了九年的中共中央纪委第一书记。党建思想也是陈云社会主义建设思想的一个重要组成部分。陈云关于中国共产党的建设的思想内容非常丰富,对于如何把中国共产党建设好,陈云提出过一系列重要的思想和主张。比如,他曾提出过:思想建党是党的建设的重要组成部分;非常重视中国共产党的政治建设;加强党员队伍建设和支部建设;党的作风关系到党的生死存亡;党员要加强党性教育和党的纪律教育;搞好干部教育和党校教育。

中共十九大报告指出:"我们党团结带领人民完成社会主义革命,确立社会主义基本制度,推进社会主义建设,完成了中华民族有史以来最为广泛而深刻的社会变革,为当代中国一切发展进步奠定了根本政治前提和制度基础,实

现了中华民族由近代不断衰落到根本扭转命运、持续走向繁荣富强的伟大飞跃。"①2013 年 1 月 5 日,习近平同志指出:"中国特色社会主义是在改革开放历史新时期开创的,但也是在新中国已经建立起社会主义基本制度并进行了二十多年建设的基础上开创的。"②中共十九大报告中所指出的"奠定"和习近平同志讲话中所指出的"开创",都分别蕴含着陈云的重大贡献。

---

① 习近平:《决胜全面建成小康社会　夺取新时代中国特色社会主义伟大胜利——在中国共产党第十九次全国代表大会上的报告》,《人民日报》2017 年 10 月 28 日。
② 习近平:《关于坚持和发展中国特色社会主义的几个问题》,《求是》2019 年第 7 期。

第二章　陈云关于社会主义
经济建设的思想

陈云在中央主管和分管经济工作的时间比较长,一生与经济工作相伴,是"中国社会主义经济建设的开创者和奠基人之一"。"特别是他为中国社会主义经济建设的开创和奠基所建立的功勋尤为卓著。"①在新中国成立初期经济战线上的"三大战役"中,在编制与实施第一个五年计划中,在 20 世纪 60 年代和 70 年代末 80 年代初的国民经济调整中,以及改革开放和社会主义现代化建设新时期一系列重大经济活动中,陈云都发挥了独特的领导作用。他的经济思想和政策主张,成为制定新中国经济建设方针政策的重要指导思想,对中国社会主义革命和建设产生了极其深远的影响。

第一节　进行经济建设必须从国情出发

中国革命、建设和改革之所以能够取得成功,一个重要的因素,是因为中国共产党始终重视认清国情,立足国情。实践证明,什么时候从国情出发,分析国情,研究国情,什么时候所进行的伟大事业就会取得成功,就会从胜利走

---

① 江泽民:《在〈陈云文选〉一至三卷、〈陈云〉画册出版发行暨纪念陈云同志诞辰九十周年座谈会上的讲话》,《人民日报》1995 年 6 月 14 日。

向胜利。陈云是中国国情论的杰出代表人物,可以说,他参与领导制定和认真贯彻落实经济政策的一个重要依据,就是高度重视国情,一切从国情出发。

一、中国工业基础薄弱,搞工业化建设必须从全局出发

制定新中国工业化建设的规划,出发点便是认清国情,并从全国的大局出发。陈云对中国的基本国情有着深刻的认识,而这种深刻的认识也有一个不断深入和与时俱进的过程。早在 1926 年 7 月,陈云在《中国民族运动之过去与将来》一文中就曾指出:"在以农立国的中国,占全国人口百分之八十强的农民,是民族运动中唯一大主力。"①他认为,这就是当时中国的基本国情。在此后的半个多世纪中,陈云始终不渝地把这一对国情认识的思想,贯穿到制定和落实党的路线、方针和政策的过程中,贯彻到领导中国社会主义革命、建设和改革的过程中,并逐步地加以丰富和拓展,形成了在他的经济思想和政策主张中有着重要地位的国情论。

从中华人民共和国成立到制定"一五"计划之前,陈云就指出:"中国是一个农业国,以前还要进口粮食、棉花等农产品。现在虽然比过去好多了,但是,发展农业仍然是头等大事。农业发展不起来,工业就很难发展。"②在主持编制"一五"计划时,陈云坚持实事求是的原则。1954 年 5 月 10 日,他在全国各大区财委副主任会议上作的关于市场问题的报告中进一步指出:"中国土地少,人口多,交通不便,资金不足。因此,农业生产赶不上工业建设的需要,将是一个长期的趋势,不要把它看短了。"③他还强调,计划不能凭我们自己的主观愿望来编制,一定要从中国的实际情况出发。他把中国的国情概括为:人口众多,人多第一就要吃饭、穿衣、住房子,做计划不考虑这一条不行;可耕地只

---

① 《陈云文选》第一卷,人民出版社 1995 年版,第 2 页。
② 《陈云文选》第二卷,人民出版社 1995 年版,第 143 页。
③ 中共中央文献研究室编:《陈云年谱(修订本)》中卷,中央文献出版社 2015 年版,第 317 页。

有 16 亿亩,单位面积的粮食产量只有 200 多斤;工业基础非常薄弱,矿产地质工作做得很少,地质勘探力量又很小,探明的储量很少,技术干部严重不足。[1] 1979 年 3 月,陈云在中共中央政治局会议上作了题为《坚持按比例原则调整国民经济》的讲话。他在讲话中指出:"我们国家是一个九亿多人口的大国,百分之八十的人口是农民。革命胜利三十年了,人民要求改善生活。有没有改善? 有。但不少地方还有要饭的,这是一个大问题。"[2]这就是说,搞四个现代化,建设社会主义现代化强国,必须把国情弄清楚。也就是说,我们制定一系列好的政策来解决这些问题,必须从中国当时的基本情况即国情出发。

1980 年,中国人口已达到十亿。在 1980 年底召开的中央工作会议上,陈云从全局出发,紧扣中国国情和工业基础薄弱实际,客观分析经济形势,提出了两个必须注意的问题:一个问题是"我们是十亿人口、八亿农民的国家,我们是在这样一个国家中进行建设",而"香港、新加坡、南朝鲜等地区没有八亿农民这个大问题","欧美日本各国也没有八亿农民这个大问题"。[3] 然而,当时能够看到这个问题的人却不多。另一个问题是"我们实现现代化的基地:现有工业是基础,在这个基础上加以改造和引进新技术","现有技术人员是我们知识力量的基础"。[4] 陈云在这里所说的现有工业、引进新技术及技术人员,其实就是我们进行社会主义现代化建设的现实基础。对这个基础,我们一定要有清醒的认识,并且要很好地把握。为此,他主张并提出:"我们在实现四个现代化建设中,除了要上若干个大项目以外,着重点应该放在国内现有企业的挖潜、革新、改造上。"[5]他的这一主张,其实就是立足国情、从全局出发,指出了中国今后发展工业的一条新路子。

---

① 卢瑞莲等主编:《共和国领袖的成功之路》,湖南人民出版社 1997 年版,第 482 页。
② 《陈云文选》第三卷,人民出版社 1995 年版,第 250 页。
③ 《陈云文选》第三卷,人民出版社 1995 年版,第 281 页。
④ 《陈云文选》第三卷,人民出版社 1995 年版,第 281 页。
⑤ 《陈云文选》第三卷,人民出版社 1995 年版,第 267 页。

二、中国以农立国,农业是国民经济的基础

我们制定经济政策,开展经济建设,是在一个什么样的情况下进行的呢?换句话说,在这样的背景下我们又该做些什么呢?陈云说,我们要讲实事求是,首先要把这个"事实"搞清楚。在这方面,陈云表现出了一个马克思主义者实事求是的认识态度和求真务实的思想品格。比如,1957年9月24日,陈云在中共八届三中全会上作了题为《解决吃穿问题的主要办法》的发言。他在这篇发言中指出:在农业生产方面,中国不是苏联、美国型的国家。苏联和美国地多人少。中国是地少人多,除去内蒙古、新疆、西藏、青海以外,全国人口的94%,只占有全国40%的土地。日本、联邦德国这些国家,也是地少人多。苏联、美国农业增产主要是靠扩大耕地面积,而日本、联邦德国基本是靠提高单位面积产量。① 又比如,1979年3月8日,陈云在他自己所写的《计划与市场问题》这份提纲中指出:我国社会经济的主要特点是农村人口占80%,而且人口多,耕地少。"计划机关和工业、商业部门的同志对此没有深刻的认识。如果不纠正这种认识上的盲目性,必然碰壁。'农轻重'的排列,就是马克思主义与中国革命实践相结合。"②陈云在这里一再提醒相关部门,对中国社会经济的主要特点一定要有深刻的认识。正是基于这种认识,陈云提出了"两个把握实际"。

一是把握中国人口多、农业发展水平较低的实际,坚持始终把解决人民群众的吃饭穿衣问题当作头等大事。还在1957年,陈云就指出,经济建设不摆在有吃有穿的基础上是不稳固的,必然要回过头来补课。到了1962年,陈云又强调指出:"农业问题,市场问题,是关系五亿多农民和一亿多城市人口生活的大问题,是民生问题。解决这个问题,应该成为重要的国策。"③当时,光

---

① 《陈云文选》第三卷,人民出版社1995年版,第79页。
② 《陈云文选》第三卷,人民出版社1995年版,第246—247页。
③ 《陈云文选》第三卷,人民出版社1995年版,第210页。

是全国大中城市人口就有六千多万,如果这六千多万人的身体搞得不好,如果不切实想办法解决这六千多万人的生活问题,群众就会有意见,"人民群众要看共产党对他们到底关心不关心,有没有办法解决生活的问题。这是政治问题"。陈云想到的当然不只是大中城市的这六千多万人口的生活问题,他想到的是如何把党和国家的切实可行的经济政策置于全国六亿多人民之中,并真正搞好全国六亿多人民的生活这个大问题,这个头等大事。所以,陈云语重心长地说:"我们花了几十年的时间把革命搞成功了,千万不要使革命成果在我们手里失掉。现在我们面临着如何把革命成果巩固和发展下去的问题,关键就在于要安排好六亿多人民的生活,真正为人民谋福利。"①

二是把握中国农村人口在全国人口中所占比重大的实际,坚持始终抓住农业和农民这个大头。无论是革命战争年代,还是和平建设时期,陈云对中国是个农业大国这一实际情况的认识是非常清醒的。他多次说过,农业发展状况如何,首先影响几亿农民的生活。先要安排农业问题,稳住国民经济的这个大头。在稳定这个大头的基础上来考虑我们整个的建设。只要农业发展了,农民生活改善了,就全国范围来说,人民生活问题的大头就稳住了。否则,就会出大乱子。

"两个把握实际",是陈云对中国是以农民为主体、农村人口多、农业是国民经济的基础的清醒认识的体现。对于农民在中国人口中占有绝大多数这一实际情况的认识,陈云同样是非常清醒的。1978 年 12 月,陈云在中央工作会议东北组作《关于当前经济问题的五点意见》的发言,其中第一条讲的就是进口粮食和稳定农民的问题。他指出:"我们不能到处紧张,要先把农民这一头安稳下来。农民有了粮食,棉花、副食品、油、糖和其他经济作物就都好解决了。摆稳这一头,就是摆稳了大多数,七亿多人口稳定了,天下就大定了。"②

作为党的第二代中央领导集体的成员,陈云同邓小平一道,在 20 世纪 70

① 《陈云文选》第三卷,人民出版社 1995 年版,第 209、210 页。
② 《陈云文选》第三卷,人民出版社 1995 年版,第 236 页。

年代末 80 年代初,使国民经济走出了"文化大革命"时的困境。邓小平本人在一系列重要讲话中,也经常引用并充分肯定陈云的思想观点。毫无疑问,陈云的以农立国的思想是中国共产党领导集体智慧的结晶。

三、全党和中央各部委都要关心和支援农业,并重视粮食工作

对于农业和粮食问题,中共中央和毛泽东十分重视。比如,1957 年 1 月 27 日,在省市自治区党委书记会议上,毛泽东在讲话中就曾指出:"全党一定要重视农业。农业关系国计民生极大。要注意,不抓粮食很危险。不抓粮食,总有一天要天下大乱。"①对于农业问题,陈云同样十分重视。1962 年 2 月,陈云在国务院各部委党组成员会议上发表了讲话。他指出:"中央所有部委的负责同志,都来研究一下农业问题,是很必要的。农业问题是全国的大事,对各部委的工作都有关系。不仅农、林、水各部要研究,工、交各部要研究,财、贸各部要研究,而且文教、政法、外事各部也要研究。"②从这次讲话中,我们可以看到,陈云强调全党特别是中央各部委都要研究农业和关心农业。围绕农业这一重要问题,从 20 世纪 50 年代初到 60 年代初,陈云还阐明了几项政策主张:

一是工业要支援农业。陈云认为,工业要树立为农业服务的观点,大力支援农业,特别是要加强直接为农业服务的化肥工业。他指出:"我们要从现在开始大规模地发展化学肥料,这是农业增产的最快、最重要的一条。"③1961 年 5 月 16 日,他在为中央化肥小组起草的给中共中央的报告《加速发展氮肥工业》中指出:"为了发展农业生产,增加粮食产量,必须尽可能加快氮肥工业的发展。"④我们从这个报告中可以看出,他把加速发展氮肥工业作为工业支

---

① 《毛泽东文集》第七卷,人民出版社 1999 年版,第 199 页。
② 《陈云文选》第三卷,人民出版社 1995 年版,第 194 页。
③ 《陈云文选》第三卷,人民出版社 1995 年版,第 79 页。
④ 《陈云文选》第三卷,人民出版社 1995 年版,第 149 页。

援农业的一项重要任务。陈云的这个报告得到中共中央的同意,并作为中央文件下发。

二是交通运输要为调整农业布局服务。1951年5月7日至23日,中国共产党第一次全国宣传工作会议在北京召开。刘少奇在会上作报告,阐述了国际国内形势和党的宣传工作的重要性。5月16日,陈云在会上发表了题为《发展农业是头等大事》的讲话。他在讲话中指出:"为了发展农业生产,调整农业布局,要在西南和西北修铁路。"①他提出的这一举措,作用非常明显:铁路修通了,交通便利了,农产品就运得出来,工业品也运得进去。丰年积谷和修筑铁路,粮食就不会恐慌。

三是国家财政要首先保证农业的需要。1950年2月13日,陈云在全国财政会议上发表了题为《财经工作人员要提高自觉性》的讲话。他在讲话中指出:"为了战胜暂时的财政困难,在落后贫困的经济基础上前进,必须尽可能地集中物力财力,加以统一使用。"②1962年3月7日,陈云发表了《在中央财经小组会议上的讲话》。他在讲话中进一步提出:"为了农业、市场,其他的方面'牺牲'一点,是完全必要的。"③可以说,在主持中央财政经济工作期间,陈云也是把农业列为经济发展战略的一个重点,并在物资分配上尽可能地保证农业发展的需要。

至于说到粮食工作,陈云历来都非常重视。例如,1957年9月6日,陈云在全国粮食工作会议上所作的总结的要点《重视粮食工作》中就提出全党都要重视粮食工作的问题,在第四个要点"全党重视粮食工作"中着重阐述了三点:第一,粮食工作同全国每一个人都有切身的利害关系。陈云指出:"粮食工作是一项关系全国人民切身利益的重要的工作。我们不仅要向五亿多有余

---

① 《陈云文选》第二卷,人民出版社1995年版,第142页。
② 《陈云文选》第二卷,人民出版社1995年版,第61页。
③ 《陈云文选》第三卷,人民出版社1995年版,第210页。

粮的农民征购粮食,而且要向一亿城镇居民和一部分农村缺粮人口供应粮食。"①也就是说,征购粮食工作和供应粮食工作,不仅关系到对五亿多农民收购多少的问题,而且关系到对近两亿需要粮食的人销售多少的问题。第二,粮食分配同农业生产有直接的关系。陈云指出:"粮食统购统销就是国家对粮食的一种分配。搞得好,对于农业生产就有刺激的作用;搞得不好,就会发生不利的影响。农民注意生产,同时又注意分配,分配和生产是紧密地联系在一起的。在粮食分配方面,要照顾国家和农民两个方面的利益。"②陈云的这个讲话表明,粮食分配不是一件简单的事情,它与农业生产关系密切,它与国家需要、农民需要和城镇居民需要也关系密切。第三,粮食是稳定市场和保证建设的最重要的物资。陈云指出:"我们讲市场是否稳定,主要的是指粮食局势和粮食价格是否稳定。粮食的局势和价格如果不稳定,整个市场物价就不可能稳定,国家建设就无法进行。"③从国家当时的实际情况看,从陈云关于粮食工作的讲话看,可以说,没有任何物资比粮食这一物资更为重要。陈云指出:"粮食工作极为重要,它决不仅仅是一项单纯的经济工作,而且也是一项重大的政治工作。各级党委必须加强领导,切实解决问题。"④陈云还对合作化以后粮食工作会好做一些的模糊认识进行了澄清,并进一步提出今后全党还必须把粮食工作放在重要的位置上。

在这里,我们不妨谈一下陈云与粮食统购统销的情况。1953 年 10 月,陈云在全国粮食会议上的讲话中指出了当时全国粮食存在的问题,其严重性主要表现在五个方面:第一,收进的少,销售的多。第二,不少地方已开始发生混乱。第三,东北的灾情很重。第四,北京、天津的面粉不够供应。第五,粮食混乱现象如不采取措施加以制止,1953 年全国的收购计划将完不成,销售计划

---

① 《陈云文选》第三卷,人民出版社 1995 年版,第 72—73 页。
② 《陈云文选》第三卷,人民出版社 1995 年版,第 73 页。
③ 《陈云文选》第三卷,人民出版社 1995 年版,第 73 页。
④ 《陈云文选》第三卷,人民出版社 1995 年版,第 73 页。

将大大突破。① 在市场上的粮食销售量、出口粮、军队和机关人员的口粮不能减少以及储备粮也不能减少的情况下,如何有效地解决当时全国粮食所存在的这五个方面的严重问题呢? 陈云根据当时的实际情况,提出了处理问题的四个基本办法,这就是:"在农村实行征购,在城市实行定量配给,严格管制私商,以及调整内部关系。"②

陈云针对国内粮食紧张的严峻局面,所提出的粮食统购统销政策,有重大的现实意义。统购统销政策,"在我国建国初期经济发展水平比较低、基本商品匮乏的情况下,起了有效保障城市社会主义建设需要、广大人民基本生活资料需要和稳定物价的作用,也促进了对个体农业、手工业和资本主义工商业的社会主义改造。在当时来说,这个政策是必要的步骤和措施。在五十年代末和六十年代初的国民经济暂时困难时期,在'文化大革命'十年动乱时期,它对保证人民群众的基本温饱和国家经济建设的发展,也起了重要作用"③。其实,早在新中国成立之初,陈云就非常重视粮食、油料、棉纱棉布等的计划收购和供应方面的问题。比如,1950 年 12 月 7 日,陈云为政务院财政经济委员会起草了《关于统购棉纱的决定》。这个《决定》共七条,于 1951 年 1 月 4 日公布施行。对于该《决定》所发挥的作用,《陈云年谱》中有一段评价:"此项措施,对有计划地供应人民需要,继续保持市场价格稳定,防止纱布市场的投机行为起了重大作用。"④又比如,1951 年 6 月 1 日,陈云为《人民日报》撰写了《响应国家号召,开展售棉储棉运动》的社论,其中指出:"中央人民政府政务院今日发出了关于购棉、储棉工作的指示,中共中央亦为此向各级党委发出了号召。这是关系国家经济和军民生活的大事,应该引起全国人民,尤其是产棉

① 《陈云文选》第二卷,人民出版社 1995 年版,第 203—205 页。
② 《陈云文选》第二卷,人民出版社 1995 年版,第 208 页。
③ 中共中央文献研究室编:《关于建国以来党的若干历史问题的决议注释本(修订)》,人民出版社 1985 年版,第 230 页。
④ 中共中央文献研究室编:《陈云年谱(修订本)》中卷,中央文献出版社 2015 年版,第 107 页。

区人民的重视。"①这篇社论激发了全国棉农的爱国主义热情,他们响应中共中央和中央人民政府政务院的号召,开展售棉竞赛,并且以扩大棉田,精耕细作,争取棉花丰收,来回应帝国主义的封锁。1955年3月21日,陈云在中国共产党全国代表会议上作了《关于发展国民经济的第一个五年计划的报告》,他又专门讲到了"关于粮食统购统销的问题"。《报告》分析了为什么必须实行粮食的统购统销的问题,指出了过去在统购统销中取得的成绩(购的方面)以及存在的问题(销的方面),提出了粮价稳定是物价稳定的核心,如果粮食供求的紧张情况不能缓和,物价就有波动的危险。"国家必须有一定的粮食储备,没有粮食储备的情形是很危险的。"②在这个《报告》里,陈云还具体指出:"我们没有任何粮食储备,这种情况是非常危险的。我国是一个大国,但是我们在粮食方面不能应付国内外的任何意外事变,这主要是指帝国主义侵略战争和大灾荒两种意外事变。改变这种情况的首要办法是增产粮食,但是估计到开垦荒地不可能很快很多,人口和消费年年增加,因此全国必须在长时期内节约粮食的消费。"③这就是说,增产粮食重要,节约粮食和储蓄粮食同样重要。在这个前提下,还要做到统购统销,这样才有利于粮食储备。陈云对粮食储备是非常重视的,对粮食储备的数量多寡也是非常清楚的。

到了20世纪70年代末期,陈云仍然强调粮食统购统销的重要性问题。1979年6月,陈云在《人民日报》上发表了题为《粮食购销还要抓紧》的文章,强调指出:"二十多年的正反两方面的经验充分证明,坚持执行粮油统购统销政策,是建设社会主义和安定人民生活的一个有力措施,是完全符合我国的实际情况的。"④粮食问题关乎国计民生,只有把粮食问题和吃饭问题都解决好,才能更好地促进经济社会的发展和人民生活的稳定。

---

①　《陈云文选》第二卷,人民出版社1995年版,第144页。
②　《陈云文集》第二卷,中央文献出版社2005年版,第620页。
③　《陈云文集》第二卷,中央文献出版社2005年版,第620页。
④　陈云:《粮食购销还要抓紧》,《人民日报》1979年6月25日。

粮食统购统销政策的提出、制定和实施,又一次充分证明了陈云从国情出发,实事求是,重视调查研究和科学论证所起的作用。1953 年 10 月 16 日,中共中央作出《关于实行粮食的计划统购与计划供应的决议》,确定在 1953 年 11 月底以前完成各级动员和准备,12 月 8 日开始在全国范围内实行粮食的统购统销。1953 年 11 月 19 日,政务院第 194 次政务会议通过,并于 11 月 23 日发布《政务院关于实行粮食的计划统购与计划供应的命令》,规定了实行粮食统购统销的具体办法。

四、重视对外开放,提出借外债必须考虑还本付息能力

作为伟大的无产阶级革命家、政治家和杰出的马克思主义者,陈云在领导中国社会主义经济建设中,还重视对外开放,并且为开创对外开放特别是对外经济交流事业作出了巨大贡献。他在领导财政经济工作的长期实践中,把马克思主义基本原理同中国经济建设的具体实际相结合,提出了许多符合实际情况的对外开放的思想主张。

(一)重视对外开放

陈云对外开放思想有一个形成的过程,可以追溯到抗日战争时期。陈云的"对外开放思想是在领导陕甘宁边区经济工作实践中逐步形成的"①。在领导陕甘宁边区经济工作实践中,陈云提出了"生产第一、外贸第二、财政第三"的财经工作方针,较好地处理了自力更生、发展生产和对外经济往来之间的关系。

新中国成立后,陈云主持全国财政经济工作,他一直十分重视发挥对外经济交流在促进国内经济发展中的重要作用。20 世纪 50 年代,陈云主持编制了"一五"计划,大力从苏东国家引进技术、资金、人才和先进管理经验,领导

① 陈云纪念馆编:《上海陈云研究(2013 年)》,上海社会科学院出版社 2013 年版,第 3 页。

实施 156 项重点工程建设。20 世纪 60 年代粮食供应紧张时期,陈云建言进口粮食,对于稳定市场、保障民生起到了重要作用,也促进了新中国与西方国家的贸易往来。"文化大革命"后期,陈云参加以周恩来为组长的国务院业务组,他准确判断国内形势的重大变化,提出"和资本主义打交道是大势已定",亲自指导有关部门研究国际经济问题。可以说,从 20 世纪 70 年代初期到"文化大革命"结束,陈云就对外贸易工作问题发表了一系列谈话和讲话。这些谈话和讲话,有些已收入《陈云文选》和《陈云文集》之中。比如,《陈云文选》第三卷收入了《要研究当代资本主义》(1973 年 6 月 7 日)、《进口工作中利用商品交易所的问题》(1973 年 10 月 10 日)、《利用国内丰富劳动力生产成品出口》(1973 年 10 月 12 日)、《工艺品出口问题》(1973 年 12 月 4 日)、《对港澳贸易问题》(1974 年 8 月 14 日)等;《陈云文集》第三卷收入了《要注意研究资本主义经济问题》(1973 年 5 月 5 日)、《进口旧轧机要慎重从事》(1973 年 9 月 3 日)、《关于广交会问题给周恩来的信》(1973 年 11 月 30 日)、《对抽纱出口问题的几点意见》(1973 年 12 月 11 日)等。"文化大革命"结束后,陈云"积极支持和推动邓小平倡导的解放思想、改革开放,主张利用外资、扩大出口、走出国门办企业,提出特区要办但要注意办好,第一位的任务是认真总结经验,防止西方消极因素侵入,同时要统一对外,维护国家利益,做到'肥水不落外人田'"①。

(二) 借外债必须考虑还本付息能力,考虑国内投资能力

在中国革命、建设和改革的各个历史时期,陈云都千方百计扩大对外经济交流,积极稳妥推进对外开放。陈云的对外开放思想有力地推进了中国对外开放事业的健康发展,体现了他作为一个杰出的马克思主义者的本色。陈云"坚持按经济规律办事,注重综合平衡,灵活调整对外贸易策略和方针,调动

---

① 陈云纪念馆编:《上海陈云研究(2013 年)》,上海社会科学院出版社 2013 年版,第 4 页。

各方积极性,确保了我国对外开放事业稳步推进"①。

1980年12月,陈云在中央工作会议上发表了讲话。这个讲话共分14个部分,其中第一个部分讲的是"'资金不够,可以借外债'。这是打破闭关自守以后的新形势"②。陈云对借外债的情况作了具体的分析,他指出:"现在有些带援助性质的外债,例如国际货币基金组织和世界银行的低利自由外汇贷款,将来使用起来可能对我们有利。但使用时也是有条件的,数量也不会很大,并且现在还没有借到手。将来借到了,也要十分谨慎地使用,只能用在最关键性的项目上。"③他的这段话就是在敲警钟,提醒那些不很清醒的干部:借外债要谨慎,使用外债也要谨慎。陈云还指出:"我们必须清醒地看到,外国资本家也是资本家。他们做买卖所得的利润,绝对不会低于国际市场的平均利润率。有些机器看来似乎利润低,但是同另外一些机器或费用合起来的利润,绝不会低于平均利润率。"④

陈云提出借外债并对借外债进行客观分析,是因为当时中国实行改革开放,借外债是形势所迫、大势所趋。但是,借外债一定要以自力更生为主,还可以借一些不吃亏的外债,引进有利的技术也是必要的。可以说,从改革开放之初的情况来看,利用外资是新时期一项很重要的政策措施。也就是说,外资并不是不可用,但在引进和使用时头脑一定要清醒。

1979年3月21日,在谈到"按比例发展是最快的速度"时,针对冶金部提出的引进设想,特别是引进外资设想这个问题,陈云指出:"借外国人那么多钱,究竟靠得住靠不住?旧社会,我在上海呆过,钱庄、银行贷款,要经过好多调查,确有偿还能力,才借给你。外国商人说借钱给你,有真有假,这件事也不

---

① 陈云纪念馆编:《上海陈云研究(2013年)》,上海社会科学院出版社2013年版,第4页。
② 《陈云文选》第三卷,人民出版社1995年版,第276页。
③ 《陈云文选》第三卷,人民出版社1995年版,第276—277页。
④ 《陈云文选》第三卷,人民出版社1995年版,第277页。

要看得太简单。"①针对向外国借款和发展中国经济这两个问题,陈云认为可以向外国借款,但要借很多办不到,并指出:"有的国家和地区发展快,有美国的特殊照顾。只看到可以借款,只看到别的国家发展快,没有看到本国的情况,这是缺点。不按比例,靠多借外债,靠不住。"②1988 年 10 月,陈云在《当前经济工作的几个问题》一文中又强调指出:"外债可以借,但要尽量少借。借外债,要用得好,还得起。"③他这里强调的,还是一个从国情出发的问题。

从陈云对借外债的一系列论述中可以看出,陈云思考的借外债不是就外债而谈外债,而是将借外债与中国的国情结合在一起加以思考的,是将借外债与国内投资能力结合在一起加以思考的,是将借外债与资本主义的性质结合在一起加以思考的。王梦奎说:"在当时许多人头脑并不清醒的情况下,陈云这些论述无疑是空谷足音。这表明了陈云的远见。陈云的这一看法是很深刻的。"④

第二节 积极稳妥地发展经济

如何积极稳妥地发展经济呢? 陈云在这方面提出了一系列带有根本性的理论观点,比如,"建设规模的大小必须和国家的财力物力相适应。"⑤即使可以逐步做到的,"办法也应该稳妥,这叫摸着石头过河"⑥。也就是说,搞经济建设既要做到积极,更要做到稳妥。"搞建设,真正脚踏实地、按部就班地搞下去就快,急于求成反而慢。"⑦这些理论观点,对新中国经济建设意义重大。

---

① 《陈云文选》第三卷,人民出版社 1995 年版,第 252 页。
② 《陈云文选》第三卷,人民出版社 1995 年版,第 252 页。
③ 《陈云文选》第三卷,人民出版社 1995 年版,第 367 页。
④ 王梦奎:《学习陈云同志新时期经济论著四题》,《中共党史研究》1991 年第 2 期。
⑤ 《陈云文选》第三卷,人民出版社 1995 年版,第 52 页。
⑥ 《陈云文选》第二卷,人民出版社 1995 年版,第 152 页。
⑦ 《陈云文选》第三卷,人民出版社 1995 年版,第 311 页。

一、建设规模的大小要同国力相适应

新中国成立后,开展各项工作非常必要,但开展到什么程度是值得思考的问题。陈云认为,经济建设和人民生活必须兼顾,必须平衡。建设规模的大小必须和国家的财力物力相适应。像我们这样一个大国,经济稳定极为重要。为此,他提出了五个应注意的问题①:

第一,财政收支和银行信贷都必须平衡,而且应该略有结余。陈云指出:所谓财政结余,并不只是结余钞票,主要是结余相应的物资。当然,财政结余并不是一点也不能使用,在保证必要的周转量和储备量的情况下,是可以使用的。1956 年因为动用得太多,便发生了问题。这就是说,如果财政收支和信贷平衡了,那么社会购买力和物资供应之间就会平衡。再说,财政收支略有结余也是必要的,这是因为随着经济建设规模的扩大,需要逐年增加物资的周转量。

第二,物资要合理分配,排队使用。这里的物资,指的是用于生产、消费和基建的东西,这些东西不仅要分配合理,而且要排队科学。那么,在物资合理分配和排队使用这两个方面究竟要遵循一个什么样的原则呢? 这个原则就是:先保证必需的生产和必需的消费,然后再进行必需的建设。1957 年 1 月,陈云在各省、自治区、直辖市党委书记会议上的讲话中指出:还必须看到,今天把原材料的供应限于最低限度的生产的需要,挤出一点力量用于基本建设,正是为了将来生产的发展。从陈云的讲话中,我们看到,生产、消费和基建都很重要,但生产则是处于第一位的。

第三,人民的购买力要有所提高,但是提高的程度,必须同能够供应的消费物资相适应。那么,构成购买力的主要部分是什么呢? 是职工的工资、农民出售农产品的收入和其他人的收入。陈云指出:目前购买力提高过快,是由于工资总额的增加以及农产品的提价。至于因农产品增产而增加购买力,不但

① 《陈云文选》第三卷,人民出版社 1995 年版,第 53—55 页。

并不可怕,而且是件大好事情。他还分析了生产消费品的原材料的三个来源,并指出这三个来源都受一定限制。陈云特别强调,人民购买力提高的程度必须和消费品增长的程度相平衡。

第四,基本建设规模和财力物力之间的平衡,不仅要看当年,而且必须瞻前顾后。毋庸置疑,当年重要,现实问题要正视,但历史和未来的情况也要回顾和预料,不然在发展经济方面就会出问题。陈云指出:财力物力就是指投资、机器设备和原材料、消费物资、外汇四个方面。1956 年安排基本建设的时候,只和当年财力物力勉强平衡,既没有瞻前也没有顾后,结果造成基本建设投资猛长,在 1957 年不得不减下来。这说明,如果基本建设投资增加太多,就会造成财力方面和物资方面都不能平衡。可见,年度计划要摆平,就必须瞻前顾后,前后衔接,避免陡升陡降,造成损失。

第五,农业对经济建设的规模有很大的约束力。中国农业经济比重很大,农业生产和财政收入有很大关系。陈云指出:我国农村人多地少,农业生产增长率不高。1956 年农业总产值 583 亿元,如果按增长 5% 计算,只增加 29 亿元。而农村人口以增加 2% 计算,一年即增加 1000 万人,每人每年消费 60 元,一年便要消费 6 亿元,余下的只有 23 亿元。这说明,在今后相当长的时期内,农业对经济建设规模有很大的约束力。1954 年和 1956 年农业歉收,都使第二年的工业生产、财政收入和基建投资下降。

总之,陈云认为,经济建设和人民生活必须兼顾,必须平衡。从 1956 年反"冒进"情况看,陈云发挥了独特的作用。比如,有的学者就认为:"1956 年发生的那次冒进,也是靠陈云同志提出的三条有力措施而得到解决的,其中主要的一条就是把超过国力的过大的建设规模削减下来,结果既完成了第一个五年计划的任务,又压缩了过大的社会需求,缓和了物资供应紧张状况,保证了市场稳定。并由此而形成了建设规模必须与国力相适应的理论。"[1]

---

[1]　陈如龙:《建设规模必须与国力相适应是社会主义再生产的一条客观规律》,《陈云与新中国经济建设》,中央文献出版社 1991 年版,第 476 页。

二、国力对经济建设的稳步进行有重大影响

什么是国力论？怎样理解国力论？所谓"国力论"，就是"建设规模要和国力相适应"①的思想及政策主张。对此，还在 20 世纪 50 年代的时候，陈云就有专门的论述；到了 70 年代末，他对国力论的内涵又作了挖掘。

那么，1957 年陈云提出的国力论的含义指的是什么呢？我们必须弄清楚。陈云的国力论的含义，主要指的是从价值上看是纯收入，从物质上看是安排好现有生产后的剩余产品。这就是说，国力论就是把基本建设规模控制在所增加的财力和物力的限度内。具体地说，就是要制约住扩大再生产的规模，做到财政收支、银行信贷收支平衡，才能使建设规模与国家财力相适应；要按照先生活、后生产、再基建的原则排队，并适当地留有一定的余地，才能确保建设项目的物资供应；要保持外汇收支平衡；要重视农业发展状况对建设规模的巨大约束力，并以农业能够提供多少剩余为基础来确定非农产业的发展速度；要对国力有个瞻前顾后的认识，而不能只看当年。此外，陈云的国力论还表现在利用外资上。

对于陈云的国力论，必须全面、历史、辩证地看待它，包括它的灵魂、核心和生命力。一般地说，国力论的灵魂是实事求是和一切从实际出发，国力论的核心是保持国民经济发展的比例关系，国力论的生命力是开拓创新和与时俱进。国力论不是闭关自守、排斥利用国外资源，而是在不断增强自身经济实力的基础上充分利用国外资源。

如前所述，从国情出发、稳步发展经济，是陈云长期思考的一个重大问题。在这个问题上，陈云强调得比较多的还是农业粮食问题、资源环境问题和人口就业问题。关于农业问题特别是粮食问题，前面也有一些涉及，这里只简要地谈一下资源环境问题和人口就业问题。

① 《陈云文选》第三卷，人民出版社 1995 年版，第 52 页。

早在 1951 年，陈云就指出，"像中国这样大的国家，水灾可能每年都会有"，所以要做好防涝工作。但同时还必须看到，"全国水量平均起来并不多，还缺水，有些地方就经常干旱。从总的看，从长远看，要以蓄为主，蓄泄兼顾"，"对水一定要好好利用"。① 1979 年 6 月 17 日，陈云在写给李先念、姚依林的《经济建设必须尽早注意的两个问题》的一封信中又强调指出："有两个问题，我们必须尽早注意。"②其中，第一个问题讲的便是水资源的问题。1990年 6 月 6 日，陈云在张光斗、陈志恺合写的《我国水资源问题及其解决途径》一文中作出批语："水的问题始终是一个大问题。要从战略高度来认识水的问题的严重性。各级领导部门，尤其是经济、科技领导部门，应该把计划用水、节约用水、治理污水和开发新水源放在不次于粮食、能源的重要位置上，并列入长远规划、五年计划和年度计划加以实施，以逐步扭转目前水资源危机的严重状况。"③对于其他资源，陈云也提醒大家要注意节约。他针对实行联产承包责任制后出现的新情况，指出："要看到，现在无论是农业生产，还是工业生产，都相当普遍地存在着一种掠夺式的使用资源的倾向，应当引起重视。"④

陈云非常重视人口和劳动力的就业问题。1957 年 8 月，针对当时的情况，他在国务院常务会议上发言时指出："中国人多，必须提倡节制生育。这是有关经济建设的大问题。"⑤1979 年 3 月，在中共中央政治局会议上，陈云又指出："人口多，要提高生活水平不容易；搞现代化用人少，就业难。我们只能在这种矛盾中搞四化。这个现实的情况，是制定建设蓝图的出发点。"⑥那么，怎样解决工资水平与就业程度之间的矛盾呢？陈云主张采取低工资、高就业、

---

① 《陈云文选》第二卷，人民出版社 1995 年版，第 141 页。
② 《陈云文选》第三卷，人民出版社 1995 年版，第 263 页。
③ 《陈云文选》第三卷，人民出版社 1995 年版，第 375 页。
④ 《陈云文选》第三卷，人民出版社 1995 年版，第 366 页。
⑤ 《陈云文选》第三卷，人民出版社 1995 年版，第 68 页。
⑥ 《陈云文选》第三卷，人民出版社 1995 年版，第 250 页。

加补贴的办法,认为"这是保持社会安定的一项基本国策"①。

三、建设规模要同物力财力尤其是农业相适应

在全面建设社会主义之际,注重数量是需要的,但更重要的还得注重质量。对"多、快、好、省"这四个字,陈云有自己独到的见解。1958 年 12 月 23 日,陈云在全国基建工程质量杭州现场会议上所作的讲话中指出:"注意了'多'、'快'、'省',这是对的,但是注意'好'不够。也就是说,注意了数量,忽略了质量,对'多快好省'没有完整的理解。"②1959 年 5 月 11 日,陈云在中共中央政治局会议上的发言中,就落实钢铁指标问题提出了需要着重注意的三个问题③:第一,要强调改进质量。钢铁要强调改进质量,设备制造、日用工业品生产、基本建设等等,都要强调提高质量。具体地讲,凡是过去质量好而后来降低了的产品,应该尽快恢复到原来的水平;凡是质量一直不好的产品,应该积极采取措施,限期提高。经委和财经小组准备用几天的时间,专门讨论改进产品质量的问题,并且准备拟定一些切实有效的办法。第二,既要保证重点又要照顾一般。钢铁、煤炭、电力、机械、运输这些重点的生产和建设,是必须加以保证的,但是,对于石油、化工、重要建筑材料和市场迫切需要的轻工业品,也应该切实加以照顾。否则,不仅国民经济各部门不能互相协调地向前发展,而且重点本身的发展也难以得到可靠的保证。总之,我们必须依据有计划按比例的原则办事。第三,既要照顾明年又要照顾长远。当前的生产和建设是重要的,决不能忽视。但是,也不能只顾眼前,不顾将来。

1962 年 2 月,陈云在国务院各部、委党组成员会上的讲话中指出:"已经摆开的基本建设规模,超过了国家财力物力的可能性,同现在的工农业生产水平不相适应。在这个问题上,也有不同的看法。有人说,这几年建设规模是合

---

① 《陈云文选》第三卷,人民出版社 1995 年版,第 376 页。
② 《陈云文选》第三卷,人民出版社 1995 年版,第 106 页。
③ 《陈云文选》第三卷,人民出版社 1995 年版,第 137 页。

适的,就是因为有灾荒才发生了问题。也有人说,是农业扯了腿,不然就正好。在他们看来,好像是工业吃了农业的亏,工业本身没有问题。我看不是这样,而是基本建设规模过大,农业负担不了,工业也负担不了。""我们现在这样大的建设规模,不仅在农业遇到灾荒的时候负担不了,即使在正常年景,也维持不了。"他还以假定 1961 年的粮食产量 3700 亿斤为例,来进一步说明也维持不了这样大的建设规模。他说:"已经摆开的建设规模,不仅农业负担不了,而且也超过了工业的基础。现在工业的情况是,工人增加得太多了,产量却增加得不多。"①

1962 年 2 月 21 日至 23 日,中共中央政治局常委扩大会议讨论 1962 年国家财政预算和整个经济形势问题。陈云在会上发言指出:当前经济困难有五个主要表现,其中第一、第二个表现就是农业有很大减产和基本建设规模超过了国家财力物力的可能性。有鉴于此,陈云在发言中提出了克服这些困难的六项措施。3 月 18 日,中共中央发出《关于批发陈云等同志讲话的指示》。"这三个讲话,特别是陈云的讲话,对大家认识全局,正视困难起了很大作用,从而也坚定了全党克服困难的决心和信心。"②

第三节　坚持综合平衡和有计划按比例的方针

综合平衡理论,是马克思主义中国化时代化理论成果的一个重要内容,是指导党和国家制定社会主义经济建设各项方针政策的一个重要思想。综合平衡理论,也是陈云留下的宝贵理论遗产和思想财富。陈云的坚持综合平衡、有计划按比例是最快的速度的观点,是将马克思主义基本原理同当时中国经济实际情况相结合的体现,诠释了他的经济思想及政策主张。

① 《陈云文选》第三卷,人民出版社 1995 年版,第 194、195 页。
② 中共中央文献研究室编:《陈云年谱(修订本)》下卷,中央文献出版社 2015 年版,第 131 页。

一、坚持综合平衡,有计划按比例发展国民经济

在实施"一五"计划的过程中,一些部门和地方出现了贪多求快、急躁冒进的苗头,陈云及时地发现并对此进行教育。他反复强调,计划不能凭我们自己的主观愿望来制定,一定要从中国的实际情况出发。为了克服急躁冒进,陈云在1954年6月向中共中央政治局扩大会议汇报"一五"计划有关的问题时,第一次明确地提出了"四大比例"和"三大平衡"的思想。关于陈云的综合平衡和有计划按比例发展国民经济的思想,可以将其概括为五点:第一,国民经济有计划、按比例、综合平衡地发展,是社会主义经济发展的客观规律。第二,综合平衡,应是全局的、整体的平衡;制定计划不仅要看当年,还要看长远;搞好三大平衡就是搞好财政收支平衡、银行信贷平衡、物资供应平衡。第三,坚持农、轻、重的发展次序,注意国民经济各部门的协调发展,在优先发展重工业的基础上做好五个并举。第四,在发展农业的基础上进行建设。按比例,最主要的就是农业这个比例,"粮食定,天下定;粮食紧,市场紧"①。第五,坚持速度和效益的统一。提出争取快、准备慢、制定计划要留有余地的思想。

而实际上,陈云关于平衡发展经济的思想,早在新中国成立初期领导财政经济工作的具体实践中就已经有了。比如,他的平衡收支思想。1954年6月30日,陈云在《关于第一个五年计划的几点说明》一文中就提出了"保持购买力与商品供应之间的平衡"的思想,并对解决商品供应与社会购买力之间的差额这一问题提出了五种办法:"一是农业、工业和手工业的增产,这是最根本的;二是努力在农村中推销工业品;三是增加农产品出口,进口轻工业原料,如毛条、人造丝、橡胶等,经过加工向农村推销,这对回笼货币的作用很大;四是发行公债和提倡储蓄;五是适当调整工农业产品的价格,如烟、酒、糖等消费品可以涨点价,而某些农产品可以降点价。"这五种办法,是平衡思想的一种

---

① 《陈云文选》第三卷,人民出版社1995年版,第125页。

体现,能够保持市场的平稳。陈云在具体提出这五种解决商品供应与社会购买力之间的差额的办法后,还讲了三条重要意见,其中第二条也是讲平衡问题,他说:"今后还须继续搞好各年度的财政收支平衡,避免出现抛物线。同时,要搞好电、煤、木材等若干种主要产品的供需平衡。"①1957 年 4 月 29 日,陈云在就市场物价问题答新华社记者问时强调指出:"应该看到,如果我们的财政收支不能平衡,社会购买力和商品供应量之间不能大体平衡,物价就会乱涨,市场就会混乱,这对于经济的发展和人民生活的稳定都会带来十分不利的影响。"②

二、必须认真研究国民经济比例关系

陈云指出:国民经济"按比例发展的法则是必须遵守的,但各生产部门之间的具体比例,在各个国家,甚至一个国家的各个时期,都不会是相同的"③。当时尚处在"一五"计划时期的中国,由于经济落后,要在短时期内赶上去,是有不少困难的。所以,计划中的平衡就只能是一种紧张的平衡,样样宽裕的平衡是不可能的,齐头并进也是进不快的。

陈云对国民经济的比例关系十分重视,并注意吸收和采纳别人研究的成果及其总结的经验。他说:"在党的第八次全国代表大会上,薄一波同志在发言中,讲了国民收入和积累、国民收入和国家预算收入、国家预算支出和基本建设投资三种比例关系,我很同意他的研究。他所提出的比例数字可能会略有出入,但寻找这些比例关系,是完全必要的。"④陈云还以第二个五年计划的编制为切入点,来阐述他的国民经济比例关系的观点。他指出:编制第一个五年计划时,首先着眼于新的基建项目搞多少,只求新的建设和财力的平衡。现

---

① 《陈云文选》第二卷,人民出版社 1995 年版,第 245 页。
② 《陈云文选》第三卷,人民出版社 1995 年版,第 59 页。
③ 《陈云文选》第二卷,人民出版社 1995 年版,第 241—242 页。
④ 《陈云文选》第三卷,人民出版社 1995 年版,第 52 页。

在情况已经大不相同,已经建成的和正在建设的项目已经大大增加了,如果不认真研究国民经济的比例关系,必然造成不平衡和混乱状态。而研究合理的比例关系,决不能只依靠书本,生搬硬套,必须从我国的经济现状和过去的经验中去寻找。既要研究那些已经形成的比较合理的比例关系,更重要的是研究暴露出来的矛盾。他还就这些已经暴露出来的矛盾提出了七点看法:(1)重工业、轻工业、农业的投资比例,应该根据毛泽东在《论十大关系》中所提出的方针加以安排。(2)煤、电、运输等先行工业部门,已经暴露出过去投资不够的问题,先行成为落后,这种状况要很快加以改变,否则对整个国民经济的发展很不利。(3)钢铁工业和机械工业的关系,在发展先后和投资多少的问题上,也暴露了一些矛盾,要研究解决,使两者彼此配合,互相促进。(4)民用工业和军用工业的关系要处理好。(5)大厂和小厂、先进和落后的问题。(6)正确处理建设中的"骨头"和"肉"的关系。(7)公私合营的企业必须停止合并。① 这是陈云从当时中国的经济现状和过去的经验教训中,对国民经济的比例关系所进行的系统阐述。

陈云提出的关于正确处理重工业、轻工业和农业等国民经济中七个重要关系的意见,虽然由于接踵而至的运动而长期未被采纳,但是在中国共产党纠正了"左"的错误后,终于被人们重视。而且,这些符合中国国情的真知灼见,对他后来继续探索中国社会主义经济建设和在领导制定和贯彻落实经济政策中起了重大作用。

三、以国家计划为主体和以自由市场为补充

在中共八大上,陈云作了题为《关于资本主义工商业改造高潮以后的新问题》的发言,阐述了工商业管理中的一些新的原则意义的问题。陈云认为,对一部分商品采取选购和自销,让许多小工厂单独生产,把许多手工业合作社

---

① 《陈云文选》第三卷,人民出版社 1995 年版,第 56—57 页。

划小、分组或按户分散经营,把许多副业产品归农业合作社社员个人经营,放宽小土产的市场管理,用不着担心中国的市场退回到资本主义的自由市场。采取上述措施的结果,在中国出现的绝不会是资本主义的市场,而是适合于中国情况和人民需要的社会主义的市场。

在这个重要发言中,陈云全面系统地阐述了关于中国社会主义经济情况的分析,这就是著名的"三个主体,三个补充"。陈云指出:"在工商业经营方面,国家经营和集体经营是工商业的主体,但是附有一定数量的个体经营。这种个体经营是国家经营和集体经营的补充。至于生产计划方面,全国工农业产品的主要部分是按照计划生产的,但是同时有一部分产品是按照市场变化而在国家计划许可范围内自由生产的。计划生产是工农业生产的主体,按照市场变化而在国家计划许可范围内的自由生产是计划生产的补充。因此,我国的市场,绝不会是资本主义的自由市场,而是社会主义的统一市场。在社会主义的统一市场里,国家市场是它的主体,但是附有一定范围内国家领导的自由市场。这种自由市场,是在国家领导之下,作为国家市场的补充,因此它是社会主义统一市场的组成部分。"①这一基本构想"是陈云在社会主义改造基本完成后指导中国经济工作继续前进的一个总纲,强调保留个体经济,突破了一大二公的旧模式;它主张计划经济下发挥市场作用,尊重价值规律,突破了大一统的计划模式,使企业拥有一定生产经营自主权;它允许一定范围内自由市场存在,突破了国家垄断模式。它作为一个比较完整的富有创见的构想,既不同于前苏联只有计划、没有市场的高度集中的计划体制,也不同于中国后来片面追求的一大二公的模式,它代表了党在这个时期探索的正确方向"②。

中共十一届三中全会以来,中国实行了搞活经济的政策,效果很明显。当时的商品非常丰富,"卖方市场"正在变成"买方市场"。看到这个景象,陈云非常高兴。对于计划与市场问题,陈云有自己独到的见解。比如,1982 年 12

---

① 《陈云文选》第三卷,人民出版社 1995 年版,第 13 页。
② 赵士刚主编:《陈云与中共党史重大事件》,中央文献出版社 2001 年版,第 171—172 页。

月 2 日,他在同上海代表团部分代表座谈时指出:"我们也要防止在搞活经济中,出现摆脱国家计划的倾向。搞活经济是在计划指导下搞活,不是离开计划的指导搞活。这就像鸟和笼子的关系一样,鸟不能捏在手里,捏在手里会死,要让它飞,但只能让它在笼子里飞。没有笼子,它就飞跑了。如果说鸟是搞活经济的话,那末,笼子就是国家计划。"①陈云这一"鸟"与"笼子"的形象比喻,不断深化了对计划与市场关系问题的思考,比先前的"计划经济为主,市场调节为辅"的提法又有所拓展。历史和现实均表明,强调计划而忽视市场,或强调市场而忽视计划,都不适合中国的国情,也不利于中国社会主义经济建设,只有把计划和市场有机地结合起来才能取得良好的效果。中国这么大的一个国家,没有市场不能发展,没有计划也不能发展。可以说,中国社会主义经济建设取得辉煌成就,同陈云"计划经济为主,市场调节为辅"的计划与市场相结合的经济政策思想是密不可分的,也是"鸟"与"笼子"两者之间的关系处理好的体现。

四、坚持有计划按比例发展国民经济的原则

1954 年 6 月 29 日至 7 月 1 日,中共中央政治局扩大会议讨论编制第一个五年计划的问题。6 月 29 日、30 日,陈云就计划编制情况向会议作汇报,提出了"四大比例"的问题。所谓"四大比例",指的是农业与工业、轻工业与重工业、重工业各部门之间、工业发展与铁路运输之间的比例,每大比例内部及其之间也要有一定的比例关系。陈云指出:"按比例发展的法则是必须遵守的,但各生产部门之间的具体比例,在各个国家,甚至一个国家的各个时期,都不会是相同的。一个国家,应根据自己当时的经济状况,来规定计划中应有的比例。究竟几比几才是对的,很难说。唯一的办法只有看是否平衡。合比例就是平衡的;平衡了,大体上也会是合比例的。"②陈云当时提出的这一思想主

① 《陈云文选》第三卷,人民出版社 1995 年版,第 320 页。
② 《陈云文选》第二卷,人民出版社 1995 年版,第 241—242 页。

张,对全党认识全局、正视困难起了很大作用。

"文化大革命"给国民经济的发展带来了巨大影响,比例失调,效率低下。1978 年 2 月,陈云在中共十一届二中全会上,就为遏制经济建设出现的急于求成的冒进思想倾向,强调了按农轻重次序发展、提高工业生产质量的意见。1979 年 3 月,陈云起草并同李先念联名致信中共中央,指出:"现在国民经济没有综合平衡,比例失调的情况严重。"①并且,提出要有两三年的调整时期。1979 年 4 月,中共中央召开工作会议,采纳了陈云提出的建议,并将这次调整的方针确定为"调整、改革、整顿、提高"。这次经济调整,为 20 世纪 80 年代的经济发展和全面改革奠定了有利的基础,创造了良好的条件。这样,陈云的这些经济主张也就从建议层面上升到政策层面,推动改革开放和社会主义现代化建设新时期经济工作走上健康稳定的发展轨道。

陈云按比例发展的思想,与马克思主义再生产理论是有内在联系的。1979 年 3 月 8 日,陈云在《计划与市场问题》这份提纲中提出了六个方面的问题:一是计划工作的规则是有计划按比例,这一思想来源于马克思。二是1917 年后苏联的经济计划和 1949 年后中国的经济计划,都是按照马克思所说的有计划按比例办事的。三是整个社会主义时期必须有两种经济即计划经济部分(有计划按比例的部分)和市场调节部分(即不作计划,只根据市场供求的变化进行生产,即带有盲目性调节的部分)。四是忽视了市场调节部分的另一后果是,同志们对价值规律的忽视,即思想上没有"利润"这个概念。这是大少爷办经济,不是企业家办经济。五是中国社会经济的主要特点是农村人口占百分之八十,而且人口多,耕地少。六是在今后经济的调整和体制的改革中,实际上计划与市场这两种经济的比例的调整将占很大的比重。不一定计划经济部分愈增加,市场经济部分所占绝对数额就愈缩小,可能是都相应

---

①　中共中央文献研究室编:《陈云年谱(修订本)》下卷,中央文献出版社 2015 年版,第269 页。

地增加。① 同年 3 月 21 日,陈云在中共中央政治局会议上发表了讲话,其中提到"按比例发展是最快的速度"②。

陈云关于按比例调整国民经济的思路实践意义和理论意义都很大。他遵循马克思主义的基本原理,立足国情,实事求是,胸怀大局,统筹全局,提出了科学的经济调整思想,并按此思想制定了一系列切实可行的经济调整政策。这些方针政策的贯彻执行,就使得国民经济能够按比例发展。历史和实践证明了陈云经济调整思想以及在此基础上制定的经济调整政策的正确性。在实践上,由于中共中央及时采纳了陈云的意见,纠正了急躁冒进的错误倾向,因此为国民经济走上健康发展的轨道提供了保证;在理论上,有计划按比例发展国民经济的思想,是陈云几十年领导经济工作和经济建设经验的总结。

五、陈云的综合平衡思想是一个完善的理论体系

何谓综合平衡? 陈云指出:"所谓综合平衡,就是按比例;按比例,就平衡了。任何一个部门都不能离开别的部门。一部机器,只要缺一部分配件,即使其他东西都有了,还是开不动。按比例是客观规律,不按比例就一定搞不好。"③这就是说,综合平衡中最主要的是按比例。

陈云的综合平衡思想,有一个形成、发展和完善的过程。追溯陈云的综合平衡思想,不得不注意他 1948 年 8 月所发表的《当前中国职工运动的总任务》一文。在这篇文章中,陈云虽然没有提出综合平衡的思想概念,但文章中已经蕴含着平衡的思想原则(如按计划办事)。如前所述,陈云在 1954 年 6 月向中共中央政治局扩大会议汇报"一五"计划有关的问题时,在提出"四大比例"的同时,还提出了"三大平衡"。他在汇报中所提出的"三大平衡",指的是财政收支、购买力和商品供应、主要物资供需之间必须平衡(还提出了技术

---

① 《陈云文选》第三卷,人民出版社 1995 年版,第 244—247 页。

② 《陈云文选》第三卷,人民出版社 1995 年版,第 251 页。

③ 《陈云文选》第三卷,人民出版社 1995 年版,第 211 页。

力量的供需之间也要平衡）。1956 年 12 月 11 日,陈云在主持商业部部长办公会时指出:"(1)预算和现金要平衡、不能有赤字,并应略有结余。(2)物资平衡决定于物资的分配方法,要首先保证生产和市场的最低需要,然后才能用来搞基本建设,否则就是只顾建设,不要人民。(3)购买力与物资必须平衡,不平衡就要出毛病。(4)工资的增加要适应消费品生产增长的速度。(5)消费资料的多少决定于农产品生产、进出口物资的多少和重工业交给轻工业的东西的多少。(6)要研究农业生产对工业生产是否有约束力、农业生产发展慢工业能否快的问题。(7)工业内部、重工业内部都有一定的比例关系,现在还没有形成这个比例。商业部门要力争做到前三条,咬住这三条,天下就不会大乱。"①

1957 年 1 月 18 日,陈云在各省、自治区、直辖市党委书记会议上就财政经济问题发表了讲话,其中第三、第四部分涉及综合平衡的问题。② 1962 年 3 月 7 日,陈云在中央财经小组会议上的讲话中一共讲了七个问题,其中第三个问题又专门讲到了综合平衡的问题。他说,综合平衡"这个问题有很多争论,牵涉到积极平衡和消极平衡的提法。究竟什么是积极平衡,什么是消极平衡,认识是不同的。我以为,现在首先要弄清楚两点:一点是,从什么时候开始搞综合平衡? 一点是,从什么'线'出发搞综合平衡?""先说从什么时候开始搞综合平衡。……我的看法是,综合平衡必须从现在开始,今年的年度计划就要搞综合平衡,开步走就要搞综合平衡。""再说按什么'线'搞综合平衡,无非是长线、短线。过去几年,基本上是按长线搞平衡。这样做,最大的教训就是不能平衡。结果,建设项目长期拖延,工厂半成品大量积压,造成严重浪费。在这方面,这几年的教训已经够多了。按短线搞综合平衡,才能有真正的综合平衡。"③在这个讲话中,陈云特别强调综合平衡的重要性,主张当年的年度计划

---

① 中共中央文献研究室编:《陈云年谱(修订本)》中卷,中央文献出版社 2015 年版,第509 页。

② 《陈云文选》第三卷,人民出版社 1995 年版,第 52—57 页。

③ 《陈云文选》第三卷,人民出版社 1995 年版,第 210—211 页。

和开步走就要搞综合平衡,而且要按短线搞综合平衡,不能按长线搞综合平衡。只有按短线搞综合平衡,才是真正的综合平衡。朱佳木认为:"这里说的'短线平衡',当然是针对计划工作而言的。有人喜欢使用西方经济学的'木桶定律',而摒弃'短线平衡'的原理。其实,两者的意思是一样的。在社会主义市场经济体制下,对于经济中的许多重大比例,如三次产业之间、各产业内部的门类之间、产品之间、地区之间、城乡之间的结构,仍然需要找出薄弱环节并加以平衡。在这个过程中,用'木桶定律'和"短线平衡'的原理指导都可以,但'短线平衡'是中国人自己通过实践总结出来的,更应当用作我们的指导原则。"①

由上可知,陈云的综合平衡思想是一个完善的理论体系,既是制定经济政策的重要依据,是经济政策的一个重要组成部分,也是领导经济工作不可缺少的工具。有学者认为,20 世纪 60 年代初中国经济出现困境,其中的一个重要原因是陈云在中共中央失去了经济工作领导权。历史和现实表明,中国多次经济发生波动的共同原因,都在于陈云的综合平衡思想被冲击而未能落实,每次严重失误的矫正又都是用各种方法重新实现平衡,而每次重新实现综合平衡后,经济社会就重现生机。② 曾任国家统计局局长的李成瑞认为:"从党的十三届三中全会、五中全会的决定和七届人大四次会议通过的十年规划和'八五'计划纲要中可以看出,陈云关于从国情国力出发,坚持'四大平衡'的理论和方法,继续被作为指导方针。这一事实证明,这一理论不仅适用于过去高度集中的计划体制下的情况,而且适用于改革开放以后的新情况,尽管这一理论运用的具体方法可以有变化,但其基本原则仍然在有力地指导着当前和今后我国国民经济的发展。"③

---

① 朱佳木:《陈云经济思想的几个要点》,《毛泽东邓小平理论研究》2020 年第 2 期。
② 中共中央文献研究室陈云研究组编:《陈云研究述评》下册,中央文献出版社 2004 年版,第 517 页。
③ 陈云故居暨青浦革命历史纪念馆编:《走进陈云——口述历史馆藏资料辑录》,中央文献出版社 2008 年版,第 139—140 页。

陈云的综合平衡思想,不仅是中国经济建设与改革最重大的理论成果之一,也是中共中央和国务院制定经济建设政策的根本依据,是中国经济决策长期的指导思想。在 1980 年 12 月 25 日中共中央工作会议的闭幕会上,邓小平作了题为《贯彻调整方针,保证安定团结》的讲话,指出:"我完全同意陈云同志的讲话。这个讲话在一系列问题上正确地总结了我国三十一年来经济工作的经验教训,是我们今后长期的指导方针。"①江泽民也肯定了陈云的经济理论对我国现代化建设"具有长期的指导意义"②。

第四节　在安排好人民生活的基础上搞建设

经济建设和人民生活必须兼顾,必须平衡,这是陈云的一贯主张,也是他制定经济政策和领导经济建设的一个重要指导思想。从 1961 年他主持起草中共中央粮价问题小组给毛泽东并中央的报告中提出的"吃饭第一",到 1994年再次强调的"建设规模一定要与国力相适应,而且要留有余地。同时,要把注意力集中到提高经济效益上来"③,有一根红线始终贯穿于其中,那就是建设社会主义必须改善人民的生活,搞基本建设也必须在安排好人民生活的基础上进行。

一、改善人民生活是经济建设的最终目的

在经济建设中,陈云始终牢记建设是为了改善人民生活这个最终目的。20 世纪 50 年代经济恢复时期,财经部门为了遏制通货膨胀,加紧征收公粮、发行公债的工作。陈云说,这些都是必要的,但一定要把城乡交流摆在第一

---

① 《邓小平文选》第二卷,人民出版社 1994 年版,第 354 页。
② 江泽民:《在〈陈云文选〉一至三卷、〈陈云〉画册出版发行暨纪念陈云同志诞辰九十周年座谈会上的讲话》,《人民日报》1995 年 6 月 14 日。
③ 《陈云文选》第三卷,人民出版社 1995 年版,第 380 页。

位。他特别强调指出："这是历史上没有一个政府提出过的,但却是关系全国人民经济生活的一件大事,我们如果不管,怎么能算人民的政府呢?"①可见,在中国共产党建立全国政权之初,我们接手过来的是一个旧中国留下的烂摊子,要把这个烂摊子收拾好,就必须从当时的国情出发,特别是要考虑农业和农民这个实际问题。在中国,农业经济占主要地位,把城乡交流放在第一位,就是要增加农民的收入,说到底,还是为了提高人民的生活水平。

还在抗日战争时期,陈云在中国共产党陕甘宁边区第二次代表大会上的讲话中就曾指出:"我们帮助了群众,群众就会积极、热情地来帮助党和政府的工作。"②1951 年 4 月 4 日,陈云在中国共产党第一次全国组织工作会议上的讲话中指出:"不解决实际问题谈为人民服务,则是空话一句。"③1955 年 3 月 21 日,陈云在中国共产党全国代表会议上作了题为《关于发展国民经济的第一个五年计划的报告》,其中又讲到了"关于提高人民生活水平问题"。他指出:解放以来,我国各族人民的生活水平在逐步提高;恢复经济的三年中,由于就业人数增加、工资提高,农村中实行土地制度改革,城乡人民的收入增加了;五年计划规定的各项措施,又将使各民族人民生活水平在原来的基础上有新的提高。他还指出:"当然,我国人民目前的生活水平还是很低的。但是,放在我们面前的是这样一个问题:用必要的财力保证国家建设,以便建立人民生活改善的物质基础呢? 还是减少建设来更多地增加工资? 我们的选择应该是首先用必要的财力来保证国家的建设,同时按照五年计划规定的指标来提高生活水平。因为建设的目的就是为了将来能够提高生活水平,没有今天的刻苦建设,不可能有将来的幸福生活。"④这就是说,建设要保证,但建设的最终目的还是为了提高人民的生活水平。而提高人民的生活水平,要靠不断提

---

① 《陈云文选》第二卷,人民出版社 1995 年版,第 127 页。
② 《陈云文选》第一卷,人民出版社 1995 年版,第 173 页。
③ 《陈云文选》第二卷,人民出版社 1995 年版,第 128 页。
④ 《陈云文集》第二卷,中央文献出版社 2005 年版,第 628 页。

高生产力,要靠人民辛勤劳动。

陈云一生始终坚持为人民谋利益的原则。1956 年 11 月 16 日,陈云兼任商业部部长。在同年 12 月的中共商业部党组会议上,他在讲话中指出,商业工作的好坏,直接关系到六万万人民群众的切身利益,关系到广大的城乡人民对我们是否满意。针对当时市场上出现猪肉和蔬菜供应紧张的问题,特别是猪肉供应不足老百姓吃肉难的问题,他在中共八大上的一次发言中指出:"现在猪肉供应问题已经不单纯是一个普通的商品脱销问题,而是影响党和人民关系中的一个重要问题。人民在这方面对我们是有意见的。从今后一个较长时期来看,劳动就业人数越增加,城乡人民购买力越提高,对猪肉的需求也就越多,如果不采取有效的措施加以解决,矛盾会越来越尖锐。"[1]

1961 年,中共中央采纳了陈云的意见,制定了"调整、巩固、充实、提高"的方针,下决心对国民经济进行调整。1962 年 3 月 7 日,陈云在中央财经小组会议上的讲话中指出:"现在我们面临着如何把革命成果巩固和发展下去的问题,关键就在于要安排好六亿多人民的生活,真正为人民谋福利。"[2]从陈云的讲话中,我们可以领悟到,任何时候都要坚持人民至上,把人民的利益放在第一位,群众利益无小事,把妥善解决好人民生活问题作为一项重要国策,把全心全意为人民谋利益作为制定和执行政策的出发点和归宿。

二、一要吃饭,二要建设

马克思主义认为,人的主观思想是客观事物的反映。只有主观与客观具体的、历史的统一,使主观思想与客观事物相一致,才能真正掌握和善于运用客观规律。毛泽东善于将哲学基本问题——物质与精神的关系问题转化为实

---

[1]　中共中央书记处研究室编:《陈云同志文稿选编(1956—1962 年)》,人民出版社 1981 年版,第 14 页。

[2]　《陈云文选》第三卷,人民出版社 1995 年版,第 210 页。

际工作中的主观与客观的关系问题。陈云在处理生产、生活、建设和人的主观能动性方面就体现出马克思主义唯物论和辩证法的有机统一。

1956 年 10 月 24 日，在讨论国家经委关于 1957 年度计划控制数字意见的报告时，陈云在发言中指出："国家建设和人民生活的矛盾要很好解决，现在国内市场很紧张，人人都有意见。今后搞建设，粮食、肉、植物油等吃的东西必须得到保证。"①12 月 11 日，他再次提出："物资平衡决定于物资的分配方法，要首先保证生产和市场的最低需要，然后才能用来搞基本建设，否则就是只顾建设，不要人民。"②1957 年 7 月 22 日，陈云在 13 个省、市蔬菜会议上的讲话中指出："蔬菜和其他副食品的供应问题，其意义绝不在建设工厂之下，应该放在与建设工厂同等重要的地位。如果只注意工业建设，不注意解决职工的生活问题，工人就可能闹事，回过头来还得解决。"③9 月 24 日，陈云在中共八届三中全会上的发言中强调指出："如果我们不能解决人民的吃饭穿衣问题，我们的社会主义建设事业便站不稳，必然还要回头补课。"④

中共十一届三中全会后，中共中央又采纳了陈云的意见，制定了"调整、改革、整顿、提高"的方针，决定又一次对国民经济进行调整。调整初期，一些部门舍不得压缩基本建设规模，以致引起物资供应紧张，物价普遍上涨。为此，陈云在中共中央工作会议上再次提出经济建设的目的问题。他说："这种涨价的形势如果不加制止，人民是很不满意的。""经济形势的不稳定，可以引起政治形势的不稳定。"⑤他还把压缩基建投资、增加必要国防开支，也与经济建设的目的联系起来。他说："搞经济建设的最后目的，是为了改善人民的生

---

① 中共中央文献研究室编：《陈云年谱（修订本）》中卷，中央文献出版社 2015 年版，第 490 页。
② 中共中央文献研究室编：《陈云年谱（修订本）》中卷，中央文献出版社 2015 年版，第 509 页。
③ 《陈云文选》第三卷，人民出版社 1995 年版，第 64 页。
④ 《陈云文选》第三卷，人民出版社 1995 年版，第 85—86 页。
⑤ 《陈云文选》第三卷，人民出版社 1995 年版，第 277—278 页。

活。""搞国防建设,也是为了保障人民生活的改善。"①

在 1981 年 12 月的省、自治区、直辖市党委第一书记座谈会上,陈云指出:"我们经济工作的另一个大方针:一、要使十亿人民有饭吃;二、要进行社会主义建设。"那么,怎样才能使人民有饭吃和国家要建设这两者同步进行呢? 陈云指出:"必须在保证有饭吃后,国家还有余力进行建设。因此,饭不能吃得太差,但也不能吃得太好。吃得太好,就没有力量进行建设了。"②这就是说,必须做到一能吃饭、二能建设。

1982 年 1 月 25 日,陈云同国家计划委员会负责同志进行座谈,在强调要提高和改善人民的生活之后,他着重指出:"还是那句话:从全局看,第一是吃饭,第二要建设。吃光用光,国家没有希望。吃了之后,还有余力搞生产建设,国家才有希望。只要把握住这一条就好。"③1983 年 6 月 30 日,陈云在中共中央工作会议上又提到了"一要吃饭,二要建设"的观点。1988 年 10 月 8 日,陈云在同中央负责同志的谈话要点中讲了八点意见,其中第六点意见是:"提高人民生活水平,要掌握一定的幅度,不能过高、过快。""还是那两句老话:一要吃饭,二要建设。好事要做,又要量力而行。"④直到 1994 年 2 月 9 日,年届 89 岁的陈云在同上海市负责同志谈话时,再次提到经济建设与国力之间的关系问题。他强调指出:"从全国来看,当前经济工作要特别注意的一个问题,就是建设规模一定要与国力相适应,而且要留有余地。同时,要把注意力集中到提高经济效益上来。"⑤

陈云在参与制定党和国家重要方针政策和领导经济建设的过程中,始终坚持把提高和改善人民的生活放在首位。他所提出的"一要吃饭,二要建

---

① 《陈云文选》第三卷,人民出版社 1995 年版,第 280 页。
② 《陈云文选》第三卷,人民出版社 1995 年版,第 306 页。
③ 《陈云文选》第三卷,人民出版社 1995 年版,第 309 页。
④ 《陈云文选》第三卷,人民出版社 1995 年版,第 367 页。
⑤ 《陈云文选》第三卷,人民出版社 1995 年版,第 380 页。

设",是马克思主义唯物论和辩证法的有机统一。吃饭是前提,第一位的,建设是手段,第二位的,建设必须吃饭,否则无法进行,但饭不能吃得超过国家的经济承受力,不能影响国家基本建设,因为,在某种意义上说,建设也是为了更好地体现人民的生活水平。同时,吃饭必须建设,不能为了吃饭而吃饭,不能不去进行基本建设,不能为了基本建设而不吃饭,或不吃好饭。陈云"一要吃饭,二要建设"的思想及其一系列政策主张,是马克思主义物质观的科学体现,具有崇高的人民性。

三、先生活、后生产、再基建

1945 年 2 月 1 日,陈云在出席陕甘宁边区财政厅工作检讨会上发表的《怎样做好财政工作》的讲话中就曾指出:"财政工作是什么方针?是生产第一,分配第二;收入第一,支出第二。保证需要,是军队第一,学校第二,机关第三。因为机关多少有些能力,而且人少。解决问题要有重点。"①

20 世纪 50 年代中期,对于生产与基建的关系问题,陈云从当时的国情出发,提出了许多符合实际的主张。比如,他以原材料供应为例,指出:"在原材料供应紧张的时候,首先要保证生活必需品的生产部门最低限度的需要,其次要保证必要的生产资料生产的需要,剩余的部分用于基本建设。先保证生产、后供应基建这种排队的必要,主要是为了维持最低限度的人民生活的需要,避免盲目扩大基本建设规模,挤掉生活必需品的生产。"②也就是说,无论是财力还是物力的供应,生活必需品的生产必须先于基本建设,这关乎民生和建设二者之间合理安排的问题。

1956 年 11 月 19 日,陈云在关于商业问题的讲话中,分析了商品供应紧张的问题,认为这是全国财政贸易和经济建设情况的反映。陈云指出:"今年的商品供应比过去六年紧张一点。今后是否会年年如此?不能那样。如果年

---

① 《陈云文选》第一卷,人民出版社 1995 年版,第 289 页。
② 《陈云文选》第三卷,人民出版社 1995 年版,第 53 页。

年如此,那问题就大了,就不仅是商业工作的问题,也不只是当年经济工作的问题,就需要重新考虑我们的建设方针是否妥当。"针对1956年商品供应紧张状况,陈云认为是实际工作缺点造成的,他指出:"我们共产党必须天天关心人民群众的切身利益。人是要吃饭的,不能天天靠吃马列主义过活,一天不吃饭,肚子就饿得哇哇叫。"对于经济建设和人民生活需要的平衡问题,陈云思考得更深,他说,经济建设和人民生活必须兼顾,必须平衡。"看来,在相当长的一段时间内,这种平衡大体上是个比较紧张的平衡。建设也宽裕,民生也宽裕,我看比较困难。我们的耕地只有这么些,但人口多,吃的、穿的都靠它。如果不搞建设,失业半失业照旧,社会购买力很低,商品供应当然一时可以不紧张,但不搞建设更不行。搞建设,增加就业,一部分农村人口转入城市,就要多吃、多穿、多用,社会购买力就要提高,商品供应就会紧张。"①

虽然,生产、生活、基建都重要,但还是有一个次序即排队的问题。综合陈云的讲话和意见,可以看出,在物资供应上,要按照先生活、后生产、再基建的原则排队,并适当地留有一定余地,才能确保建设项目的物资供应。像过去一些时期那样,片面强调发展生产建设,忽视改善人民生活,不仅会直接损害人民的利益,而且生产建设最终要退下来。但是,强调重视人民生活,决不是说可以超越生产发展的实际水平,过多地提高人民的消费水平,更不是说可以不要生产,不发展生产。我们国家人口多,底子薄,如果只顾改善人民生活这一头,国家没有必要的资金进行建设,实现现代化就没有希望,人民生活也不能得到持久的改善。"人民生活水平只能在生产发展的基础上逐步提高。"②1959年7月2日,毛泽东在庐山住处召集中共中央领导人和各协作区主任开会,研究中央政治局扩大会议要讨论的问题和会议的开法。他在讲话中说:"'大跃进'的重要教训之一是没有搞好平衡。过去安排国民经济的次序是重、轻、农,今后要反一

---

① 《陈云文选》第三卷,人民出版社1995年版,第27、33—34、29页。
② 《陈云文选》第三卷,人民出版社1995年版,第62页。

下,提农、轻、重。这样提还是优先发展生产资料,并不违反马克思主义。"①他还说:"过去陈云同志提过:先市场,后基建,先安排好市场,再安排基建。有同志不赞成。现在看来,陈云同志的意见是对的。要把衣、食、住、用、行五个字安排好,这是六亿五千万人民安定不安定的问题。"②到了1962年3月7日,陈云在中央财经小组会议上的讲话中指出:"农业问题,市场问题,是关系五亿多农民和一亿多城市人口生活的大问题,是民生问题。解决这个问题,应该成为重要的国策。为了农业、市场,其他的方面'牺牲'一点,是完全必要的。"③

总之,陈云的先生活、后生产、再基建的主张是始终如一的。直到1979年9月,他在国务院财政经济委员会召开的汇报会上的讲话中,还提出了"要先生产,后基建;先挖潜、革新、改造,后新建"④的主张。陈云的这些经济思想和政策主张,对我们今天坚持以人为本,坚持以人民为中心的发展思想,始终坚持人民至上,全面建成社会主义现代化强国仍然有着重要的借鉴意义。

第五节　与时俱进地改革经济体制

在新中国成立初期,在国民经济恢复和"一五"计划时期,在20世纪50年代末到60年代初,陈云对经济体制改革都进行了艰辛探索。比如,在中共八大上,他提出了"三个主体、三个补充"的思想;1957年,他代国务院起草了经济体制改革的三个文件;1962年,他又提出用重新分田的办法来调动农民的积极性。客观地看,陈云的经济体制改革思想是符合中国国情的。这里,我们对陈云在20世纪五六十年代关于经济体制改革的思想进行梳理。同时,对陈云在改革开放初期关于经济体制改革的思想也做个简要概括。

---

①　中共中央文献研究室编:《陈云年谱(修订本)》下卷,中央文献出版社2015年版,第24页。
②　《毛泽东文集》第八卷,人民出版社1999年版,第78页。
③　《陈云文选》第三卷,人民出版社1995年版,第210页。
④　《陈云文选》第三卷,人民出版社1995年版,第268页。

一、必须进行经济体制改革

20 世纪 50 年代,中国建立了高度集中的计划经济体制。在当时的历史条件下,这种体制有它的现实意义和战略考虑。但是,这种体制也存在着不少弊端,突出地表现为中央集权过多,如国家对地方和企业管得太多太死。要消除这一弊端,就必须进行经济体制改革,正确处理中央同地方、企业的关系,以达到"放权""让利"和"搞活"的目的。在"三大改造"即将完成的时候,陈云对社会主义所有制结构问题以及市场问题进行了探索。在中共八大上,陈云作了题为《社会主义改造基本完成以后的新问题》的发言,他在发言中提出了"三个主体、三个补充"的观点。中共八大决定根据统一领导、分级管理、因地制宜、因事制宜的方针,改进国家的行政体制,划分中央和地方的行政管理职权,划分事业、企业、计划和财政的管理范围,适当扩大各省、自治区、直辖市的管理权限,并且注意改进和加强中央各部门的工作。同时规定,保证企业在国家统一领导和统一计划下,在计划管理、财务管理、干部管理、职工调配、福利设施等方面有适当的自主权。1957 年初,中共中央为了加强对经济工作和改进体制工作的统一领导,决定成立一个小组,在中共中央政治局领导下具体负责。同年 1 月 10 日,中共中央发出的《关于成立中央经济工作五人小组的通知》指出:经济工作五人小组由陈云、李富春、薄一波、李先念、黄克诚组成;陈云任组长;在中央政治局领导下,统一领导全国的经济工作。① 中央经济工作五人小组成立后,立即着手研究落实《国务院关于改进国家行政体制的决议(草案)》的各项规定,认为改进经济体制的重点是工业、商业和财政,首先应解决好这三个方面的问题,并督促有关部门尽快提出具体实施方案。中共八届三中全会后,陈云在中央经济工作五人小组调查研究的基础上,亲自代国务院起草了有关改进工业管理体制、商业管理体制和财政体制等三

---

① 中共中央文献研究室编:《陈云年谱(修订本)》中卷,中央文献出版社 2015 年版,第 520 页。

个文件,经国务院全体会议第 61 次会议通过,并提交 1957 年 11 月 14 日召开的第一届全国人民代表大会常务委员会第 84 次会议批准,自 1958 年起施行。

此外,陈云还支持并建议农村实行包产到户等生产责任制。20 世纪 60 年代初,他亲自深入河北、山东、河南、安徽、江苏、上海、浙江农村进行实地调查,并根据安徽等地农民的实践,就"责任田"和"包产到户"问题,于 1962 年 7 月初毅然向毛泽东和其他几位中共中央政治局常委建议:可以采取让农民重新分田(即包产到户或大包干)的办法,来刺激农民的种田积极性,以便恢复农业的产量,确保国家的粮食收入。然而,陈云的主张则遭到毛泽东的批评,被视为右倾。这是非常遗憾的。从这里可以看出,实际上,陈云也是中国农业经济体制改革的倡导者之一,他的深入调研和思考为后来农业经济体制改革和农业政策的制定与调整,奠定了非常可贵的思想基础。

在国民经济进入调整时期,1962 年 2 月 26 日,陈云在国务院各部委党组成员会上作了《目前财政经济的情况和克服困难的若干办法》的讲话。他在讲话中指出:"没有相当的工业品供应农村,没有等价交换,单靠政治动员,是难以持久的。在相当范围内的自由市场,对促进生产是有利的。"①同时,他还提出了"要通过市场管理、税收、运价等办法把自由市场管起来"等思想。20 年后的 1982 年 11 月 22 日,陈云在中共中央政治局会议讨论五届全国人大五次会议上国务院关于"六五"计划(1981—1985)的报告稿时发言指出:"那个时候,我只是说合作小组、个体经营可能在相当长一个时期内还要存在",现在"比从前大进了一步,比我那个时候大进了一步"。②

上述情况表明,在"三大改造"基本完成后,如何解决其遗留问题,陈云已酝酿出改进经济体制的设想。如 1956 年 8 月 18 日、19 日,陈云出席全国新公私合营企业工资会议并讲话,他在讲话中提出:"苏联的情况跟我们不一样,

---

① 《陈云文选》第三卷,人民出版社 1995 年版,第 197 页。
② 陈云:《搞活经济很重要》,《文献和研究》1984 年第 12 期。

它大小生产一律纳入计划。我们是否来个大计划、小自由,即主要方面有计划,次要方面来个自由市场。这种自由市场是国家市场的补充,不是资本主义无政府状态下的自由市场。总之,要适应中国的实际情况。方向大体是这样,至于名字怎样叫,还没有研究。"①我们从这里可以看出,陈云之后阐述的"三个主体、三个补充"的思想,其实在这个时候已经有一个雏形。总之,陈云关于经济体制改革的设想,是较为完善的社会主义经济体制的思想,非常值得人们全面了解、认真思考和深入研究。

在改革开放和社会主义现代化建设新时期,陈云又发表了一系列关于经济体制改革的文章及讲话。比如,1986 年 1 月人民出版社出版的《文献和研究》(1984 年汇编本),汇集了陈云关于经济体制改革的论述(1980 年 12 月—1984 年 10 月),共 19 篇。这 19 篇文章和讲话,涉及经济体制改革方面的内容,概括起来主要是:经济体制改革产生了前所未有的好作用,大大有利于经济形势的改善,其意义不下于私营工商业改造;改革步子要稳,不能要求过急,也就是要摸着石头过河;进行经济体制改革,推行责任制,要注意以下四点:第一,搞平均先进定额。第二,质量不能下降。第三,成本只能降,不能加。第四,统筹全局;特区要办,必须不断总结经验,力求使特区办好。这期间,陈云还提出了有关经济体制改革的三点意见,即"要形成有中国特色的社会主义的计划管理体制""特区仍然在国家总的计划范围之内""系统进行经济体制的改革,是当前我国经济工作面临的首要问题"。这些文章和讲话,对于我们学习、研究和宣传陈云在改革开放和社会主义现代化建设新时期关于经济体制改革的思想主张,有重要的借鉴作用。

二、经济体制改革的主要内容

经济体制改革包括经济管理体制的改进,涉及方方面面,但经济管理体制

---

① 《陈云文集》第三卷,中央文献出版社 2005 年版,第 86 页。

改进的重点不外乎在工业、商业和财政这三个方面。这三个方面的改革,"总的精神是把一部分工业、商业和财政管理的权力,下放给地方行政机关和厂矿企业,以便进一步发挥地方和企业的主动性和积极性,因地制宜地完成国家的统一计划"①。作为中央经济工作五人小组组长,陈云经过艰苦细致的调查研究,多次举行座谈和召开会议,最终形成了改进工业、商业和财政管理体制的方案。

(一)关于工业管理体制的改革

20世纪五六十年代,中国社会主义建设是有计划的建设,全国各地区各企业的生产和建设工作都必须服从国家的统一计划,绝不可违反国家的统一计划,其工业管理体制就是在那样的情况下产生的。但是,从当时的情况来看,工业管理体制方面还存在着两个主要缺点:一个是地方管理的企业,当时还由中央工业部门直接管理;同时,地方行政机关对于工业管理中的物资分配、财务管理、人事管理等方面的职权太小。另一个是企业主管人员对本企业的管理权限太小,工业行政部门对于企业中的业务管得过多。这两个主要缺点限制了地方行政机关和企业主管人员在工作方面的主动性和积极性。为了适当地扩大地方政府在工业管理方面的权限和企业主管人员对企业的管理权限,陈云提出了两点意见:

一是适当扩大省、自治区、直辖市管理工业的权限。这就是说,调整现有企业的隶属关系,把目前由中央直接管理的一部分企业,下放给省、自治区、直辖市领导,作为地方企业;增加各省、自治区、直辖市人民委员会在物资分配方面的权限;原来属于中央各部管理现在下放给地方政府管理的企业,全部利润的20%归地方所得,80%归中央所得;在人事管理方面,增加地方的管理权限。

二是适当扩大企业主管人员对企业内部的管理权限。这就是说,在计划

---

① 中共中央文献研究室编:《陈云传》(三),中央文献出版社2015年版,第1114页。

管理方面减少指令性的指标,扩大企业主管人员对计划管理的职责;国家和企业实行利润分成,改进企业的财务管理制度;改进企业的人事管理制度,除企业主管负责人员(厂长、副厂长、经理、副经理等)和主要技术人员以外,其他一切职工均由企业负责管理。①

陈云所提出的两点意见表明,在国家的统一计划内,给地方政府和企业以一定程度的因地制宜的权力,是完全必要的。而这样做的目的,正是为了更好地完成国家的统一计划,充分地调动地方和企业的积极性,是国家统一计划的题中应有之义。

(二) 关于商业管理体制的改革

在商业管理体制方面,陈云提出了如下七个规定,其主要内容是:"第一,地方(省、自治区、直辖市、县)商业机构的设置,由各省、自治区、直辖市人民委员会根据地方的具体情况决定。当着两个或两个以上的商业行政机构合并设置的时候,在财务上可以不实行原来各系统的独立核算,而实行统一核算;但是,在业务方针政策上仍旧分别接受原来所属主管商业部门的指导。地方商业行政机构和企业管理机构,原则上实行合并。……第二,中央各商业部门设在生产集中的城市或者口岸的采购供应站(一级批发站、大型冷藏库、仓库),实行以中央各商业部门领导为主、地方领导为辅的双重领导。……第三,中央各商业部门所属加工企业,除了某些大型企业,地方认为管理有困难的以外,其余全部移交给地方,由地方商业部门直接管理。……第四,商业计划指标,国务院每年只颁发四个指标,即:(一)收购计划,(二)销售计划,(三)职工总数,(四)利润指标。同时,允许地方在收购计划和销售计划总额的执行中,有百分之五的或上或下的机动幅度。但是,对于中央各商业部门控制的计划商品的数字的变动,必须经过中央各主管商业部门的批准。……第

① 《陈云文选》第三卷,人民出版社 1995 年版,第 94 页。

五,中央各商业部门的企业利润,实行与地方全额分成。粮食经营和对外贸易的外销部分的利润,省、自治区、直辖市不参与分成,但是对外贸易的内销部分仍旧和省、自治区、直辖市分成。供销合作社仍旧实行社员分红、提取公积金和其他基金的办法。现在归地方收入的饮食、服务性行业的利润,仍归地方不变。……第六,商品价格管理的分工。在农、副产品方面,凡是属于计划收购和统一收购的物资的收购价格和销售价格,由中央各商业部门统一规定,但是在非主要产区则委托地方政府根据中央各商业部门规定的价格水平来管理。……在工业品方面,国家经济委员会统一调拨的物资的收购价格,或者各工业部所管的统一分配的物资的收购价格,都按照国家规定的调拨价格办理。除此以外,所有其他工业品的收购价格,按照中央各商业部门规定的原则,由省、自治区、直辖市管理。……第七,实行外汇分成。为了鼓励地方积极完成国家的出口计划和争取若干工农业产品超额出口,中央将所得外汇,分别给地方一定比例的提成。"①

在商业管理体制改革方面,陈云提出的七个规定,涉及商业行政机构和企业管理机构改革的问题,涉及商业部门领导体制和机制运行的问题,也涉及计划指标、收入利润、收购价格和外汇分成等问题。这七个规定,有助于商业管理体制的改革以及商业工作的开展。

(三)关于财政管理体制的改革

本着划定中央和地方财政收支的范围,确定地方财政的收入来源,使地方有一定数量的机动财力来安排自己特殊的支出,进一步发挥组织收入、节约支出的积极性,以推动建设事业发展的原则,陈云对改进财政管理体制提出了六条规定,其中第一至第三条规定的主要内容是:原有地方企业收入、地方事业收入、原已划给地方的七种税收及地方其他零星收入,全部划归地方,作为地

---

① 《陈云文选》第三卷,人民出版社 1995 年版,第 95—98 页。

方固定收入;凡是地方固定收入解决正常年度支出不足的,划给企业分成收入,即将企业利润的 20% 作为地方收入;解决正常年度支出还不足的部分,再用不同比例的调剂收入来补足;计算地方正常年度支出,应该剔除重大灾荒、大规模移民垦荒、地方基本建设投资;分成的计算方法和分成比例三年不变。①

陈云代国务院起草的关于工业、商业和财政管理体制改革的三个文件,涉及中央和地方的关系问题。其基本精神反映了党和国家对改进经济管理体制重要意义的认识,反映了当时改进经济管理体制的方针,就是:分级管理,逐步下放,重视综合平衡,处理好下放后的人、财、物和产、供、销等各个环节的协调关系,破除和修订某些不合理的规章制度,更好地促进经济和各项事业的发展。

三、经济体制改革的具体措施

陈云主持并亲自起草的关于工业、商业和财政管理体制改革的三个文件是代国务院起草的。也就是说,它们已具有国家的法规效力,体现了国家经济体制改革方面的决策。同时,这三个文件也体现了陈云经济体制改革的思想。除此之外,陈云对经济体制改革方面还有自己独特的思考和设想。这个思考和设想,我们从他在中共八大上的发言中,就能看得一清二楚。比如,为了改变过去为限制资本主义工商业所采取的办法,并有效地纠正在社会主义改造过程中由于缺乏经验而发生的一些错误,陈云提出了五个方面的措施②。

第一,应该改变工商企业之间的购销关系。陈云指出:应该把商业部门对工厂所实行的加工订货办法,改为由工厂购进原料、销售商品的办法。并提出了两种采购办法,即对有关国计民生和规格简单的产品,如棉纱、棉布、煤炭、食糖等等,继续实行统购包销,以便保证供应,稳定市场;对品种繁多的日用百

---

① 《陈云文选》第三卷,人民出版社 1995 年版,第 99—101 页。
② 《陈云文选》第三卷,人民出版社 1995 年版,第 6—12 页。

货,逐步停止统购包销而改用选购办法,这就是在新的社会主义经济基础上,大体恢复1953年冬季以前的办法。

第二,工业、手工业、农业副产品和商业的很大一部分必须分散生产、分散经营,纠正从片面观点出发的盲目的集中生产、集中经营的现象。陈云指出:合营工厂中有一部分是应该合并和集中生产的,但是就全国来说,大部分必须按照原来的状况或加以必要的调整后分散生产,分散经营。他不赞成把小工厂合并成大工厂,认为:如果把许多小工厂合并成为大工厂,就它们适应市场需要来说,不会有小工厂分散生产的时候那样灵活。而那样做,既不能提高生产,也不能适应人民消费的需要。陈云还对商业分散经营和副业分散经营作了具体阐述。

第三,必须取消市场管理中那些原来为了限制资本主义工商业投机活动而规定的办法。陈云指出:对于粮食、经济作物、重要的农副产品,仍然需要由国家统购或者委托供销合作社统一收购。但是对于一部分农副产品,例如小土产,现在由当地供销合作社独家统一收购的,应该改变为允许各地国营商店、合作商店、合作小组和供销合作社自由收购,自由贩运,禁止互相封锁。

第四,必须使价格政策有利于生产。陈云指出:"目前在我国物价政策上存在着一种不利于生产的现象,就是在出售价格方面,把稳定物价简单地看成是必须'统一物价',或者'冻结物价'。"对于物价在一定范围内暂时的上涨不要有所恐惧,有些情况下的物价上涨是合理的。同时,销售价格必须服从收购价格,只有大量增产,才能保持整个市场价格的稳定。也就是说,社会主义经济力量大大加强以后,就完全可以保持物价的稳定。

第五,对某些产品的国家计划管理的方法,应该有适当的变更。陈云指出:我们应该把国家计划中对这些产品的各项指标只作为一种参考指标,让生产这些日用百货的工厂,可以按照市场情况,自定指标,进行生产,而不受国家参考指标的束缚,并且根据年终的实绩来缴纳应缴的利润。只要企业生产发展了,又严格遵守国家规定的财政制度,那末,按年终实绩来缴纳利润,并不会造成国家的损失。

陈云所提出的五个方面的措施,也可以说是经济体制改革方面的具体措施,其目的就是要把资本主义工商业和个体农业、手工业,改造成为一种有利于人民的社会主义经济。

综上所述,陈云主持并亲自起草的关于工业、商业和财政管理体制改革的三个文件,涉及中央和地方的关系问题,既有利于消除中央高度集权的弊病,又有利于调动地方积极性。薄一波指出,中共八大展现的探索成果,在经济方面也有不少,如陈云在发言中提出的著名的“三主体三补充”方针,“对于克服社会主义改造高潮中给经济体制带来的一些弊病和当时出现的盲目求纯的思想,是一副对症的良药”①。

四、对经济体制改革的评价

陈云经济体制改革的思想和主张,体现了他实事求是、与时俱进的品格。这个思想和主张对后来的经济体制改革仍然有指导意义,如其中的“关于经济体制改革要做到活而不乱的思想,关于经济体制改革要以有利于人民为出发点,要建立有利于人民的社会主义经济的思想,成为新时期经济体制改革理论和实践的先导”②。他在中共八大的发言,也完全符合中国实际情况,得到广泛赞同,“受到大会的重视,为大会决议所采纳。这是在理论上突破苏联计划经济模式,探索经济体制改革的重要尝试,在当时是十分可贵的”③。中共八大前,陈云的设想已经在实践中得到初步实施;中共八大后,按照“三个主

---

① 薄一波:《若干重大决策与事件的回顾(修订本)》上卷,人民出版社1997年版,第512页。

② 中共中央文献研究室陈云研究组编:《陈云研究述评》上册,中央文献出版社2004年版,第327页。

③ 中共中央党史研究室:《中国共产党的九十年(社会主义革命和建设时期)》,中共党史出版社、党建读物出版社2016年版,第475—476页。

体、三个补充"的思想,改进经济体制的探索又有新的进展。① "三个主体、三个补充"的思想,"是结合我国实际、突破苏联经济模式的一种新构想,在当时是十分难能可贵的"②,丰富和发展了中国特色社会主义理论。

薄一波指出:"应该说,50 年代中期国务院拟定的《关于改进国家行政体制的决议(草案)》和陈云代国务院起草的三个规定,以及各部门提出的改进管理体制的设想和措施,在我国经济体制改革的历史上是一次积极有益的探索和尝试。"③1957 年 11 月,陈云为国务院起草了《关于改进工业管理体制的规定(草案)》《关于改进商业管理体制的规定(草案)》《关于改进财政管理体制的规定(草案)》等三个文件。这三个文件既充分体现了陈云的经济体制改革思想,又是陈云为改革当时不合理的经济体制而制定的进行经济体制改革的一系列重大方针政策,从而开始了中国经济体制改革的最早尝试。

从新中国成立初期经济战线上的"三大战役",到改革开放和社会主义现代化建设新时期许多重大的经济活动,陈云都发挥了重大的领导作用。在不同的历史阶段,陈云的一系列经济思想和政策主张,受到了中共中央的高度重视,成为制定经济建设方针政策的重要指导思想,对中国社会主义建设产生了深远的影响。江泽民指出,陈云是"中国社会主义经济建设的开创者和奠基人之一","他对党、对人民的贡献是巨大的、多方面的。特别是他为中国社会主义经济建设的开创和奠基所建立的功勋尤为卓著"。④ 胡锦涛指出:"陈云同志是我们党杰出的经济工作领导人。他长期领导全国财政经济工作的成功实践和取得的显著成就,给人们留下了难忘的印象。在经济建设的一些重大

---

① 中共中央党史研究室:《中国共产党的七十年》,中共党史出版社 1991 年版,第 377—378 页。

② 胡锦涛:《在陈云同志诞辰 100 周年纪念大会上的讲话》,《人民日报》2005 年 6 月 14 日。

③ 薄一波:《若干重大决策与事件的回顾(修订本)》下卷,人民出版社 1997 年版,第 822 页。

④ 江泽民:《在〈陈云文选〉一至三卷、〈陈云〉画册出版发行暨陈云同志诞辰九十周年座谈会上的讲话》,《人民日报》1995 年 6 月 14 日。

问题上,特别是在困难关头,人们总是希望听到陈云同志的意见,他也总是能够不负众望,洞悉全局,抓住要害,及时拿出解决问题的有效办法。"①习近平同志指出:"社会主义革命和建设时期,陈云同志在新中国成立之初就受命主持领导全国财政经济工作,在党中央领导下,统筹各方面力量,打赢粮食、棉花、棉布、煤炭等方面的'经济战',只用不到一年时间就实现全国财政经济统一,稳定了金融物价,从经济上巩固了新生的人民政权。他反对不顾现实条件的急躁冒进和急于求成,较早发现'大跃进'带来的问题,参与部署和领导调整国民经济,特别是注重解决农业困难和粮食紧张问题,为国民经济和人民生活走出困境发挥了重要作用。他积极探索社会主义经济建设规律,在确立社会主义经济制度、建立独立的比较完整的工业体系和国民经济体系等方面做了大量卓有成效的工作,为探索我国社会主义建设道路作出了杰出贡献。"②

综上所述,20世纪五六十年代,陈云对中国社会主义经济体制改革进行了探索,并就这方面存在的问题提出了系统的改革设想和思想政策主张。这些思想和政策主张,诸如"一要吃饭、二要建设""建设规模要和国力相适应""制订经济计划必须做好财政收支、银行信贷、物资供应和外汇收支平衡"以及"计划经济为主、市场调节为辅""搞好宏观调控、搞活经济""鸟笼子经济",对今天进一步完善社会主义市场经济体制仍然有重要的指导意义。陈云关于社会主义经济建设的思想,对实现第二个百年奋斗目标和中华民族伟大复兴的中国梦,不断提高人民生活水平,坚定不移把发展作为党执政兴国的第一要务,坚持解放和发展社会生产力,加快完善社会主义市场经济体制,推动经济持续健康发展,推动形成全面开放新格局,有着重大而深远的意义。

---

① 胡锦涛:《在陈云同志诞辰100周年纪念大会上的讲话》,《人民日报》2005年6月14日。

② 习近平:《在纪念陈云同志诞辰120周年座谈会上的讲话》,《人民日报》2025年6月14日。

第三章　陈云关于社会主义文化建设的思想

文化是民族的血脉,是人民的精神家园。"文化"一词在不同场合有不同含义,在不同时期也会有不同理解。通常,"人们一般所说的文化,主要是指精神领域的产品和活动,即精神文化,它往往与政治、经济、社会生活并称,其外延包括:科技、教育、学术、文艺、广播、影视、新闻、出版和娱乐等"①。无论是在革命战争年代,还是在和平建设时期,陈云对党和国家的文化事业,对人民群众的文化活动都始终给予了极大的关注,发表过一系列重要讲话,提出了许多正确的意见、建议和政策主张。

第一节　加强社会主义精神文明建设

中共十一届三中全会以来,陈云对加强思想政治工作和社会主义精神文明建设等方面,提出了许多正确主张。比如,在社会主义精神文明建设方面,他提出的"在建设物质文明的同时,认真抓精神文明建设,两个文明一起抓"②,对中共中央制定和落实社会主义精神文明建设的方针和政策,加强社

---

① 胡平仁:《公共政策学新论》,湖南人民出版社 2002 年版,第 111—112 页。
② 《陈云文选》第三卷,人民出版社 1995 年版,第 348 页。

会主义精神文明建设产生了重大影响。

一、社会主义精神文明建设是巩固社会主义建设成果的保障

什么是精神文明？邓小平指出："所谓精神文明，不但是指教育、科学、文化（这是完全必要的），而且是指共产主义的思想、理想、信念、道德、纪律，革命的立场和原则，人与人的同志式关系，等等。"[1]精神文明是人类改造世界时所体现出来的精神成果，它既贯穿于人类的思维、意识和观念中，也贯穿于人类所创造的物质成果中。精神文明建设包括思想道德建设和教育科学文化道德建设两个方面。

在党的第二代中央领导集体中，叶剑英、邓小平、李先念、陈云等都提出过加强社会主义精神文明建设的思想主张。其中，1979 年 9 月 29 日，叶剑英代表中共中央、全国人大常委会、国务院在庆祝中华人民共和国成立 30 周年大会上的讲话中指出："我们要在建设高度物质文明的同时，提高全民族的教育科学文化水平和健康水平，树立崇高的革命理想和革命道德风尚，发展高尚的丰富多彩的文化生活，建设高度的社会主义精神文明。"[2]在这篇讲话中，叶剑英明确地提出了社会主义精神文明的概念内涵，并且把"建设高度的社会主义精神文明"作为社会主义现代化的一个重要目标，同时作为实现"四个现代化"的必要条件。1986 年 9 月 28 日召开的中共十二届六中全会，专门研究加强社会主义精神文明建设的问题，并通过了《中共中央关于社会主义精神文明建设指导方针的决议》。这个《决议》对建设中国特色社会主义伟大事业，推动社会主义物质文明建设和精神文明建设，促进全面改革和对外开放，产生了深远的影响。

陈云在高度重视社会主义物质文明建设的同时，也高度重视社会主义精神文明建设。他说：社会主义建设，包含物质文明建设和精神文明建设，两者

---

① 《邓小平文选》第二卷，人民出版社 1994 年版，第 367 页。
② 《叶剑英选集》，人民出版社 1996 年版，第 540 页。

是不能分离的。他认为,在致力于物质文明建设的时候,不能忽视精神文明的建设。因为"社会主义事业不可能是单纯的物质文明建设,又不可能是单纯的精神文明建设。社会主义事业也不可能先进行物质文明建设,然后再来进行精神文明建设"。① 可见,社会主义物质文明建设与精神文明建设必须同步进行,而且是相辅相成的。

1985年9月24日,陈云在中央纪委六次全会上指出:"在党内,忽视精神文明建设,忽视思想政治工作,就不可能有好的党风;在社会上,忽视精神文明建设,忽视共产主义思想教育,就不可能有好的社会风气。"②"我们在抓物质文明建设的同时,必须抓精神文明建设,两个文明一起抓。""我们是社会主义国家,我们既要有高度的物质文明,也要有高度的社会主义精神文明,这是我们永远要坚持的奋斗方向。"③针对改革开放和社会主义现代化建设新时期中国一度比较普遍存在的忽视精神文明建设的现象,陈云严肃地指出,这"绝不是一个小问题,全党同志务必高度重视"。"忽视社会主义精神文明建设,我们的整个事业就可能偏离马克思主义,偏离社会主义道路。"④

二、社会主义物质文明建设和精神文明建设要相互促进

马克思主义认为,人类社会的任何一种社会形态都是一定的经济、政治和思想文化的统一体。其中,经济是基础,政治是保证,思想文化则是一定的经济和政治的反映,并给予经济和政治巨大影响。也就是说,经济、政治和文化这三个方面相互制约、相互影响和相互促进,共同推动人类社会不断发展进步。

陈云总是提醒全党,说我们干的是社会主义的事情,最终目的是实现共产主义,"任何一个共产党员,每时每刻都必须牢记,我们是搞社会主义的四个

---

① 《陈云文选》第三卷,人民出版社1995年版,第354页。
② 《陈云文选》第三卷,人民出版社1995年版,第355页。
③ 《陈云文选》第三卷,人民出版社1995年版,第338—339页。
④ 《陈云文选》第三卷,人民出版社1995年版,第355页。

现代化,不是搞别的现代化;我们进行的事业,是社会主义事业"①。在如何看待社会主义经济建设和经济体制改革等问题上,陈云始终坚持社会主义方向,强调既要有高度的物质文明,也要有高度的社会主义精神文明,在建设物质文明的同时,认真抓精神文明建设,两个文明一起抓。

改革开放和社会主义现代化建设新时期,中国实行对外开放,吸收外资、引进国外的技术设备和管理经验,都是为了建设高度的社会主义物质文明和高度的社会主义精神文明。搞好社会主义物质文明和社会主义精神文明,犹如车之双轮,鸟之两翼,缺一不可。1985 年 6 月 29 日,陈云在全国端正党风工作经验交流会上的书面讲话中指出:"在进行社会主义物质文明建设的时候,如果不同时进行社会主义精神文明建设,物质文明建设就可能偏离正确的方向。任何单位,任何领导干部,如果忘记或放松抓社会主义精神文明建设,物质文明建设也不可能搞好。严重的,甚至会脱离社会主义和共产主义的理想,这是很危险的。"②建设社会主义的精神文明,是全党的重要任务,而党的纪律检查部门则负有重大责任。为此,陈云强调提出,我们一定要坚决地刹住歪风、端正党风,增强全体党员的党性,以社会主义的精神文明建设来促进社会主义的物质文明建设。

三、搞好社会主义精神文明建设的关键是抓好党风

1985 年 6 月 29 日,陈云在全国端正党风工作经验交流会上的书面讲话中指出:"要充分认识到,社会主义精神文明的建设,关键是执政党要有好的党风。要加强共产党员的党性教育,提高共产党员的素质。"他反复强调党的纪检机关和纪检部门的同志要重视社会主义精神文明建设。对于搞好社会主义物质文明建设和社会主义精神文明建设这一重大事情,陈云指出:"概括地

---

① 《陈云文选》第三卷,人民出版社 1995 年版,第 347 页。
② 《陈云文选》第三卷,人民出版社 1995 年版,第 347 页。

说是两句话：一是希望纪检部门的同志和全党同志，时时刻刻注意，在建设物质文明的同时，认真抓精神文明建设，两个文明一起抓。二是抓社会主义精神文明建设，关键是搞好执政党的党风，提高共产党员的党性觉悟，坚定地保持共产主义的纯洁性。要同一切违反共产主义理想的错误言行，进行坚决斗争。"①

建设社会主义的精神文明，是全党的任务，党的纪律检查部门同样负有重大的责任。为此，陈云要求各级党委和纪检机关"坚决地刹歪风、正党风，增强全体党员的党性，从精神文明建设上，保证和促进社会主义物质文明建设。使社会主义的经济建设，社会主义的经济体制改革，沿着正确的轨道，不断前进"。他总是强调，在纠正忽视精神文明建设的现象中，各级党委和纪委负有重大责任。"各级党委只有在抓物质文明建设的同时，抓精神文明建设；在抓思想政治工作的同时，严肃党纪、政纪，党风才能根本好转。各级纪委应在同级党委统一领导之下，始终围绕搞好党风这一中心任务，作艰苦的努力。"②
1986 年 10 月 4 日，陈云在会见出席中央纪委第八次全体会议的中纪委常委并讲话时指出："一、这次中纪委全会，要认真研究如何贯彻执行《中共中央关于社会主义精神文明建设指导方针的决议》。社会主义精神文明建设，是有关整个社会主义建设成败的大问题。中纪委常委会要从全党的纪检工作上，考虑提出一个提纲挈领的规划来。二、党的纪律检查部门，要从纪检工作上保证、促进社会主义经济体制、政治体制改革的健康发展。党的各级纪检工作部门不仅要坚决反对和纠正妨碍、破坏改革的人和事，而且更要使纪检工作成为促进改革的重要力量。各级纪检部门，要使自己的工作密切联系实际，保护和促进社会主义经济体制、政治体制改革的顺利进行。三、我们党是处于全国执政的地位，再加上目前对外开放、对内搞活经济，客观环境发生了很大变化。因此，纪律检查部门和全党各级党的组织，必须重视执政党条件下党员的政治

---

① 《陈云文选》第三卷，人民出版社 1995 年版，第 348 页。
② 《陈云文选》第三卷，人民出版社 1995 年版，第 348、357 页。

思想教育和党性教育。"①这里,陈云把社会主义精神文明建设,提到了有关整个社会主义建设成败的高度,强调了处在全国执政地位的中国共产党必须高度重视共产党员的政治思想教育和党性教育。

四、加强思想政治工作是社会主义精神文明建设的重要环节

陈云在长期的革命工作和实践中,十分重视思想政治工作。陈云有关思想政治工作方面的重要论述,主要是集中在1985年他在中国共产党全国代表会议和中共中央纪律检查委员会第六次全体会议上的讲话中,概括起来主要体现在以下几个方面。

第一,要认真抓好思想政治工作,积极维护思想政治工作部门的作用和权威性。20世纪80年代初,中国共产党内存在忽视思想政治工作的倾向,结果使一些人变质,走向了人民的对立面。为此,陈云严肃地指出:"现在有些人,包括一些共产党员,忘记了社会主义和共产主义的理想,丢掉了为人民服务的宗旨。他们为了私利,'一切向钱看',不顾国家和群众的利益,甚至违法乱纪。如报上多次公布的,那些投机诈骗,贪污受贿,非法致富,以及在同外国人交往中,不顾国格人格的现象等等。"那么,究竟是什么原因导致这些问题的发生呢?陈云作了深刻的分析:"这些问题的发生,同我们放松思想政治工作、削弱思想政治工作部门的作用和权威有关,应引为教训。"当时,由于忽视精神文明建设的现象还比较普遍,所以,他着重强调:"在党内,忽视精神文明建设,忽视思想政治工作,就不可能有好的党风;在社会上,忽视精神文明建设,忽视共产主义思想教育,就不可能有好的社会风气。"也就是说,精神文明建设对整个党风和社会风气都有直接的影响。陈云还提出要求:"各级党组织都应把思想政治工作认真抓好,都要积极维护思想政治工作部

---

① 《陈云文集》第三卷,中央文献出版社2005年版,第547—548页。

门的权威。"①

第二,要把共产主义思想的教育和四项基本原则的宣传,作为思想政治工作的中心内容。陈云在强调加强思想政治工作的同时,明确指出:"应当把共产主义思想的教育、四项基本原则的宣传,作为思想政治工作的中心内容。这种宣传教育不能有丝毫减弱,还要大大加强。"他结合新民主主义革命、社会主义革命和建设的历史与现实,强调思想政治工作和教育的重要性,并语重心长地说:"民主革命时期,我们用共产主义思想教育党员和群众中的先进分子,才使党始终有战斗力,使革命取得了胜利。""社会主义经济建设和经济体制改革,更加要有为共产主义事业献身的精神。"对爱国主义和革命传统教育,陈云也是非常重视的。他指出:"在加强共产主义思想教育的同时,还要加强爱国主义教育和革命传统教育。"②

第三,要重视共产党员的政治思想教育和党性教育,抵制资本主义思想的入侵。早在 1940 年 3 月,陈云在谈到统一战线问题时就明确指出:"中国革命必须正确处理无产阶级与资产阶级又联合又斗争的问题,即统一战线问题。特别在同资产阶级实行联合的时期,资产阶级会从思想上政治上文化上向无产阶级进攻,这就要求每个党组织和每个党员严守党纪,防止被资产阶级所腐化。"③针对改革开放过程中出现的忽视社会主义精神文明建设,怀疑社会主义的情况,陈云号召全党努力纠正忽视精神文明建设的现象,并指出:"对外开放,不可避免地会有资本主义腐朽思想和作风的侵入。这对我们社会主义事业,是直接的危害。""如果我们各级党委,我们的党员特别是老干部,对此有清醒的认识,高度的警惕,有针对性地进行以共产主义思想为核心的教育,那么资本主义思想的侵入并不可怕。我们相信,马克思主义、共产主义的真

---

① 《陈云文选》第三卷,人民出版社 1995 年版,第 352 页。
② 《陈云文选》第三卷,人民出版社 1995 年版,第 352、353 页。
③ 《陈云文选》第一卷,人民出版社 1995 年版,第 196 页。

理,一定会战胜资本主义腐朽思想和作风的侵蚀。"①如前所述,1986 年 10 月 4 日,陈云在会见出席中央纪委第八次全体会议的中纪委常委并讲话时指出:"我们党处于全国执政的地位,再加上目前对外开放、对内搞活经济,客观环境发生了很大变化。因此,纪检工作部门和全党各级党的组织,必须重视执政党条件下党员的政治思想教育和党性教育。"②1985 年 9 月 24 日,陈云在中央纪委六次全会上指出:"我们搞社会主义,一定要抵制和清除这些丑恶的思想和行为,要动员和组织全党和社会的力量,以除恶务尽的精神,同这种现象进行坚决的斗争。"③陈云提出的要加强思想政治工作,要维护思想政治工作部门的权威,要重视教育科学文化卫生等方面的主张,是他的社会主义精神文明建设思想的重要组成部分。

可见,陈云在高度重视社会主义物质文明建设的同时,也十分关注社会主义精神文明建设。实践证明,陈云关于加强社会主义精神文明建设的一系列论述和政策主张是正确的,对党和国家加强社会主义精神文明建设一系列方针政策的制定及其贯彻执行的影响也是巨大的,尤其是他提出的以搞好党风带动社会风气的好转,进而搞好社会主义精神文明的建设思路,具有创新性,仍然是我们在中国特色社会主义新时代加强社会主义精神文明建设必须坚持的成功经验和基本原则。

陈云关于社会主义精神文明建设的思想,对于新时代坚持党的全面领导,不断完善党的领导,深刻领悟"两个确立"的决定性意义,增强"四个意识"、坚定"四个自信"、做到"两个维护",对于坚定执行党的政治路线,严格遵守政治纪律和政治规矩,在政治立场、政治方向、政治原则、政治道路上同中共中央保持高度一致,对于建设社会主义民主政治,发展社会主义政治文

---

① 《陈云文选》第三卷,人民出版社 1995 年版,第 355 页。

② 中共中央文献研究室编:《陈云年谱(修订本)》下卷,中央文献出版社 2015 年版,第 449 页。

③ 《陈云文选》第三卷,人民出版社 1995 年版,第 356 页。

明,全面推进社会主义民主政治制度化、规范化、程序化,有着重大的指导作用和实践意义。习近平同志指出:"中国特色社会主义是在改革开放历史新时期开创的,但也是在新中国已经建立起社会主义基本制度并进行了二十多年建设的基础上开创的。"①"开创"源于"基础","基础"反衬"开创"。中共十九大报告指出:"九十六年来,为了实现中华民族伟大复兴的历史使命,无论是弱小还是强大,无论是顺境还是逆境,我们党都初心不改、矢志不渝,团结带领人民历经千难万险,付出巨大牺牲,敢于面对曲折,勇于修正错误,攻克了一个又一个看似不可攻克的难关,创造了一个又一个彪炳史册的人间奇迹。"②"难关"孕育"奇迹","奇迹"来自"难关"。这里所说的"开创"和"奇迹",都凝聚着陈云的智慧和心血,也包括陈云的贡献和成就。

第二节　知识分子是新中国的国宝

在中国革命、建设和改革的历史进程中,陈云都非常重视知识分子的作用。抗日战争时期,他提出了"知识分子是革命的力量,并且是重要的力量"③;新中国成立初期,他提出了知识分子是"国宝",是实现国家工业化不可缺少的力量;改革开放和社会主义现代化建设新时期,他提出了知识分子"是任何一个工业化国家最宝贵的财富"。陈云有关知识分子问题的论述,是中国共产党正确制定和不断完善知识分子政策的重要依据,丰富了党的知识分子的思想。

一、正确认识知识分子的性质

在传承历史文化、推动社会发展等方面,知识分子都发挥了重大作用。在

---

① 习近平:《关于坚持和发展中国特色社会主义的几个问题》,《求是》2019 年第 7 期。
② 习近平:《决胜全面建成小康社会　夺取新时代中国特色社会主义伟大胜利——在中国共产党第十九次全国代表大会上的报告》,《人民日报》2017 年 10 月 28 日。
③ 《陈云文选》第一卷,人民出版社 1995 年版,第 180 页。

中国革命、建设和改革的各个历史时期,陈云都始终坚持中国共产党关于知识分子的原则和立场,提出了一系列重要观点和正确主张,比如,正确认识知识分子的性质,充分信任广大的知识分子,积极吸收知识分子入党,以及着实改善知识分子的生活条件和工作条件。

（一）确定知识分子的阶级属性

新中国成立之前,1948年8月1日,陈云为中共中央东北局起草了《关于公营企业中职员问题的决定》,其中对当时接收的企业内的工人和职员的情况进行了分类,并指出:"企业内有大量体力劳动的工人,也有很多脑力劳动的职员。工人和职员,同是日寇、国民党政府企业的雇佣劳动者。"①新中国成立之后,1949年11月8日,陈云在欢迎赴东北考察团归来会上的讲话中又指出:"在资本主义条件下,大多数技术人员为了吃饭,不得不把自己的劳动力出卖给资本家,受资本家的支配和剥削,个人的发展不能不受到很大的限制。"②虽然陈云这里阐述的是受雇于日本帝国主义和国民党政府企业的工人和职员,但其中所提到的脑力劳动工人和职员即技术人员,其实就是具有一定文化程度的知识分子。

事实也是如此。从1950年8月4日政务院第44次会议通过的《中央人民政府政务院关于划分农村阶级成分的决定》不难看出:在旧社会,职员是知识分子的基本构成部分,其他受雇于机关、学校、医院、科研机构、新闻出版单位的办事人员、教员、医生、工程师、教授、专家、记者、编辑、艺术家等也都是职员或高级职员。把这个《决定》的相关内容,同陈云的一系列论述放在一起加以对照,我们也不难看出,陈云阐明了知识分子的一个理论问题,即在旧社会这种属于职员的绝大多数知识分子同工人一样,同属于出卖劳动力的雇佣劳动者,受资本家的支配和剥削。同时,陈云的这些论述,也准确地说明了知识

①　《东北局关于公营企业中职员问题的决定》,《人民日报》1948年8月7日。
②　《陈云文选》第二卷,人民出版社1995年版,第27页。

分子的阶级属性,符合马克思主义关于知识分子的基本理论和基本原则,有助于中国共产党确定知识分子的阶级属性。当然,在新民主主义革命时期如抗日战争时期,中国共产党就曾把知识分子和青年学生、小商人、手工业者和自由职业者等均归入小资产阶级范畴,这是由当时的形势所决定的。其实,正如毛泽东指出:"知识分子和青年学生并不是一个阶级或阶层。但是从他们的家庭出身看,从他们的生活条件看,从他们的政治立场看,现代中国知识分子和青年学生的多数是可以归入小资产阶级范畴的。"①

(二) 政治上信任知识分子

对知识分子的阶级属性问题,我们要有一个客观的认识,并且要在政治上信任知识分子。陈云深知知识分子的重要性,他在政治上也很信任知识分子,批评了一些地方对知识分子的偏见。例如,抗日战争时期,针对有的地方排挤知识分子的情况,陈云指出:"在某些老干部里面就有排挤知识分子的现象,因为他们没有懂得知识分子的重要,不了解半殖民地半封建国家的知识分子与资本主义国家的知识分子有很大不同。"②这段话表明,半殖民地半封建国家的大多数知识分子是愿意为工农阶级服务的,他们有较高的革命积极性。

抗日战争时期,在使用新的知识分子干部问题上,也存在一些不足。陈云认为其中的一个缺点就是不敢或不让新的知识分子干部做更负责的工作,反对知识分子,不放心知识分子。同时,针对大批知识分子被分配到各地开展工作,同老干部发生不团结的问题,陈云指出:"现在我们新老干部、工农干部和知识分子干部应该团结起来,取长补短,互相学习,共同提高。这是革命的需要。我们许多老干部,他们有一肚子的实践经验,但是讲不出来,写不出来。知识分子新干部读书多,会说会写,但是没有实践经验,写出来的东西往往很

---

① 《毛泽东选集》第二卷,人民出版社 1991 年版,第 641 页。
② 《陈云文选》第一卷,人民出版社 1995 年版,第 180 页。

空洞。一个是会写没有经验,一个是有经验不会写,这说明什么呢?"①这说明新老干部之间需要彼此帮助,互相学习,取长补短,共同提高。

(三) 积极吸收知识分子入党

对中国革命而言,要进行得非常顺利,必须有知识分子参与;对中国共产党而言,要领导中国革命取得最后胜利,必须把知识分子吸收到党内来。在吸收知识分子入党方面,陈云主张是一贯积极的。他在讲到共产党员的成分时指出:首先是党应该加强优秀的工人成分;其次是党应该注意到贫苦的农民和知识分子成分;再次是党应该特别注意到女工和贫苦的革命的小资产阶级妇女——农妇和知识分子妇女的成分。所以,大量吸收贫苦的农民中的积极分子到党内来,"使自己在农村中的社会基础放在农村无产者和贫苦农民分子的上面,是完全必需的"。小资产阶级知识分子,在中国革命运动中的作用也很重要,为此,陈云指出:"由于他们的文化水平和政治觉悟,使他们成为党与群众之间的必要的桥梁。我们党应该吸收许多能够献身于共产主义和无产阶级事业的革命知识分子入党,同时,经验还告诉我们,应该特别注意吸收知识分子中间的革命的贫苦的成分入党。"②

1941 年 12 月,陈云在延安撰写的一篇文稿中还指出:"执行党内精干政策,必须打破过去那种'中上层分子都不好'的传统观点","在巩固党的现有基础的同时,必须加强中上层分子中的工作,适当地吸收革命的中上层分子入党,以增强党在中上层社会中的力量"。③ 这篇文稿中所讲的"中上层分子",主要还是指进步的中高级知识分子。综上所述,陈云所提出的有关积极吸收知识分子加入中国共产党的这些意见和建议,为中国共产党制定正确的知识分子政策起了重大作用。

---

① 《陈云文选》第一卷,人民出版社 1995 年版,第 181 页。
② 《陈云文选》第一卷,人民出版社 1995 年版,第 133 页。
③ 《陈云文选》第一卷,人民出版社 1995 年版,第 229—230 页。

二、重视知识分子在革命和建设中的作用

在中国革命、建设和改革的历史进程中,知识分子发挥了重大作用。中国共产党也非常重视知识分子的作用。以中国革命而言,1939 年 12 月,由毛泽东起草的《中共中央关于吸收知识分子的决定》,第一次提出了"没有知识分子参加,革命的胜利是不可能的"①这一重大论断。陈云一贯重视知识分子的作用问题,参与了这个《决定》的起草工作,他的许多关于知识分子的正确见解,也被吸收到里面。

(一)"没有知识分子,革命就不能胜利"

知识分子对革命的影响和作用很大,没有知识分子参与,革命要取得胜利是不可能的。1939 年 12 月 10 日,陈云在谈到上述《决定》时指出:"党中央最近作出了一个关于大量吸收知识分子的决定。为什么要专门作出这样的决定呢? 这是因为,知识分子是革命的力量,并且是重要的力量。我们要把这个力量吸收进来,在抗战工作中,在革命事业中,充分发挥他们的作用。现在我们的抗战工作,建设根据地的工作,基本上是在农村里面进行的,需要大量的革命知识分子干部到农村去,到军队中去,做宣传工作和组织工作。没有知识分子,革命就不能胜利。"②在抗日战争时期,中国共产党接收了大批知识分子到党内来,参加农村工作、军队工作和政府工作,进行宣传工作和组织工作,开展文化运动和群众运动,取得了很大的成绩。

陈云还结合中国近现代历史,阐明知识分子在中国革命中所发挥的重大作用。他指出:"在历史上,五四运动就是由先进的知识分子发动和领导的。五卅运动、一二九运动都有大量的进步学生参加。至于参加抗日战争的学生,那就更多了。这些运动,对于我们党的建设和发展,对于中国革命的推动,对

---

① 《毛泽东选集》第二卷,人民出版社 1991 年版,第 618 页。
② 《陈云文选》第一卷,人民出版社 1995 年版,第 179—180 页。

于抗日救亡运动局面的打开,都起了很大的作用。我们再看农村里的革命,不少领导人也是知识分子。彭湃同志在广东省领导过四十二个县的农民运动,他就是一个知识分子。领导陕北革命的刘志丹同志也是知识分子。再推远一些,辛亥革命是孙中山先生领导的,他也是学生出身。"①陈云所说的这些历史事件,涉及很多知识分子出身的人物。这些历史事件和历史人物都在反复地证明:知识分子绝大多数是要革命的,许多革命是由知识分子领导的,没有知识分子,革命就不能胜利。

(二)"知识分子,是任何一个工业化国家最宝贵的财富"

革命是如此,建设也是如此,没有知识分子参加,建设要取得成就同样是不可能的。陈云对知识分子在建设中的作用,同样非常重视。自 1945 年 9 月到东北工作之后,陈云一直主管经济工作,他对知识分子重要性的论述,涉及的对象主要是科学技术人员和企业管理人员。

新中国成立初期,陈云就曾指出:"据我知道,中国的产业工人不过三百万,技术人员和管理人员大约三十万。这些技术人员和管理人员都是想在自己的岗位上工作的,只要领导正确,他们是可以做些事业的。这些人是我们的'国宝',是实现国家工业化不可缺少的力量,要很好地使用他们。"②陈云这里所说的技术和管理人员,其实就是知识分子的一个不可或缺的组成部分。把这些技术人员和管理人员当作新中国的"国宝",既表明他对知识分子本身具有的重大价值的认识,也表明他对知识分子在经济建设和企业发展中具有别的群体所不可替代的重大作用的认识。那么,在企业中,怎样发挥知识分子的作用呢? 陈云提出,在国营企业和公营企业中建立"由厂长(经理)、工程师和其他的负责人加上从工人和职员中选出的代表组成"的工厂管理委员会或

---

① 《陈云文选》第一卷,人民出版社 1995 年版,第 180 页。
② 《陈云文选》第二卷,人民出版社 1995 年版,第 45—46 页。

企业管理委员会,作为工厂统一领导的机关。① 针对两年来东北的个别企业在处理工人与职员关系问题上曾犯过的右的和"左"的错误,陈云表明了自己的观点和态度。他指出:"右的错误表现在过分信赖旧职员,而重视工人不够。因此,既不能启发工人的积极性,也难教育改造旧职员,使生产力的提高和企业的改造受到了阻碍。'左'的错误表现在只重视工人,轻视职员,对职员缺乏分析,不加区别地乱打击,形成工人与职员对立,这样就破坏了员工团结,其最后结果也必然是妨碍生产,危害企业。"那么,怎样处理工人与职员之间的矛盾呢? 陈云提出了两条举措:一是发挥工人和职员的劳动热情和工作积极性;二是恰如其分地解决职员与工人之间的矛盾。可见,在经济建设和企业发展中,职员和工人都很重要,缺一不可。正如陈云所指出的"技术员、技师、工程师、专门家,是管理庞大复杂的近代企业中必不可少的重要人员",而生产及业务管理人员则"有专门知识或业务技能,有组织生产、组织业务的经验,在生产中有重要作用"。②

1955 年 11 月 16 日,陈云出席中共中央关于资本主义工商业社会主义改造会议并作报告。他在报告中指出:"我们改造私营企业靠什么人? 派进去的干部是有限的,主要的是要靠私营企业的工人和职员,要改造企业,必须依靠他们。"③陈云在这里所提到的"他们",指的是工人和职员,也就是产业工人和知识分子,并认为他们都是社会主义革命和建设的依靠力量。1981 年 5 月 8 日,陈云在一篇文稿中又强调指出:"我们应该看到,没有老干部不能实现四化,没有大批知识分子参加到我们党的干部队伍中来,也决不能建成现代化的新中国。"④在这篇文稿中,他还提出了"党应该重新作出大量吸收德才兼备的知识分子入党的决定"的建议。1982 年 7 月 1 日,陈云在写给中共中央

---

① 《陈云文选》第一卷,人民出版社 1995 年版,第 367 页。
② 《陈云文选》第一卷,人民出版社 1995 年版,第 354、355、356 页。
③ 《陈云文选》第二卷,人民出版社 1995 年版,第 293 页。
④ 《陈云文选》第三卷,人民出版社 1995 年版,第 296 页。

政治局常委各同志的一封信中又指出："生产、科研、教育、管理部门的知识分子，是任何一个工业化国家最宝贵的财富。"①在信中，陈云以日本、西德在第二次世界大战之后恢复很快为例，说明知识分子对这两个国家的建设所起到的作用非常重大。

三、不断完善知识分子政策

知识分子同干部队伍有着千丝万缕的联系。陈云重视干部队伍建设，提出的德才兼备得到了邓小平赞同。1980 年 8 月 18 日，邓小平在中共中央政治局扩大会议上指出："陈云同志提出，我们选干部，要注意德才兼备。所谓德，最主要的，就是坚持社会主义道路和党的领导。在这个前提下，干部队伍要年轻化、知识化、专业化，并且要把对于这种干部的提拔使用制度化。这些意见讲得好。"②

（一）比较早地提出了干部队伍建设的"五化"标准

还在抗日战争时期，陈云撰写了《关于干部工作的若干问题》的讲话提纲。这份提纲列出了有关干部工作的 11 个问题，其中的第三个问题讲的是"挑选干部的标准"。这里，陈云提出了挑选干部的标准主要有四个。最后，他用四个字扼要地总结挑选干部的标准："用干部的标准，概括起来有二：政治，能力。两者不能缺一，以政治为主。"③

陈云也比较早地提出了改革干部制度的问题，提出了干部队伍建设的"五化"标准。1980 年 12 月，陈云在中央工作会议上发表了讲话。这个讲话共分为 14 个部分，其中第 12 个部分讲的是"四个现代化如何实现"的问题。在讲到这个问题的时候，他提出了干部队伍建设的"五化"标准。陈云指出：

---

① 《陈云文选》第三卷，人民出版社 1995 年版，第 312 页。
② 《邓小平文选》第二卷，人民出版社 1994 年版，第 326 页。
③ 《陈云文选》第一卷，人民出版社 1995 年版，第 213 页。

"干部队伍的革命化、年轻化、知识化、专业化、制度化,仍然是我们在干部政策上的大方针。我们老干部必须担负起挑选德才兼备的青年干部的责任。"①1981年7月,邓小平在省、市、自治区委员会书记座谈会上作了题为《老干部第一位的任务是选拔中青年干部》的讲话。他在讲话中指出:"陈云同志这个建议我是双手拥护。现在就是要大家来讨论怎样具体化。不开明可不行呀!我和陈云同志交过心的,老实说,就我们自己来说,现在叫我们退,我们实在是心里非常愉快的。当然,现在还不行。我们最大的事情是什么?国家的政策,党的方针,我们当然要过问一下,但是最大的事情是选拔中青年干部。我们两个人的主要任务是要解决这个问题。"②陈云的建议得到了邓小平的赞同。他们的意见,既关系到干部选拔的标准问题,也关系到党的知识分子的政策问题。

陈云提出的干部队伍建设的"五化"标准,实际上"是要在知识分子中选拔各级领导干部,培养无产阶级革命事业的可靠接班人"③。1981年5月,陈云撰写了一篇题为《提拔培养中青年干部是当务之急》的文章。这篇文章一共谈到了12个问题,其中第11个问题谈的是提拔培养中青年干部必然涉及党对知识分子的态度的问题。他在这篇文章中还提出:"中央组织都要成立技术干部局。"④根据陈云在这篇文章中所提出的意见,1982年9月26日,中共中央组织部给中共中央书记处写了《关于加强在中年知识分子中发展党员工作的报告》。这个报告经中共中央书记处同意,于10月12日转发全党贯彻执行。

（二）按照"台阶论"来一级一级地提拔中青年知识分子

选拔干部,要打破论资排辈的现象,还可以越级提拔。提拔中青年知识分

---

① 《陈云文选》第三卷,人民出版社1995年版,第281页。

② 《邓小平文选》第二卷,人民出版社1994年版,第388页。

③ 朱文显:《陈云对党的知识分子政策的贡献》,《四川师范大学学报（社会科学版）》1996年第2期。

④ 《陈云文选》第三卷,人民出版社1995年版,第296页。

子干部,也要一级一级地来。但是,一般地说,选拔干部要一个台阶一个台阶来,按照"台阶论"来一级一级地选拔干部,这样的干部基础扎实,底子坚固。新中国成立之后的 1952 年 10 月,在中共中财委党组干事会上,陈云指出:"任用干部要打破论资格的现象。要重视干部的思想水平和工作能力,要有远见。"①

改革开放和社会主义现代化建设新时期,陈云又着重提出,在提拔中青年干部时"要成千上万,几千,一万,两万"。为什么提出要成千上万地提拔中青年干部呢?陈云阐述了三条理由:"一条理由,二十几个省区市,加上中央各部委,提一两百个人够用吗?不够用。成千上万,这是工作的需要。再一条理由,只有成千上万地提拔经过选择的好的中青年干部,才能使我们的干部交接班稳定地进行。还有一条理由,只有成千上万,才能使兴风作浪的分子搞不起大乱子。"②陈云还指出,提拔中青年知识分子,邓小平讲的"台阶论"还是必要的,越级提拔的只能是少数。他赞同这样一种办法,即把大学毕业生放到公社里头去做一个时期工作,慢慢地再抽回来,以后到县委,以后再到地委,以后再到省委,一级一级来。事实证明,陈云提出的干部建设的"五化"标准和成千上万地提拔中青年干部的思想政策,是符合客观实际的。邓小平的"四化"标准和陈云的"五化"标准,是中国共产党的干部政策上的一个重大发展,建立、健全和完善了中国共产党在改革开放和社会主义现代化建设新时期"尊重知识,尊重人才"的知识分子政策。

四、关心知识分子的生活待遇和工作条件

陈云一贯重视知识分子的生活待遇和工作条件问题。1948 年 8 月,陈云在为中共中央东北局起草的《关于公营企业中职员问题的决定》中指出:"我们对于一切技术人员,包括思想上还不同意共产主义的在内,只要忠于职务,不作破

---

① 中共中央文献研究室编:《陈云年谱(修订本)》中卷,中央文献出版社 2015 年版,第238 页。

② 《陈云文选》第三卷,人民出版社 1995 年版,第302 页。

坏活动,都应给以工作,并在生活上给以必要和可能的优待。"①改革开放和社会主义现代化建设新时期,他又多次提出要改善知识分子的工作条件和生活条件。

(一)改善中年知识分子的工作条件和生活条件

1982 年 7 月,陈云专门就改善中年知识分子的工作条件和生活条件问题致信中共中央政治局常委,指出中年知识分子生活、工作负担重,但工资收入低,很多人健康水平下降。他认为:"这是国家的一个大问题,要下大决心,在今明两年内解决,不能再按部就班地搞。"②他在信中提到:据中组部了解,35 岁至 50 岁的中专以上毕业生有 480 万人,如果分两年提高他们的工资,今年大约需要拿出七八亿元,今后一段时间每年也就是十二三亿元。我们的基本建设每年要用 500 多亿元,为什么不可以用十几亿元来解决这些知识分子的问题呢? 陈云还指出:他们是今后一个时期各条战线的中坚力量,改善中年知识分子的工作条件和生活条件,应该看成是基本建设的一个"项目",而且是"基本的基本建设"。生产、科研、教育、管理部门的知识分子,是任何一个工业国家最宝贵的财富。我们把钱用在中青年知识分子身上,是划得来的,"是好钢用在刀刃上"。③ 他还就体力劳动与脑力劳动进行比较,认为脑力劳动与体力劳动不一样,应该向人民讲清楚。陈云指出:"脑力劳动者比体力劳动者、受教育程度高的人比受教育程度低的人在工资收入上高一些,这是合乎社会主义经济规律的,也是合乎人民长远利益的。不这样做,我们的科学技术不可能上去,生产力也不可能上去。"④

陈云的这封信被印成中共中央政治局会议参阅文件,并于 1983 年 4 月在

---

① 《陈云文选》第一卷,人民出版社 1995 年版,第 355 页。
② 中共中央文献研究室编:《陈云年谱(修订本)》下卷,中央文献出版社 2015 年版,第 345 页。
③ 《陈云文选》第三卷,人民出版社 1995 年版,第 313 页。
④ 《陈云文选》第三卷,人民出版社 1995 年版,第 313 页。

中共中央文献研究室内部刊物《文献和研究》上发表。

（二）提出了知识分子生活待遇的政策思想

1982 年 7 月 19 日,陈云同国务委员兼国家经委主任张劲夫谈及解决中年知识分子生活困难问题。7 月 22 日,陈云还通过秘书向有关部门转达他自己对劳动人事部关于 1982 年国家机关、事业单位调整工资的报告和中共中央组织部相应方案的意见。他的意见有三条:(1)赞成今年给非企业单位的工作人员普遍升一级工资,并使工资偏低的中年知识分子在升一级的基础上再升一级。(2)方案中把 1965 年参加工作作为中年知识分子的一条杠杠,这样就排除了从 1961 年到 1965 年进入大学的人。而这部分人现在大致在 36 岁到 40 岁之间,正是上有老、下有小的时期,应该算在中年里。另外,是不是知识分子,不能只看有没有学术职称。现在有职称的人在搞业务的人中只占一小部分,要使多数人评上职称,短时间来不及。还有很多大学毕业生从事行政和政治工作,把这些人划在知识分子之外也是不合理的。(3)在解决中年知识分子待遇问题时,要有轻重缓急之分,每一年解决的重点应有所不同。今年解决的重点应当是 1966 年以前进入大专院校,现在年龄在 36 岁至 55 岁之间,工作在非企业部门,工资在五六十元左右的人。① 三条意见,条条在理,既有宏观把握,又有微观操作。1983 年 6 月 30 日,陈云在中央工作会议上的讲话中,又一次将"知识分子生活待遇的提高"纳入国家建设中的三个重点(陈云在这次讲话中提到的国家建设中的三个重点指的是:农业、能源、交通;一批骨干企业的建设和改造;科技教育事业的发展、环境污染的防治和知识分子生活待遇的提高。——作者注)之中,是三个重点之中的第三个重点里面的一个重要组成部分,②并提出要动员全党全民集中财力物力确保这个重点。

---

① 中共中央文献研究室编:《陈云年谱(修订本)》下卷,中央文献出版社 2015 年版,第 347—348 页。

② 《陈云文选》第三卷,人民出版社 1995 年版,第 323 页。

作为党的第一代和第二代中央领导集体的成员,在中国革命、建设和改革的各个历史时期,陈云都重视并关注知识分子的问题。他的有关知识分子的论述,贯穿了马克思主义的基本原理和中国共产党的实事求是的精神,不仅为中国共产党全面地认识知识分子的性质、地位和作用,而且为全党认真做好知识分子的思想政治工作,制定并落实一系列正确的知识分子政策,提供了重要依据和奠定了坚实基础。

第三节　搞好学校教育

在中国革命、建设和改革的各个历史时期,陈云都非常重视教育工作。他在大中小学教育方面提出了许多正确的意见和建议,是中国共产党制定中小学教育政策的重要依据,并成为党的教育政策和文化政策的重要组成部分,体现了很强的实践性、政策性和预见性。这些正确的意见和建议,也是陈云百年大计、教育为本的思想的最好诠释。

学校是培养教育人才的重要场所,也是精神文明建设的主要阵地。陈云对学校教育工作的关注和重视,主要集中在"文化大革命"中的江西"蹲点"时期和中共十一届三中全会召开及其以后的时期。在这两个不同的历史时期,陈云经常强调要重视基础教育和提高国民教育水平,并提出了"一定要把教育抓好,今后社会发展要靠教育"以及"百年大计,教育为本"的思想主张。

一、重视师资队伍、学制、教材建设和教学方法改革

中小学教育是国民教育的重要组成部分,属于基础教育。陈云一向重视中小学教育教学问题。"文化大革命"期间,他在江西"蹲点"时,到所在的省会南昌一些地方,了解一些学校师资、学制、教材建设和教学问题,了解教师的工作现状、社会地位和生活待遇等问题。1971年6月21日,陈云到南昌市第十九中学调查教学改革情况。他在同教职工座谈时说:要提高教学质量,必须

首先提高教师的业务和政治水平。教学改革要朝着有利于学生在德、智、体三个方面全面发展的方向去改。当有人反映现在学校实行部队的连、排、班建制不适合学校特点时,他说:今后会以班的建制上课的。当谈到教材改革时,他说:"本本"是个大问题。① 陈云这个话的意思就是,有了好的教师,还要有好的教材,不能小看教材问题。现在用的教材,内容浅了点,教师在讲课时可以发挥,补一些知识。当谈到青少年成长的条件时,他说:要培养合格的社会主义事业接班人,除了要有好的教师和教材外,关键在于党的领导。临别之际,陈云还向南昌市第十九中学要了一套九年制中小学的课本,说要带回去看一遍。6 月 29 日,陈云又来到江西化工厂职工子弟学校调查教学改革情况。他在座谈中说:最近用了几个白天和晚上的时间,把收集到的一套九年制中小学课本从头到尾翻看了一遍,大致熟悉了里面的主要内容。看来,教育改革有三个重点:一是教材,二是教师质量,三是教学方法。当有人反映现在教学中时常要插进对报纸社论的学习时,他说:学知识要有系统性,要循序渐进。像扭秧歌一样,一步一步走,还要走两步退一步,以便复习学过的内容,这样才能使学生巩固学到的知识。不能像开汽车,一溜烟往前跑,两边景色一晃而过,那样印象不会深。当听到有人反映近些年批判"臭老九"、教师不安心工作时,他说:我多次通读《毛泽东选集》一至四卷,没看到里面有这个提法。临别和大家握手时,陈云有意把教师的手抬到鼻子边闻一闻,风趣地说:"不臭啊!我看不臭。"② 从这里可以看出,陈云通过调查研究和科学分析,对中小学教育教学改革问题作了较为系统的阐述。

改革开放和社会主义现代化建设新时期,陈云日理万机。虽然他的主要精力在经济工作和党建工作方面,但仍然重视国民教育包括中小学教育问题。

---

① 中共中央文献研究室编:《陈云年谱(修订本)》下卷,中央文献出版社 2015 年版,第180 页。

② 中共中央文献研究室编:《陈云年谱(修订本)》下卷,中央文献出版社 2015 年版,第180—181 页。

比如,1981 年 11 月 25 日,陈云出席中共中央政治局扩大会议,在讨论五届全国人大四次会议《政府工作报告》稿时提出了三个意见,其中第二个意见是针对"今后 20 年我们要大大加强教育和科学的事业"提出来的。他主张:"不妨多一条,加一条常规的教育,提高技术的基础。"①这个意见其实就是加强常规教育、提高国民教育水平、提高技术基础和在科学技术上组织攻关。又比如,1984 年 9 月 4 日,陈云看了 9 月 2 日的《人民日报》上山东益都二中刘沂生写的《值得忧虑的一个现象》一文后,了解到当时高中毕业生很少有人把师范院校当作高考第一志愿的情况,便委托秘书转告邓力群,说这篇文章提出的问题要引起重视,师范院校学生的质量保证不了,对今后的教育,对"四化"建设各个方面的影响都很大,要继续想办法帮助教师主要是中小学教师解决一些实际问题,提高他们的社会地位,使教师真正成为社会上最受人尊敬,最值得羡慕的职业之一。另外,他还建议教育部要重视小学生毛笔字的训练。陈云的意见,引起了中央有关部门的重视。教育部还发出通知,要求各级教育部门采取措施,加强对小学生的写字训练。

由此,我们看到,即使是"文化大革命"时期,中小学的教育也不能没有教师、教材和教学方法。改革开放和社会主义现代化建设新时期,中小学的教育更不能没有教师、教材和教学方法,而且除了这三个因素,还必须讲究教学质量。因此,从这个视角来审视,陈云关于教师队伍、教育学制、教材建设、教学质量和教学方法改革的意见和建议,具有重大的历史意义和现实价值。

二、重视儿童教育和儿童剧场工作

儿童是祖国的未来,也是社会主义现代化建设事业的希望,而儿童工作又是学校教育的一个重要组成部分,必须重视儿童教育和儿童工作。陈云对儿童工作非常重视。比如,1981 年 1 月 27 日,陈云就前一天的《人民日报》第八

---

① 《陈云文集》第三卷,中央文献出版社 2005 年版,第 494 页。

版刊登的茅盾、夏衍、阳翰笙、曹禺、赵寻《想想孩子们吧》一文提出的缺乏儿童剧演出场地问题,致信胡耀邦。他在信中指出:"解决儿童剧演出场地问题很重要,也可能办到。可否由中央书记处指定有关部门专门人员议一下?开放单位内部礼堂可先在中央和北京市党政军民学机关试行,然后推广到全国。这样就解决了教育儿童的一件大事。"①中共中央书记处在3月召开的儿童和少年工作座谈会上,传达了陈云的这一意见。4月13日,中共中央办公厅率先将怀仁堂向儿童开放,还在那里演出了中国儿童艺术剧院的话剧《岳云》。

　　1982年5月25日,陈云在看到《人民日报》一篇反映北京儿童剧场濒临停用、首都百万儿童无处看戏的文章后对秘书说,这篇文章是写给中央领导看的,是搞教育的同志通过报纸在向外面呼吁。他们的意见是好的,应该支持一下。他随即致信胡耀邦等,并在信中指出:"昨日《人民日报》一则小文(指5月24日《人民日报》第八版刊登的《首都少年儿童看戏难》的署名文章——作者注)反映,目前首都儿童看戏难的问题仍没解决,建议在新儿童剧场落成之前,暂时拨借一个剧场专供孩子们看演出;如果固定一个剧场有困难,可以由几个剧场轮流定期为孩子们开放。我认为,他们的意见是好的,应当支持,在今年的六一儿童节,全国城镇的所有影剧院和机关、企业的所有礼堂,均应免费向孩子们开放一天。"②《全党和整个社会都要关心少年儿童的健康成长》这封信的第二部分,在《陈云文集》第三卷中也能看到。由于时间已临近六一儿童节,他在信封上还亲笔批写了"特急件"三个字。③ 陈云5月25日写给胡耀邦等的这封信,受到了中央的重视。5月28日,中共中央办公厅、国务院办公厅联合发出《关于全国的影剧院和礼堂、俱乐部"六一"向少年儿童开放的紧急通知》。至此,首都儿童剧演出场地问题和儿童看戏难的问题才真正得

---

① 中共中央文献研究室编:《陈云年谱(修订本)》下卷,中央文献出版社2015年版,第307页。

② 中共中央文献研究室编:《陈云年谱(修订本)》下卷,中央文献出版社2015年版,第342—343页。

③ 刘家栋:《陈云与调查研究》,中央文献出版社2004年版,第204页。

到了解决。后来,陈云还把《陈云文选》的稿费捐赠给儿童福利基金会发动的旨在救助革命老区、贫困地区失学儿童的希望工程,并说:"我们是社会主义国家,绝不能让儿童失学,应当动员全社会力量来解决这个问题。"①1986 年 2 月 9 日,陈云在同北京市中小学和幼儿教师代表座谈时说:"而中小学教育,包括幼儿教育,则是基础教育,一定要办好。"②

三、关心并重视教师工作和生活问题

新中国成立后,中共中央、国务院对小学教师的工资待遇及社会地位都很重视。1956 年 4 月 11 日,陈云收到毛泽东批送刘少奇、周恩来、陈云、彭真、邓小平阅的中共中央书记处第一办公室编印的一份《情况简报》。这份《情况简报》反映小学教师中存在待遇低、地位低、质量低三个主要问题。毛泽东在批示中说:"此件值得一阅,并应予以解决。"此后,教育部根据国务院常务会议意见,制定《关于提高小学教师待遇和社会地位的报告》,提出小学教师工资水平不应低于同等程度的其他部门人员,实行教龄补贴,并对有特殊贡献的教师给予特级待遇等。国务院转发了这个报告。③

陈云对教育界的工作特别是教师的工作及其辛苦的情况非常关心,并且提出了许多改善教师工作条件和生活条件的主张。1981 年 2 月 5 日,陈云同胡耀邦等出席中共中央书记处在怀仁堂召开的首都中小学、幼儿园教师春节座谈会。在座谈会上,陈云指出:"教育界同志们的工作很重要,也很辛苦。要使大家认识到,关心下一代,就是关心祖国和全世界的伟大前程。"④1982

---

① 朱佳木:《回忆陈云同志晚年对知识分子和教育事业的关心》,《教学与研究》2005 年第 5 期。

② 《陈云文集》第三卷,中央文献出版社 2005 年版,第 545 页。

③ 中共中央文献研究室编:《陈云年谱(修订本)》中卷,中央文献出版社 2015 年版,第 441—442 页。

④ 中共中央文献研究室编:《陈云年谱(修订本)》下卷,中央文献出版社 2015 年版,第 307—308 页。

年 7 月 1 日,陈云写信给中共中央政治局常委,提出要改善中年知识分子的工作条件与生活条件。他认为,中年知识分子"是今天以及今后一个时期各条战线的中坚力量,工作主要要靠他们做。改善他们的工作条件和生活条件,应该看成是基本建设的一个'项目',而且是基本的基本建设"①。之后,他又多次谈到要解决中年知识分子待遇和生活困难等问题。1983 年 1 月 24 日,陈云将一位政协委员建议将全部民办小学改为公办小学、民办教师改为公办教师,以便保证 1990 年前基本实现普及初等教育的来信批转胡耀邦等,并在给他们的便函中指出:来信"提出的这个问题是十分重要的,是很有远见的。希望指令计委、教育部等有关部门加以研究,提出方案,然后在书记处会议上专门讨论一次"。同时,他还指出:许多国家的实践证明,教育是一种智力投资,收效虽缓慢,但一旦发生作用,其经济效果比任何其他投资都高。如不迅速采取措施实现义务教育,将来会像 50 年代处理人口问题一样,追悔莫及。② 6 月 30 日,陈云在中央工作会议上提出了"科技教育事业的发展"是国家建设的重点,并提出了知识分子生活待遇的提高等问题。③

1984 年 10 月 9 日,陈云又在《关于国家机关和事业单位工作人员工资制度改革的意见》送审稿上批示:"对中小学教师,不仅要有工龄工资,而且要使他们的工资标准,比同等学历从事其他行业的人略高一点才好。"④陈云的意见受到了中央有关部门的高度重视。1984 年 12 月 25 日,教育部负责人通过新华社记者披露了陈云的意见,说党中央和国务院已决定拿出十几亿元,从1985 年 1 月 1 日起为全国几百万中小学教师增加工资。1984 年 12 月 26 日

①　《陈云文选》第三卷,人民出版社 1995 年版,第 312 页。

②　中共中央文献研究室编:《陈云年谱(修订本)》下卷,中央文献出版社 2015 年版,第367 页。

③　中共中央文献研究室编:《陈云年谱(修订本)》下卷,中央文献出版社 2015 年版,第377 页。

④　中共中央文献研究室编:《陈云年谱(修订本)》下卷,中央文献出版社 2015 年版,第415 页。

的《人民日报》头版头条报道称："陈云同志关于教育问题的意见正在贯彻落实,明年元旦将给中小学教师的工资以较大的增加。给全中国中小学教师涨工资,这在新中国成立以来可是头一次。"①陈云的这些主张,及时地解决了中国中小学教育所面临的困境,极大地增强了广大中小学教师搞好中小学教育的信心和决心。1985 年 1 月 21 日,第六届全国人大常委会第九次会议作出决议,将每年 9 月 10 日定为中国的教师节,恢复教师应有的社会地位。所以,1985 年 9 月 10 日,便成了新中国成立后的第一个教师节。

1986 年 2 月 9 日,陈云邀请北京市中小学和幼儿园教师代表来他自己的住所举行春节座谈会。在座谈会上,陈云指出:"中小学和幼教的老师是教育战线上辛勤的'园丁'。你们在自己的岗位上,勤勤恳恳,任劳任怨,数十年如一日,为我国社会主义建设事业培育了一批又一批人才。你们的贡献,同伟大祖国的繁荣富强,是紧密联系在一起的。人民感谢你们,党和国家感谢你们!"②在座谈会上,陈云还指出:"办好中小学教育是关系到提高中华民族素质的一项根本大计,是与祖国繁荣富强联系在一起的。现在中小学教育办得怎样,将决定 21 世纪中国的面貌。学校是传授文化、科学、技术知识,培养社会主义建设人才的重要场所,也是社会主义精神文明建设的重要阵地。中小学生将来具有什么样的世界观,能否担负起实现社会主义现代化的历史重任,同中小学教育有密切联系。中小学教师要进一步发扬不为名、不为利的艰苦奋斗精神,献身于社会主义教育事业。党和政府各级组织,都要关心教师,为教师的工作和生活创造更为有利的条件。"③1988 年 2 月 28 日,陈云还为北京化工学院建校 30 周年题词:"百年大计,教育为本。"

此外,在教育的投资体制及社会办学方面,陈云也提出了自己的主张。比

---

① 杨建业:《党中央和国务院重视教育 广大中小学教师任重道远 陈云同志关于教育问题的意见正在贯彻落实》,《人民日报》1984 年 12 月 26 日。
② 《陈云文集》第三卷,中央文献出版社 2005 年版,第 545 页。
③ 中共中央文献研究室编:《陈云年谱(修订本)》下卷,中央文献出版社 2015 年版,第443 页。

如,早在 1948 年 10 月,陈云就提出:"学校及社会事业采取民办公助或公私合办,水利等其他社会事业也要如此。"1992 年 4 月,陈云又为北京中华社会大学题词:"社会办学,培养更多有用人才。"①可以这样说,陈云是鼓励社会力量办学的最早倡导者之一。

从以上可以看出,陈云在重视干部教育工作和党校教育工作的同时,也重视学校教育工作包括儿童教育工作。陈云的教育思想和主张,在当时,为党和国家制定正确的教育政策、推进党的干部教育事业和国家的基础教育事业作出了重大贡献;在今天,对干部教育培训工作和学校教育教学工作也有重大的借鉴作用。

第四节　古籍整理是国家长远的事情

陈云长期主管和分管经济工作,在经济工作、政治工作十分繁忙的情况下,对文化工作也倾注了大量心血。可以说,重视并关注古籍整理工作,是陈云文化工作的一个重要组成部分。陈云一贯重视古籍整理工作,到了 1981 年,他又强调指出:"整理古籍,把祖国宝贵的文化遗产继承下来,是一项关系到子孙后代的重要工作"②,是"国家长远的事情",必须给予高度重视。

一、一定要把古籍整理工作抓好

陈云对古籍情有独钟。20 世纪 20 年代在上海商务印书馆当学徒、店员的时候,他就利用业余时间和工作便利,阅读了大量的中国古代典籍。他不但从中汲取了知识营养,而且关注古籍和古籍整理工作。

对古典书籍包括《四库全书》和《二十四史》的整理工作,陈云非常重视。1977 年 6 月 2 日,陈云在一次内部谈话中曾回忆说:"1953 年,我主张集中一

---

①　中共中央文献研究室编:《陈云年谱(修订本)》上卷,中央文献出版社 2015 年版,第664、502 页。

②　《陈云文选》第三卷,人民出版社 1995 年版,第289 页。

些老人,一些文学基础好的老人,对一些古典书籍做些圈圈、点点的工作。你们知道吗?古书是没有标点的,真难读哩!让这些老人做些圈圈、点点的工作,做些翻译工作,翻成白话,我觉得这项工作做好了,就是对古书的研究工作做好了一半,这样就能传下来。"①

1977年5月中旬,陈云在浙江图书馆参观该馆保存的文澜阁《四库全书》时指出:"中国古籍很多,但都是文言文,多数人特别是许多年轻人看不懂,这会影响对祖国文化遗产的继承。因此,对古籍应当进行整理,有的要断句,有的要翻译成白话文。"②6月15日,陈云在杭州主持召开评弹座谈会并发表讲话,再次提及这件事。他指出:"《四库全书》你们看见过没有?可以去看一看,浙江就有一部。一九二三年我在商务印书馆工作时,曾去看过一次。这次来又去看了一看,已经五十四年了。过去,我曾经提出,要找一些老人对那些古书进行圈点。中国的古书是没有标点符号的,好难看懂。如果圈点,就容易看懂了。所以,我提出要赶快做,如果那些老人都死了,就难办了。我们从地底下发掘出来的几千年前的东西还要拿到外国去展览,博物馆还要开放,为什么到一定时期不可以把一些没有问题的、能起作用的传统书目拿出来演一演呢?不是全部,而是一部分,'古为今用'嘛。"③当得知已有中华书局点校的《二十四史》出版时,陈云非常高兴,也想了解一下点校工作的进展情况。

二、促成古籍整理出版规划小组的恢复

陈云历来认为,祖国悠久的历史和灿烂的文化遗产,需要一代一代地传承。1948年11月,陈云主持接收沈阳期间,曾专门颁布命令,要求对保存在沈阳的古籍进行保护。新中国成立后,党和国家非常重视古籍整理工作,也取

---

① 张东升:《论陈云对我国古籍整理工作的贡献》,《南昌大学学报(人文社会科学版)》2003年第5期。
② 中共中央文献研究室编:《陈云年谱(修订本)》下卷,中央文献出版社2015年版,第230页。
③ 《陈云文集》第三卷,中央文献出版社2005年版,第426页。

得了很大成绩。"一九五八年,在国家科学规划委员会下面,国务院成立了以齐燕铭任组长的古籍整理出版规划小组,协调全国专家学者进行这项工作。北京大学中文系还创建了我国唯一的培养古籍整理研究人才的古典文献专业。到'文化大革命'爆发前,全国先后整理出版古籍二千多种,取得了丰硕的成果。"①

到了改革开放和社会主义现代化建设新时期,陈云一如既往地重视古籍整理工作,他在日理万机中一直记着这个关系到子孙后代的问题。1981 年 4月,陈云在杭州休养期间,同秘书谈到要认真抓整理古籍工作的问题。从这次谈话的要点中,可以看出陈云关于古籍整理的基本设想和做好古籍整理工作的政策主张。陈云在阐明理工科是发展国民经济的需要这一问题之后,又提出理工科学生也要学点文科知识。他指出:"学理工的人也要有一定的中国文化传统的知识才行。今后,在继续办好理工科的同时,应该加强大学的文科教育。从小学开始,就要让学生读点古文。"陈云还指出:"我国的古籍,中华书局说有八万多种,北京大学图书馆反映约有十二万种。现已整理和出版的约两千多种,还差得很远。"②要对古籍进行整理和出版,就要有机构,还要有人来牵头做这件事。那么,由谁来牵头做这件事呢? 当陈云得知当时的中央纪委副书记、中央对外联络部副部长李一氓表示愿意做这件事时,就提出可以考虑由李一氓来主持这件事,并组建古籍整理出版规划小组,直属国务院。

那么,古籍整理出版规划小组成立后怎样开展工作呢? 陈云指出:"要由规划小组提出一个为期三十年的古籍整理出版规划。第一个十年,先把基础打好,把愿意搞古籍整理的人组织起来,以后再逐步壮大队伍。古籍整理出版规划,可以像国民经济计划那样,搞滚动计划,前十年分为两个五年规划,在第一个五年规划的基础上,经过充实,搞出第二个五年规划。"③

---

① 中共中央文献研究室编:《陈云传》(四),中央文献出版社 2015 年版,第 1767 页。
② 《陈云文选》第三卷,人民出版社 1995 年版,第 289 页。
③ 《陈云文选》第三卷,人民出版社 1995 年版,第 290 页。

对领导班子和队伍建设问题,陈云十分关心。他指出:整理古籍,需要有一个几十年连续不断的领导班子,保持稳定的核心力量。目前真正能够独立整理古籍的,一般来说得 60 岁左右的人才行。现在这个班子中,60 岁的人,再干 10 年是 70 岁,不能坚持工作了;50 岁的人到那时可以接上去;40 岁的人,再干 20 年,也可以成为骨干力量和领导力量了。陈云还认为,从事古籍整理的人,不但要基础知识好,而且要有兴趣。"古籍整理工作,可以依托于高等院校。有基础、有条件的某些大学,可以成立古籍研究所。有的大学文科中的古籍专业,如北京大学中文系的古典文献专业,要适当扩大规模。"①

对古籍专业人才,陈云也非常重视。他说:"目前,整理古籍的专业人才,有许多分配不对口,要尽可能收回来,安排到整理古籍的各专门机构。一些分散在各地的整理古籍的人才,有的可以调到中华书局或其他专业出版社,有的可以分配他们担任整理古籍的某些任务。"②

机构有了,规划有了,队伍有了,专业人才有了,余下的还有经费等问题。经费问题,对古籍整理出版工作关系甚大,对此,陈云指出:"为办好整理古籍这件事,尽管国家现在有困难,也要花点钱,并编制一个经费概算,以支持这项事业。这笔钱,用于整理古籍所需要的各种费用,主要是整理费用和印刷费用,也包括解决办公室、宿舍等费用。要为整理古籍的专门人才创造较好的工作条件和生活条件。"③

陈云的上述建议,不久被中共中央和国务院所采纳,并立即上升到政策层面加以实施。1981 年 12 月 10 日,国务院决定恢复古籍整理出版规划小组。该小组直属国务院,李一氓任组长,教育部周林、国家出版局王子野任副组长,办公机构设在中华书局。1982 年 3 月 17 日至 24 日,古籍整理出版规划小组在北京召开了全国古籍整理出版规划会议,制订了 1982—1990 年

---

① 《陈云文选》第三卷,人民出版社 1995 年版,第 290 页。
② 《陈云文选》第三卷,人民出版社 1995 年版,第 290—291 页。
③ 《陈云文选》第三卷,人民出版社 1995 年版,第 291 页。

古籍整理出版的规划。8 月 23 日,国务院批复同意这个规划,并同意从 1983 年开始。每年拨给教育部 250 万元、中华书局 50 万元、古籍整理出版规划小组 120 万元,用于古籍人才培养和有关古籍出版的经费补贴。① 国务院还批复同意由国家投资建设一个专门为古籍出版服务的印刷厂。这些措施,为古籍整理和出版工作创造了有利条件,促进了古籍整理和出版这项"关系到子孙后代"事业的发展。同样值得可喜的还有,1983 年 9 月,教育部成立全国高等院校古籍整理研究工作委员会,周林担任主任,彭珮云、白寿彝、邓广铭为副主任,办公机构设在北京大学,负责全国古籍整理研究人才的培养和科学研究工作。

三、古籍整理有助于传承中国历史文化

由于"文化大革命"的影响和破坏,北京大学中文系古典文学专业已经几年都没有招生。1981 年四五月份,该专业的教师们比较着急,正在酝酿着怎么办,大家决定继续为保留专业设置和招生权力而多方奔走。在向有关领导反映而没有结果的情况下,他们准备越级上报。"这时,同他们工作联系较多的中华书局传递过来一个重要信息:在中央领导人当中,陈云同志比较懂行,也在关注这件事情,他在杭州休养时发表过有关内部的谈话,并且还向中华书局了解过情况。于是,该专业全体教师决定写信给陈云,要求恢复古典文献专业,并扩大招生。"②陈云接到这封信后,派秘书王玉清到北京大学听取意见。

1981 年 5 月 21 日,陈云通过当时的中央宣传部部长邓力群、文化部部长朱穆之,向国家出版局询问古籍标点的进展情况,要他们查一下中国古籍标点了多少,多少还没有标点,哪些急需标点? 并说趁许多老专家还健在的时候多标点一些,请国家出版局规划一下。5 月 22 日,陈云还打电话给中华书局,了

---

① 张东升:《论陈云对我国古籍整理工作的贡献》,《南昌大学学报(人文社会科学版)》2003 年第 5 期。

② 中共中央文献研究室编:《陈云传》(四),中央文献出版社 2015 年版,第 1771 页。

解古籍整理情况,希望他们详细整理一份材料送给他。6月11日,陈云收到中华书局送来的情况报告。这个时候,他正忙于参加中共十一届六中全会,一时难以顾及。7月7日,陈云同他的秘书王玉清再次谈关于整理古籍工作的问题。两天后即7月9日下午,陈云派王玉清到中华书局转达自己的意见,并要求中华书局组织更广泛范围的同志开几次会,研究一下,制订出一个规划。

1981年7月14日,王玉清来到北京大学,同该校的领导、教师和工作人员座谈时说:"今天来就是给个回音,并进一步听取大家的意见和建议。"①王玉清还说:"陈云对古籍整理很关心,几年前就指示古书要整理,让更多的人看得懂,把祖国文化传统继承下来。去年又问过:古籍标点搞得怎样了?古籍不标点、断句,即使古文基础很好的人也难读。今年四五月间在杭州又谈起这件事。"②座谈会上,大家反映了有关古籍整理研究的许多情况。王玉清表示,要把大家的意见如实地向陈云汇报。

经过陈云自己了解的各方面情况和对古籍问题的思考,他形成了《整理古籍是继承祖国文化遗产的一项重要工作》的谈话要点。1981年9月10日,中共中央书记处会议讨论同意陈云的这个谈话要点,并将这个谈话要点改写成《关于整理我国古籍的指示》,于9月17日作为中共中央文件下发。

陈云的意见和中共中央的指示发布后,全国的古籍整理研究领域的专家学者欢呼雀跃。比如,武汉大学81岁的黄焯教授当时激动地说:"我要向陈云同志行九叩之礼。"③专家们一致认为,陈云的意见和中共中央的指示,既有利于抢救大批古籍,又有利于传承中国历史文化。

四、对古籍整理工作的真知灼见

整理古籍是一项专业性和学术性都很强的工作,既有版本、标点、注释、校

---

① 全国高等院校古籍整理研究工作委员会编:《发扬民族灿烂文化,培养古籍整理人才》,北京师范大学出版社1983年版,第145页。

② 中共中央文献研究室编:《陈云传》(四),中央文献出版社2015年版,第1771页。

③ 中共中央文献研究室编:《陈云传》(四),中央文献出版社2015年版,第1772页。

勘、白话今译等问题需要解决,又有繁简字体、出版印刷、装帧设计等技术工作相互配合。在这方面,陈云提出了许多真知灼见。

关于如何开展整理出版古籍工作,陈云建议组织一些有旧文学基础的老人,对古籍做一些点校及翻译工作,以便研究、传承。他还说:"整理古籍,为了让更多的人看得懂,仅作标点、注释、校勘、训诂还不够,要有今译,争取做到能读报纸的人多数都能看懂。有了今译,年轻人看得懂,觉得有意思,才会有兴趣去阅读。今译要经过选择,要列出一个精选的古籍今译的目录,不要贪多。"①

孤本和善本,是古籍的一个重要组成部分,在古籍中也是最珍贵的,必须采取行之有效的措施进行抢救和加以保护。对这个问题,陈云非常重视,他指出:"现在有些古籍的孤本、善本,要采取保护和抢救的措施。图书馆的安全措施要解决。散失在国外的古籍资料,也要通过各种办法争取弄回来,或复制回来。同时要有系统地翻印一批孤本、善本。"②

作为一个具有战略眼光的革命家和政治家,陈云对古籍整理工作非常重视,并提出了许多真知灼见。比如,陈云指出:"整理古籍是一件大事,得搞上百年。希望现在就认真抓一下,先把领导班子组织起来,把规划搞出来,把措施落实下来。"③

中共中央的指示和国务院的批复下发后,古籍整理出版工作进入了一个新的历史阶段,出版的数量逐年回升。截至 1982 年已达 230 多种,1982 年也是新中国成立以来出版古籍最多的一年。1983 年 9 月,教育部决定成立全国高等院校古籍整理研究工作委员会(以下简称"高校古委会")。高校古委会成立以来,取得了 3000 多项整理研究成果,其中最突出的是"九全一海":《两汉全书》《魏晋全书》《全唐五代诗》《全宋诗》《全宋文》《全元戏曲》《全元文》

---

① 《陈云文选》第三卷,人民出版社 1995 年版,第 289 页。
② 《陈云文选》第三卷,人民出版社 1995 年版,第 290 页。
③ 《陈云文选》第三卷,人民出版社 1995 年版,第 291 页。

《全明诗》《全明文》《清文海》。为落实陈云"古籍还要有今译"的指示,还编撰出版了《古代文史名著选译丛书》135 种。①

陈云对古籍整理工作的重视,其实也是对中华优秀传统文化的重视。中国历史文化源远流长,史籍浩如烟海,搜集、整理、评点、校注、选译古籍,一直是陈云思考、关心的问题。改革开放和社会主义现代化建设新时期以来,国家出台了许多扶持古籍整理出版的相关政策,古籍的整理出版再度出现了繁荣的局面。应该说,这与陈云的关注、重视和支持是分不开的,凝聚了他的智慧和心血。

中国特色社会主义进入新时代,党和国家更加重视古籍整理工作。比如,2022 年 4 月 11 日,中共中央办公厅、国务院办公厅印发了《关于推进新时代古籍工作的意见》,指出:"做好古籍工作,把祖国宝贵的文化遗产保护好、传承好、发展好,对赓续中华文脉、弘扬民族精神、增强国家文化软实力、建设社会主义文化强国具有重要意义。党的十八大以来,以习近平同志为核心的党中央站在实现中华民族伟大复兴的战略高度,对传承和弘扬中华优秀传统文化作出一系列重大决策部署,古籍事业迎来新的发展机遇。"②2022 年 4 月 25 日,习近平同志在中国人民大学考察时指出:"要运用现代科技手段加强古籍典藏的保护修复和综合利用,深入挖掘古籍蕴含的哲学思想、人文精神、价值理念、道德规范,推动中华优秀传统文化创造性转化、创新性发展。"③

第五节　繁荣党的文艺事业

在 70 年的革命生涯中,陈云虽然主要是从事党建工作、领导组织工作和

---

① 张东升:《论陈云对我国古籍整理工作的贡献》,《南昌大学学报(人文社会科学版)》2003 年第 5 期。

② 《中办国办印发意见　推进新时代古籍工作》,《人民日报》2022 年 4 月 12 日。

③ 《习近平在中国人民大学考察时强调　坚持党的领导传承红色基因扎根中国大地　走出一条建设中国特色世界一流大学新路》,《人民日报》2022 年 4 月 26 日。

经济建设工作,但他也很重视党的文艺工作。早在 1942 年,他就提出了文艺工作者既不能特殊也不能自大的思想,还提出文艺要反映群众生活、反映时代的观点;1981 年,他又提出"出人、出书、走正路"的主张。陈云的文艺思想和主张,丰富了毛泽东文艺思想,对于繁荣党的文艺事业有着重大的作用。

一、文艺工作者既不能特殊,也不能自大

1942 年 10 月 7 日,陈云在延安军事干部会议上作了题为《干部要严格要求自己》的讲话。他在讲到知识分子干部要加强自身的品德修养这一问题时指出:"可否改行? 比如搞文艺,许多人想去,我看不行。文艺有用,但仅仅文艺不够用,不能人人去弄文艺。而且,从事革命文艺工作,也要了解技术、经济、事务。文人也要下乡,不经历一番,不能成'家'。"[1]在这里,陈云虽然说的是干部做政治工作的问题,但也涉及文艺工作者的问题,提出了文艺工作者要多学知识,接触社会,了解乡村,联系群众。

1943 年 3 月 10 日,陈云同刘少奇、凯丰出席中共中央组织部和中央文化工作委员会召开的党的文艺工作者会议并作讲话。他指出:"我们党的文艺工作者,十几年来做了很多很好的工作,对于中国革命和中国文化,有了很重大的贡献。这是不能够否认,也不应该否认的。"[2]对于文艺工作者,陈云主要是希望他们既不能特殊,也不能自大。

那么,对文艺工作者中的"特殊"与"自大"这个问题,陈云认为,应先弄清楚文化人是以什么资格入党的。为此,他指出,对文化人以什么资格做党员的问题可以有两种看法:"第一种是,基本上是文化人,附带是党员。这种党员是以文化人资格入党,而不是以千千万万普通党员中一分子的资格入党的。第二种是,基本上是党员,文化工作只是党内的分工。"那么,党对这两种看法持有何种态度呢? 陈云指出:"毫无疑问,党是要求确立第二种看法,反对第

---

① 《陈云文选》第一卷,人民出版社 1995 年版,第 256 页。
② 《陈云文选》第一卷,人民出版社 1995 年版,第 273 页。

一种看法的。"①只有这样,中国共产党才能成为统一的、无产阶级的、战斗的党。

对于民间和私营文化企事业单位及其从业人员,陈云非常重视。1956年7月,陈云在中共文化部党组报送的关于加强对民间和私营文化事业、企业领导管理及社会主义改造的请示报告上批示:报告在中央传阅后可发出。报告指出:对民间和私营文化事业和企业,不应机械搬用一般对私营工商业改造的办法,某些为社会文化服务的行业具有精神劳动和艺术活动的特点,主要应加强对他们的政治领导,推动从业人员进行思想改造,帮助他们提高艺术水平和改进服务态度,充分发挥他们的积极作用。② 对于党员分工和党照顾文化工作者这两个问题,陈云也提出了自己的看法。他认为,党员有分工,但分工不能成为特殊化的根据。党对做文艺工作的同志要照顾,这是因为文艺工作与军事工作的特点和方法不同,其个人活动要多一点。另外,做文化工作的同志在思想意识上也存在一些弱点。

对于文艺工作者遵守纪律和学习的问题,陈云也有具体的阐述。对于第一个问题,陈云指出:"我们的纪律只束缚那些非无产阶级的妨害革命的东西,就像游泳术对于游泳的人只束缚他不要淹死一样。真正的游泳家在水里是自由的,真正的革命家,在有纪律的革命运动里,也是自由的。如果我们一定要革命,又一定要施展一些妨害革命的'天才',那么对不起,就得束缚一些;如果不是这样,就决不会感到是束缚。"对于第二个问题,即做文化工作的同志要不要学习马克思列宁主义和实际的政治的问题,陈云指出:"这个问题对大多数党员是不成问题的。"也就是说,必须学习马克思列宁主义和实际政治,即使是文艺工作者也脱离不了政治。为此,陈云指出:"政治可以使我们放开眼界,放大胸襟,可以使我们去掉一些小气,少一些伤感。"其实,灵感也

---

① 《陈云文选》第一卷,人民出版社1995年版,第274页。
② 中共中央文献研究室编:《陈云年谱(修订本)》中卷,中央文献出版社2015年版,第461页。

好,伤感也罢,就怕高兴起来会感情用事,所以,陈云认为:"我们是干人类解放的大事业的人,就算二十岁加入共产党,活到六十岁不过四十年,还要为一点小事情烦恼,不是太划不来了吗?"①

文艺工作者也不应自大,因为做文艺工作是分工,做得好是尽了应尽的责任,做得不好是失职。陈云认为,一个革命作家的作品之所以受欢迎,是因为它反映了革命群众的感情,如果以为无论拿出什么作品总会受欢迎,就是一个很大的误会。有的文艺工作者对个人在文艺上的地位估计过高,喜欢人家恭维他们是"家",这是一个"包袱",背着它不好往前进。我们的知识实在很少,有人名为共产党员,革命知识就不多,甚至社会知识也很少。有人住在上海七八年,不但不知什么是交易所,就连大米是从哪里来的,大便往哪里去也不知道。知识少,不能成"家"并不可怕,可怕的是不学习,不深入群众。有人最主张批评,喜欢批评旁人,偏生不喜欢旁人批评自己,每逢演戏,开演前也说"希望同志们批评",但真要批评,就成了仇人。② 陈云说,共产党是照实际办事的党,说老实话的党,我们做文艺工作的同志也应该照实际办事,说老实话,听老实话。

从陈云的一系列讲话看,有一个重要的原则问题必须引起注意,这就是:党的文艺工作者,应该首先把自己看成一个普通党员,而不应该首先把自己看成一个文化人,既不要特殊,又不要自大。要遵守纪律、学习马克思列宁主义和实际的政治。不能对个人在文艺上的地位估计过高。作品要反映时代、反映群众生活。总之,陈云的讲话和批示丰富和发展了马克思主义的文艺思想。

二、文艺要反映群众生活反映时代

陈云认为,要判断我们的文艺工作究竟是不是革命的,合不合群众的需

①《陈云文选》第一卷,人民出版社 1995 年版,第 277—278 页。
② 中共中央文献研究室编:《陈云年谱(修订本)》上卷,中央文献出版社 2015 年版,第434—435 页。

要,除了学习革命的理论和革命的实际,还有就是不能脱离政治。他指出:"比如怎么写光明写黑暗的问题,就是一个政治性质的问题,也是文艺上的一个重要问题。不把这一类问题搞通,我们写出来的作品怎么能反映一个时代,怎么能反映这个时代群众的斗争? 所以,那种以为作家可以不学习政治的意见,实际上就是否认文艺要服务于政治、服务于群众的意见。"陈云还对群众欢迎一个作家的原因进行了分析,他指出:"主要是因为他的作品能够反映他们的感情,所以一个革命的作家,一个和革命群众在一起的作家,自然就能够得到革命群众的欢迎。如果有人把这种关系绝对化,以为自己无论拿出什么作品来总是会有群众的,这就是一个很大的误解。"陈云认为,作家应当同群众走一个方向,而不能走反对方向,即使走同一个方向,但是自己走慢了,落到群众后面去了,也会被群众所遗忘的。为此,他提出:"现在我们多数做文艺工作的同志究竟有多少群众? 应该承认,我们的读者还只是群众里的一个很小的部分,离开与广大群众相结合这一步还远得很。在这个时候就忙着骄傲自己有群众,这就更加有害了。"①

陈云还一向强调文艺工作者要深入群众、勤奋学习,他提醒并对年轻的文艺工作者说:"同志们现在都很年轻,知识少,不能成'家',这不奇怪,也不可怕。可怕的就是现在不学习,不深入群众,自以为差不多,到了四五十岁以后,还是现在这个样子,没有充分的知识,没有真正成熟的内容丰富的作品。"②

陈云在延安时期所讲的这些话,不仅在当时,就是对革命胜利后甚至今天,都有重大的现实意义。20 世纪 50 年代至 80 年代,陈云在同曲艺界人士的谈话和通信中,更是多次提出深入生活深入群众的问题,提到曲艺要反映群众生活反映时代。他提出,评弹艺人"要努力搞些新作品,反映新时代。每年搞一个,十年就十个。新东西开始时难免不像样,但新生事物有生

---

① 《陈云文选》第一卷,人民出版社 1995 年版,第 277、278、279 页。
② 《陈云文选》第一卷,人民出版社 1995 年版,第 280 页。

命力"①。也就是说,要有反映现实斗争的作品,要有说好现代题材的新书。就评弹而言,传统的节目不可偏废,但也不能总是说老书,要说新书。也就是说,老的要有,但要加些新的。当新的作品问世后,陈云总是给予支持和鼓励。1982 年 6 月 11 日,他致信邓力群说:"《真情假意》是评弹中一个好的中篇,是适合青年、提高青年的作品,有切合现实的时代气息,对广大青年有教育意义,请他考虑可否在此基础上改编为话剧。"②此后,《真情假意》这篇作品被改编为话剧、广播剧、电视剧、歌剧等。陈云给邓力群的这封信收入了《陈云同志关于评弹的谈话和通信(增订本)》,题为《关于〈真情假意〉的改编》。从以上陈云有关文艺工作的阐述可以看出,凡是能反映群众生活和反映时代的文艺作品,都是文艺工作者在社会实践和艺术实践中不断锻炼自己、丰富自己的结果。

无论是在革命战争年代,还是在和平建设时期,陈云都主张文艺要反映时代,反映现实,反映群众生活。总之,陈云在《关于党的文艺工作者的两个倾向问题》,以及新中国成立之后关于曲艺和文艺问题的谈话和论述,特别是对文艺工作者两个倾向即两个缺点的细致分析和深刻批评,对曲艺提出的"出人、出书、走正路"的主张,对于文艺工作都有很强的指导意义。

三、出人,出书,走正路

1981 年 4 月 5 日,陈云在同上海市评弹团负责同志谈话时,提出了"出人、出书、走正路"的方针。这七个字,明确地概括了文艺工作的基本要求,可谓词约意丰,言近旨远。在谈话中,陈云特别强调"走正路"这个问题。他说:"走正路,才能保存和发展评弹艺术。要以正派的评弹艺术,打掉艺术上的那

---

① 中共中央文献研究室编:《陈云年谱(修订本)》下卷,中央文献出版社 2015 年版,第 35 页。

② 中共中央文献研究室编:《陈云年谱(修订本)》下卷,中央文献出版社 2015 年版,第 343 页。

些歪风邪气。"①1984年2月2日,陈云邀请文艺界著名人士来他的住所举行春节座谈会,并在会上又提到"出人、出书、走正路"的问题。他指出:"大前年,我对评弹提出了'出人、出书、走正路'的要求。出人,就是要热心积极培养年轻优秀的创作人员和演员,使他们尽快跟上甚至超过老的。出书,就是要一手整理传统的书目,一手编写反映新时代、新社会、新事物的书目,特别是要多写多编新书。走正路,就是要在书目和表演上,既讲娱乐性,又讲思想性,不搞低级趣味和歪门邪道。"②

"出人、出书、走正路"这个"七字方针",指引着曲艺工作者不断前进,促进了党和国家文艺事业的繁荣。正如有的学者所指出的那样,"七字方针"是"用最简洁明了的语言,把社会主义事业对文艺工作的要求,把党在文艺领域的方针政策概括成的一个鲜明的目标",具有普遍意义,"完全适用于各种艺术门类",③"实际上也是我们社会主义文艺继往开来的根本任务"④。"只要认真地按照'出人、出书、走正路'的要求去做,我们的曲艺、文艺就一定能够适应时代的需要"⑤,并在原有的基础上不断发展,更加走向繁荣。

由此可见,陈云的文艺思想和主张,在一些方面丰富和发展了毛泽东文艺思想,特别是他"提出'出人,出书,走正路'的著名观点,进一步发展了已有的思想观点。1983年出版了《陈云同志关于评弹的谈话和通信》一书,标志着他的文艺思想的最终形成"⑥。

---

① 《陈云文选》第三卷,人民出版社1995年版,第287页。

② 《陈云文集》第三卷,中央文献出版社2005年版,第531页。

③ 马鎏伯:《陈云和文艺工作》,《陈云和他的事业》下卷,中央文献出版社1996年版,第950页。

④ 施振眉:《奋力向前,永不懈怠》,《浙江曲艺》1996年第1期。

⑤ 罗扬:《出人,出书,走正路——学习陈云同志关于文艺问题的论述》,《曲艺》1991年第5期。

⑥ 张东升:《陈云与评弹艺术研究述评》,中共中央文献研究室陈云研究组编:《陈云研究述评》下册,中央文献出版社2004年版,第774页。

第六节 关注评弹艺术

评弹,苏州评话和弹词的合称,是明末开始在长江三角洲一带流行的两个主要种类。由于都主要使用苏州方言,故自清中叶以来有时合演。新中国成立之后,两个曲种合并,总称评弹。陈云与评弹艺术结下了不解之缘。听评弹是他终生的业余爱好,研究评弹则成为他工作的一个重要组成部分。陈云十分关注评弹艺术,对评弹艺术有很深的研究,并提出了许多建设性的意见和建议。

一、评弹是群众性艺术

在曲艺中,评弹是有很强的感染力的。1959 年 11 月,陈云在杭州和李碧岩、施振眉谈话时说:"评弹要大发展,就要努力扩大业余队伍,让群众掌握评弹,并在节目中反映群众生活。"①1960 年 5 月 6 日,陈云在同上海市人民评弹团评话演员吴子安谈话时指出:评话要受人欢迎,应该不断发展,应该变,变得符合群众的要求,跟上时代。这是你们这一代评话艺人的责任。至于怎样变,怎样在新时代中起作用,为群众所欢迎,这个问题要靠评话演员自己解决。评话不弹唱,但也有它的特长。评弹的特点主要是说表。不论评话和弹唱,都要说得入情,表得入理。评话加上开打,弹词加上弹唱,方能吸引人。现在评话新书中的特色,如角色、开打等,缺少发展。艺术方面的穷是暂时的,穷则变,变则通。②

1961 年 4 月 25 日,陈云在上海观看上海评弹团演出的《青春之歌》后指出,弹词不能只是将故事说一说、唱一唱就完了,不能光有骨头,还要有肉。现

---

① 中共中央文献研究室编:《陈云年谱(修订本)》下卷,中央文献出版社 2015 年版,第 27 页。

② 中共中央文献研究室编:《陈云年谱(修订本)》下卷,中央文献出版社 2015 年版,第 35 页。

在有些新书加工不够,缺少噱头。哪怕是乒乓球比赛现场的广播解说,也要插一些噱头,不能光是一比二,二比三。评弹是群众性艺术,群众喜欢故事人物有好的结局。听众有这种心理,好人不怕落难,却要逢凶化吉,遇难呈祥。传统书目大都如此。现在有的长篇书连听七八天尽是好人倒霉,这不行。革命的确艰苦,有人牺牲了,但革命获得了胜利,劳动人民胜利了,因此故事以胜利结尾,符合历史规律。①

那么,对劳动人民的缺点,评弹是否也可以表现这个问题呢? 陈云提出了肯定性意见。他说,评弹要保持自己的特色,各种形式的文艺都各有质的规定性。"文艺作品中的劳动人民也可以有缺点,说劳动人民没有落后面,这不真实。"②他认为,进步和落后的矛盾永远存在。

1977 年 6 月 13 日,陈云撰写即将在杭州主持召开的评弹座谈会讲话提纲,该提纲一共写了七个方面的问题,其中写道,评弹是江南人民喜闻乐见的曲艺,评弹应不断改革、发展,但仍然应该是评弹。评弹艺术的特点不能丢掉。"我国人口大多数在农村,评弹应逐步增加到农村去说书的比重。"因为中国人口大多数在农村,到农村说书,对艺人来说,也是一个学习、改造、锻炼的过程。6 月 15 日,陈云在杭州主持召开的评弹座谈会上,还对文艺的性质和作用作了阐述。他指出:"文艺是意识形态的东西,要为经济基础服务,要为人民服务,为社会主义服务。"③

在电视机还没有普遍兴起的情况下,广播电台就显得非常重要。1982 年9 月 19 日,陈云在复信给中央人民广播电台文艺部时指出:"过去有一段时间,中央台把评弹节目安排在夜里 11 点半,群众写信反映听不到。现在好了,

① 中共中央文献研究室编:《陈云年谱(修订本)》下卷,中央文献出版社 2015 年版,第84—85 页。

② 中共中央文献研究室编:《陈云年谱(修订本)》下卷,中央文献出版社 2015 年版,第58 页。

③ 中共中央文献研究室编:《陈云年谱(修订本)》下卷,中央文献出版社 2015 年版,第231—232 页。

时间又改回到中午了（中央人民广播电台评弹节目原来安排在中午，后来改为深夜。以后，根据陈云的意见又改回到中午。——作者注）。江浙、上海一带支援其他省份建设的职工很多，如果中央台不播评弹，他们很难听到。广播比报纸来得快，影响大，特别是在广大农村，订报纸的不多，电视机还不普及，主要靠广播。要努力办好广播，发挥广播的作用。"①

对曲艺是群众性的艺术，又有娱乐的作用，陈云也提出了自己的看法。他说："在目前曲艺创作和演出中，强调了政治内容的一面，忽略了文化娱乐的一面，这是偏向。曲艺这种有历史传统又有群众基础的艺术，应该好好发展。"1985年4月12日，陈云在给中国曲艺家协会的复信中指出："希望大家创作和演出更多的为人民群众喜闻乐见的好作品，培养出更多的年轻优秀的创作人员和演员，为繁荣曲艺，为社会主义精神文明建设作出新贡献。"②

二、整理旧书，创作新书

从1959年到1983年的二十多年里，陈云在和干部、编演人员的交往中，发表了有关评弹的谈话，其中一个重要的内容就是整理旧书，创作新书。比如，1961年2月14日，他在同中共中央宣传部文艺处负责人谈曲艺问题时就曾指出：整理旧书可以有各种不同的方案，可以各改各的。改得失败的，不要公开批评，以免艺人胆怯。书场节目可以包括三个部分：一是与社会主义政治生活有关的节目；二是根据长篇小说、戏剧等改编的新节目；三是传统节目。③

1959年11月，陈云在杭州座谈评弹工作时，对评弹书目进行了划分。他把评弹的书目分为三类：一类书，即传统书，也称老书。这是长期流传，经过历代艺

---

① 中共中央文献研究室编：《陈云年谱（修订本）》下卷，中央文献出版社2015年版，第352页。

② 中共中央文献研究室编：《陈云年谱（修订本）》下卷，中央文献出版社2015年版，第60、429页。

③ 中共中央文献研究室编：《陈云年谱（修订本）》下卷，中央文献出版社2015年版，第74页。

人加工，逐步提高的。二类书，这是新中国成立初期部分艺人发起"斩尾巴"以后产生的。① 这类书目，反动、迷信、黄色的毒素较少。三类书，指现代题材的新书。"这是解放后新编的。这类书，思想性一般比较强，但艺术上比较粗糙。"②

1959 年 11 月 25—27 日，陈云在同上海市文化局、上海市人民评弹团和上海人民广播电台戏曲组负责人谈评弹工作中的几个问题时指出："对待现代题材的新书，要采取积极支持的态度。新事物开始时，往往不像样子，但有强盛的生命力。对老书，有七分好才鼓掌；对新书，有三分好就要鼓掌。"③他还指示，对便于反映现实生活和开展宣传活动的形式短小精悍的开篇、小唱，也要写，要和出版社联系，每年出版几本新开篇选集，以推广、流传。要扩大新书演出阵地，如果有些反映工农题材的短篇节目，在城市大中型书场里不受欢迎，干脆送到工厂、农村去，他们会欢迎的。

陈云为什么主张整旧创新呢？在他看来，传统书的毒素多，但精华也不少，如不整理，失传了很可惜。为此，他对如何着手这一工作提出了意见。他说，整旧工作可分两步走：首先，把最突出的坏的地方删掉；然后，逐回整理，或者整理成几个中篇，或者整理成分回的形式。那么，在整旧工作中，遇到疑难问题怎么办？陈云指出，对疑难问题，可以用争辩方式逐步取得一致意见。也就是走群众路线。当意见不一致时，可以保留意见，不搞强迫命令。对于坏处大的部分，意见容易统一，可以先去掉。但要防止反历史主义的倾向，以免损害了精华部分。好的东西，优秀的传统艺术，千万不能丢掉。

整理旧书、创作新书，其意义十分重大。陈云指出："通过发动艺人搞创新和整旧工作，可以加强政治思想的领导。在整旧工作中批判地吸收的过程，也就是教育艺人的过程。通过创新和整旧，可以解决三方面的问题：一是满足

---

① 周良编：《陈云和苏州评弹界交往实录》，中央文献出版社 2000 年版，第 8—9 页。
② 《陈云同志关于评弹的谈话和通信（增订本）》，中央文献出版社 1997 年版，第 1 页。
③ 《陈云文集》第三卷，中央文献出版社 2005 年版，第 266 页。

广大听众的需要;二是促进艺人的思想改造;三是提高书目的思想性和艺术性。"①1960 年 1 月 20 日,陈云就整理传统评弹书目问题写出八条书面意见,其中指出:"传统书目不可能一次整理好,应该边改边说,总结经验,逐步改好;希望通过整理,达到思想上精华突出、主题明确,结构上能长能短、前后连贯,艺术上既严肃又活泼。"②

当然,整理旧书工作,没有那么简单,也不是一蹴而就的,更不能割断历史和脱离时代条件。对整理旧书工作,陈云还提出了要注意的问题。比如,1962 年 5 月,他在同上海市人民评弹团负责人谈对长篇传统弹词《玉蜻蜓》的整理工作时指出:"传统书目的整理不能离开时代条件,要用历史唯物主义观点来看问题,不能以对现代人的要求来要求古人。"③他还指出:这几年的整理工作在剔除封建、迷信和色情内容方面有成绩,但对什么是"封建"要好好分析,不能过激。如果过激了,狭隘地运用阶级观点,就要脱离群众。

1977 年 6 月 1 日和 2 日,陈云在杭州大华饭店观看浙江省曲艺团演出的中篇弹词《李双双》。演出结束后,陈云同演员座谈,称赞这部新书的编演是成功的,并指出:(一)说新书是方向,说老书也不是过去那种形式了。《参考资料》5 月 28 日下午版刊登《朝日新闻》记者写的《中国推进文艺的百花齐放》的文章,说我们今后的文艺方针将是一方面增加现代京剧数量,另一方面恢复一部分内容并不陈腐的旧京剧剧目。这个记者还是有点敏感性的。历史上的东西不能抹杀。(二)除了要有城镇书场,还要有农村书场。评弹流行范围很广,北起镇江,南起杭嘉湖,囊括 1800 万人口,光在城镇书场说书是不行的。(三)评弹要改革,但评弹还应该是评弹。我对评弹琵琶改用钢丝弦很反感,演

---

①　《陈云文集》第三卷,中央文献出版社 2005 年版,第 268 页。

②　中共中央文献研究室编:《陈云年谱(修订本)》下卷,中央文献出版社 2015 年版,第 30 页。

③　中共中央文献研究室编:《陈云年谱(修订本)》下卷,中央文献出版社 2015 年版,第 133 页。

员嗓子吃不消。乐器改革要适应艺人生理条件,否则会损害演员的艺术生命。过去在书台上曾有人翻跟斗、豁虎跳,这都成演戏了,哪是说书? 现在虽然不会这样,但表演上还有点戏剧化。说书主要靠说和唱。"文化大革命"中有人批我提倡评弹放噱头,现在我仍然主张放,放多了不好,但必要的噱头还是要有,说书总得风趣些。一档节目中,人不要太多,单档一个人,双档两个人,三档也只要三个人。(四)评弹书目创作要搞演员、创作人员、顾问三结合。首先要靠评弹艺人,他们有实践经验。评弹创作和改革都要发挥老艺人的作用。①

陈云还指出,群众喜欢听的书,不一定就是好的。这要看它是多数群众喜欢,还是少数群众喜欢;是合乎群众长远利益的,还是相反。"所以,衡量书目的好坏要从能否教育人民,对大多数人是否有好处来考虑。书目中那些黄色内容,过去很能卖钱,现在仍会有人欢迎,但危害很大。这种传统不能挖掘,群众欢迎也不能要。这一点绝对不能让步。"②1985年4月,他还提出了曲艺工作者和所有的文艺工作者一样,肩负着建设社会主义精神文明、教育群众特别是教育青年的责任。

三、要懂得听众的心理

1960年2月2日和3日,陈云在苏州召开评弹界人士座谈会,就评弹创作和演唱中的一些问题发表意见。他在发言中指出:二类书内容比较健康,唱词的比重增加了,但说表差。穿插(指演出中用以衬托书情的题外话)和噱头(即书中笑料和艺人插科)是要的,以前是滥放,现在又失之于拘谨。"听众出了两角钱,不是来上政治课的,作报告也要讲点笑话。"③他常说,劳动、学习了

---

① 中共中央文献研究室编:《陈云年谱(修订本)》下卷,中央文献出版社2015年版,第230—231页。

② 中共中央文献研究室编:《陈云年谱(修订本)》下卷,中央文献出版社2015年版,第106页。

③ 中共中央文献研究室编:《陈云年谱(修订本)》下卷,中央文献出版社2015年版,第30—31页。

一天，非常紧张，下班看戏也像是开会，这样的东西人家不喜欢。

同年3月20日，陈云在同上海市人民评弹团的同志谈话时又说道："在台上演出应该严肃，因为评弹艺人是宣传工作者，哪句话能起教育作用，哪句话会起不良影响，必须严肃对待。但严肃应与活泼相结合。听书毕竟不同于上课，要让人家笑笑。过分严肃，像上课一样，那也不必叫书场，可改为训练班了。"①陈云还认为，要创作一些反映中国革命艰苦奋斗的书目，来教育青年，鼓舞人民。他指出："现在新编的节目大都采自新出的长篇小说。这些长篇小说，大都是写过去的几个革命阶段的事迹，反映了艰苦斗争的时代。我们今天的作家，大体上也只能写出这样的书来。但是也可以考虑，是否必须写得那样苦？至于弹词，则可以少死一些人，主人公可以不死。这样才代表了人民群众的愿望，也合乎客观事实。革命的确艰苦，但革命实际上获得了胜利。有人牺牲了，但是六亿人民胜利了，劳动人民胜利了，无产阶级胜利了。故事以胜利结尾，不正是符合历史规律吗？每一个革命时期都死了人，都很苦。我们需要这样题材的书，来教育青年。使他们不致忘记历史，使他们懂得政权来之不易。但是，不能只写流血牺牲这一面，还要写胜利这一面，以鼓舞人民。"②

1961年2月14日，陈云在同中共中央宣传部文艺处负责人谈曲艺问题时指出："要懂得听众的心理，他们来听曲艺，首先是为了文化娱乐的需要。思想教育的目的要通过艺术手段来达到。我曾经研究过一部老书中的噱头，百分之九十是可以保留的。"陈云在这次谈话中对"噱头"作了具体阐述，认为"噱头"是评弹中必不可少的。他说："要注意某些艺术形式的趣味性特点。现在有些相声不引人笑，有些滑稽戏并不滑稽，就像评弹缺少噱头一样。有人说，保存噱头和穿插会破坏评弹艺术的完整性，我看，去掉噱头和穿插才真的

---

① 中共中央文献研究室编：《陈云年谱（修订本）》下卷，中央文献出版社2015年版，第32—33页。

② 《陈云同志关于评弹的谈话和通信（增订本）》，中央文献出版社1997年版，第54—55页。

破坏了评弹艺术的完整性。"①

四、加强管理书场和艺人

1961 年 7 月 25 日,陈云还写出了《目前关于噱头、轻松节目、传统书回处理的意见》一文。文中指出:"要有噱头,但要防止滥放。要有轻松节目,但要防止下流。要挖掘传统书回,同时也要整理和演出可成为保留节目的新中篇和新短篇。"②他还对可否公演有怀疑的传统书目或开篇,应先经内部试演、讨论后再公演。公演一时期后,应当重新检查和讨论演出效果和得失。

对于书场和艺人,陈云常常强调要加强管理。说书是教育人的,艺人要有责任心,因为他们说的书对青年、对城乡听众很有影响。对此,陈云指出:"对书场和艺人要加强管理,发现不好的内容要采取措施,有的要禁止。另一方面,要加强对演员的教育,提高演员的责任感。说书是教育人的,演出的书目要对群众起积极作用。"③说乱七八糟的书,还不如说《珍珠塔》《玉蜻蜓》。邪书对青年没有好作用。要加强评论。现在讲评弹的文章没有地方发表。要组织老艺人写些评论文章,他们能说出道理来。外行评论不行。要内行来评论,分析哪些是好的,哪些是不好的。艺术上的东西要他们来讲。"要加强评弹的理论研究,特别应该发表些文章。"④为此,陈云还表示支持上海评弹团关于创办一个有关评弹刊物的建议。

1983 年 8 月 16 日,陈云就加强对评弹书目和演出管理问题致信胡启立,指出:"评弹是江、浙、沪一带的主要曲种。前些年,一些艺人在党落实文艺政策的过程中出现了另一种倾向,主要表现是在书目和表演上强调迎合部分观众低级

---

① 中共中央文献研究室编:《陈云年谱(修订本)》下卷,中央文献出版社 2015 年版,第 73、74 页。

② 中共中央文献研究室编:《陈云年谱(修订本)》下卷,中央文献出版社 2015 年版,第 99 页。

③ 中共中央文献研究室编:《陈云年谱(修订本)》下卷,中央文献出版社 2015 年版,第 340 页。

④ 陈云:《关于评弹》,《光明日报》1982 年 12 月 20 日。

趣味,单纯追求票房价值。最近虽然加强了管理,但问题并没有根本解决。现在设书场的单位很多,因此单靠文化部门抓是不够的,必须由江、浙、沪的省、市委出面来抓才行。可先召集各方面开个会,制订书场管理条例,规定什么样的书不准演,如果演了怎么办。然后派人抽查,发现违反的即照规定处理。只要抓上几年,这股歪风是可以刹住的。"①陈云还在信后附了两份反映评弹书目和管理中存在的问题的材料。之后,中共中央办公厅将这封信及所附材料转发给了上海市委和江苏省委、浙江省委。同年9月18日,上海市委向中共中央写出关于评弹书目和演出管理及改进措施的报告。10月16日,《人民日报》发表了陈云的这封信。11月5日,中共中央宣传部和文化部又将此信和上海市委的报告一起转发各地、州、市、县党委宣传部和文化局。1984年1月,上海市文化局为落实陈云的上述意见,在青浦召开了有五百多人参加的评弹会议。

由此,我们可以看出,陈云对评弹是十分重视的,而且有很深的艺术修养和理论研究。陈云对传统剧,重点分析研究过《珍珠塔》《玉蜻蜓》《孟丽君》等;对新书,重点分析研究过《真情假意》《林海雪原》《苦菜花》《青春之歌》等。1983年12月,经陈云审定的《陈云同志关于评弹的谈话和通信》(1983年出版的时候,这本书约6.1万字;1997年再版的时候,这本书增加到约8.5万字。——作者注),由中国曲艺出版社出版。这本《谈话和通信》收入陈云1959年11月至1983年8月有关评弹工作和评弹艺术的部分谈话、文稿和通信共40篇,有极高的思想价值和艺术价值。该书非常清楚地告诉我们,陈云的文艺思想及政策主张对我们党和国家制定文艺政策、繁荣社会主义文艺事业具有何等重要的影响。

中共十九大报告指出:"文化是一个国家、一个民族的灵魂。文化兴国运兴,文化强民族强。没有高度的文化自信,没有文化的繁荣兴盛,就没有中华民族伟大复兴。要坚持中国特色社会主义文化发展道路,激发全民族文化创

---

①　中共中央文献研究室编:《陈云年谱(修订本)》下卷,中央文献出版社2015年版,第385—386页。

新创造活力,建设社会主义文化强国。"①陈云的社会主义文化建设思想汲取了中华优秀传统文化的丰厚营养,对中国革命、建设和改革的各个历史时期的文化建设事业起了重要的指导和促进作用,具有很强的时代性、群众性和实践性,具有很高的社会历史价值。陈云关于社会主义文化建设的思想,对中华优秀传统文化、革命文化和社会主义先进文化的发展,将提供重要的智力支持。

---

① 习近平:《决胜全面建成小康社会　夺取新时代中国特色社会主义伟大胜利——在中国共产党第十九次全国代表大会上的报告》,《人民日报》2017 年 10 月 28 日。

第四章 陈云关于社会主义
社会建设的思想

　　社会建设主要涉及的是教育、医疗卫生、体育、劳动就业、社会保障事业等方面，这些方面关系到人民群众基本生活质量和共同利益，具有公众性、公用性、公益性和非营利性等特征。在中国革命、建设和改革的各个历史时期，陈云主管过工会工作、财政经济工作、社会救济工作和社会福利工作，具有丰富的社会工作经验和社会建设思想，尤其是在社会就业、社会保险、社会救济、社会福利、社会优抚和计划生育等方面的论述更为丰富。陈云关于社会主义社会建设的思想，对今天保居民就业保基本民生、统筹城乡居民基本保障制度、解决好人民群众急难愁盼问题，对以保障和改善民生为重点加强社会建设等，有着重大的现实意义和借鉴作用。

第一节　必须重视劳动者就业问题

　　中共十九大报告指出："就业是最大的民生。"①就业与个人、家庭和社会密切相关。早在土地革命战争时期，陈云就十分重视劳动者就业的问题。

---

　　① 习近平：《决胜全面建成小康社会　夺取新时代中国特色社会主义伟大胜利——在中国共产党第十九次全国代表大会上的报告》，《人民日报》2017 年 10 月 28 日。

1933年4月,他在《苏区工人的经济斗争》一文中指出:"工人阶级一方面要争取改善自己的生活,另一方面必须把发展苏区的经济,巩固工农联盟,巩固苏维埃政权,看成自己解放的根本任务。"①新中国成立后,陈云在劳动者就业及其技能培训等方面都提出了许多正确主张。

一、重视劳动者的就业问题

新中国成立前,由于帝国主义、封建主义和官僚资本主义的压迫,社会经济落后,失业者数量较多。新中国成立后,百废待兴,百端待举,陈云在国家经济处于困难的情况下,提出必须采取多种方式、多渠道解决就业,尽快恢复工农业生产,稳定社会秩序,巩固新生的人民政权。

(一)合理安排和使用旧政权的机关和企业人员

东北解放后,面临着大规模的旧政权公务人员的接收和安置问题。作为中共中央东北局副书记、东北财政经济委员会主任兼沈阳特别市军事管制委员会主任的陈云,客观分析东北形势,全面总结沈阳经验,具体提出应对措施。比如,1948年11月28日,陈云在给中共中央东北局并转中共中央的报告中,简报接管沈阳近一个月来的主要经验,并提出对旧政权留下来的机关和企业人员,要合理安排和使用,发放生活维持费,给他们以工作和生活出路。12月14日,毛泽东、朱德、周恩来、任弼时等圈阅陈云的报告后,以中共中央名义向各中央局、各前委转发,并指出:"兹将陈云同志关于接收沈阳经验简报,转发如下。此报告甚好,可供你处接收城市时参考。"②在1949年8月的上海财经会议上,陈云作了《目前财经工作中应注意的问题》的总结。这个总结一共有13个部分,其中第七部分讲的是"接收旧人员问题",指出:"全部接收在旧政

①　《陈云文选》第一卷,人民出版社1995年版,第10页。
②　中共中央文献研究室编:《陈云年谱(修订本)》上卷,中央文献出版社2015年版,第680页。

权下工作过的人员,财政上负担很大。但是,裁了这部分人,让他们失业,没有饭吃,问题更大。现在养着这部分人,从财政上看是个损失,但从另方面看,政治影响好。待解放地区的人看到,这些人生活都有保证,就不怕了,反抗的人少了,这样战争可以更快结束,少损失好多人力财力,整个支出可以大大减少。"①陈云以一个政治家的远见卓识,提出全部接收旧政权遗留人员,表面上看增加了政府的财政负担,但从中国共产党的长远利益考虑,这样做实际上对早日结束战争和解放全中国、稳定社会秩序有着巨大的影响。他提出的处理方法和原则,得到了中共中央和毛泽东的赞同:"中央同意此次上海会议决定的总方针及许多具体办法。我们必须维持上海,统筹全局。不轻议迁移,不轻议裁员。……否则政治上对我们极为不利。"②同时,对当时哈尔滨市等城市大量失业的手工业者,陈云主张将这些失业人员向劳动力短缺的地区流动,以解决他们吃饭问题。比如,1948 年 7 月,陈云在讨论城市工作时就曾指出:"目前,哈尔滨失业的人中大多数是饭馆厨师、木匠、瓦匠、鞋匠等个体手工业者,这些人要在眼下复业是不能的。而农村、林区、煤矿需要大量劳力去开荒、伐木、挖煤。因此,应当用各种办法,把他们从城市'挤'到农村、林区和煤矿。"③

与此同时,陈云还主张采取以工代赈、生产自救等方式解决就业问题。1950 年 6 月 15 日,陈云在中国人民政治协商会议第一届全国委员会第二次会议上,作关于经济形势、调整工商业和调整税收诸问题的报告,指出:"有重点地举办失业救济,尽量把失业者组织起来参加国家公共工程,例如兴修水利、修建市政工程等。"④6 月 17 日,中共中央正式发出《关于救济失业工人的

---

① 《陈云文选》第二卷,人民出版社 1995 年版,第 15 页。

② 中共中央文献研究室编:《毛泽东年谱(1893—1949)》下卷,中央文献出版社 2002 年版,第 563 页。

③ 中共中央文献研究室编:《陈云年谱(修订本)》上卷,中央文献出版社 2015 年版,第 645 页。

④ 《陈云文选》第二卷,人民出版社 1995 年版,第 104 页。

指示》,其中决定:救济办法,应以以工代赈为主,而以生产自救、转业训练、还乡生产、发给救济金等为补助办法。① 通过这些方法,中共中央妥善地解决了一批人就业问题,让他们有活干,生活也就有了基本保障,而有活干有保障,也就消除了城市中的一些不安定因素,维护了社会的稳定。

(二)维持企业生产以帮助失业者再就业

新中国成立初期,各大城市失业问题非常严重。比如,旧政权遗留下来的失业的人员,新政权建立因改组而失业的人员。1950年6月,毛泽东指出:"革命胜利以后,整个旧的社会经济结构在各种不同的程度上正在重新改组,失业人员又有增多。"②截至1950年底,全国城镇失业人数达472万多,就业形势十分严峻。中共中央《关于救济失业工人的指示》中提出,救济失业工人和知识分子,有步骤地帮助失业者就业,是当前的主要任务之一。陈云在失业救济、帮助失业者再就业方面有过许多思考,并提出了很多切实可行的办法。

扶植和帮助困难企业维持生产。针对存在困难的企业,陈云提出政府要千方百计帮助企业克服困难,企业只要还能够维持生产就要坚持下去,这样就不会造成更多的失业人员。1949年8月25日,陈云在上海市总工会筹备委员会扩大会议上的讲话中指出:"应该看到,现在我们所面临的困难,同过去二十多年奋斗中所碰到的困难相比,不过是一些小的困难。只要我们正视它,是可以很快克服的。问题是,我们要有克服困难的思想准备。""比如,那些适应过去上海畸形发展的工厂,现在就很难维持了,这些工厂的工人有暂时失业的危险。有些工厂则是可扶可倒,我们就要力求把它扶起,使它不要倒。有人说:'倒就倒吧,迟倒不如早倒。'这是不负责任的态度。对工人来说,在业无论如何苦,总比失业好。"③他认为,只要工人阶级和政府一致起来想办法,困

---

① 《政务院关于救济失业工人的指示》,《人民日报》1950年6月19日。
② 《毛泽东文集》第六卷,人民出版社1999年版,第69页。
③ 《陈云文选》第二卷,人民出版社1995年版,第21页。

难是一定能够克服的。

作出"上海纱厂不搬家"的重大决策。上海刚解放时,不甘心失败的帝国主义和国民党反动派对上海实行封锁,潜伏的国民党特务进行轰炸和破坏,为此,有人提议把工厂搬迁到内地去。针对上海工厂搬家这一问题,陈云指出:"这件事情要慎重。""上海纱厂搬不搬,这个问题应该决定下来。如果工厂搬家,那里需要有厂房、动力以及辅助工业等。搬了,这里工人失了业,那里半年也开不了工。因此,我们决定不搬了,要全力维持生产。"[1]在已经有大量失业人员的情况下,陈云作出纱厂不搬家的决定,实际上是为了避免因搬厂而使原来在职的人员再度失业。

有计划地招收青年职工。面对中共上海市委反映上海存在的失业问题,1952 年 12 月 5 日,陈云指出:"通知有关方面根据对人员需求的计划,从上海招收一些青年职工;尽可能维持上海的工业生产,在加工订货和所需原材料方面尽量予以照顾;劝阻附近地区的农民进城;适当提高某些地区的工资,刺激上海职工及失业人口内移。"[2]陈云提出的维持企业生产、纱厂不搬家、招收青年职工等举措,实质上就是减少失业人数、解决就业问题和保障工人的基本生活。

(三)发展多种经济以解决就业问题

中共七届三中全会提出要做好稳定物价、调整工商业等工作。在这次会议上,陈云作了题为《关于财政经济问题的报告》。他在报告中指出:"五种经济成分是兼顾好,还是不兼顾好? 当然是兼顾好。因为私营工厂可以帮助增加生产,私营商业可以帮助商品流通,同时可以帮助解决失业问题,对人民有好处。"并强调,我们更应该注意统筹兼顾,既照顾到我们这一边,也要照顾到他们那一边。否则资本家的企业就会垮台,职工失了业就会埋怨我们。这就

---

① 《陈云文选》第二卷,人民出版社 1995 年版,第 2、12 页。
② 中共中央文献研究室编:《陈云年谱(修订本)》中卷,中央文献出版社 2015 年版,第 246 页。

明确了私营工厂的存在对解决职工就业有很大的作用,党和政府要调整好公私关系,鼓励私营工业发展。那么,采取什么措施维持私营工厂生产呢?陈云说:"对待私营工厂的办法是什么呢?就是通过加工订货,有步骤地组织私营工厂的生产和销售。"陈云在这个报告中还谈到了整顿税收问题,他说:"在全国进行经济调整,要解决很多问题,如工人失业、商店关门等。调整就需要时间,因此在几年内,一部分商品的税率可以减低一些。"①降低税收,减轻私营工厂压力,这样他们就有经营的积极性,既活跃了市场又增加了职工就业。1952 年 6 月,陈云在全国统战工作汇报会上再次强调繁荣市场。他指出:"中国的失业问题我看还没有完全解决。是不是可以想一个干脆的办法,一下子解决这个问题呢?不可以。我们算了一下,百货公司一个人一天做的生意,能顶私人铺子五个人一天做的生意,就是说,如果私人铺子的店员有十个人失业,我们只能吸收两个人。只要我们在北京开一个茶叶公司,很多茶叶铺子就要倒闭。"②可见,在当时的社会背景下合理保留私营业,既可以方便人民生活,又可以使他们不至于失业。

三大改造与个体经济是分不开的。三大改造,指的是国家对农业、对手工业和对资本主义工商业的社会主义改造。从生产资料私有制转变为公有制,在这个过程中,容易引发一些不安定因素。如何减少因社会变革引发的矛盾和不安定因素呢?结合陈云从 1955 年到 1956 年的一系列讲话,就可以看出他为解决就业问题所提出的许多政策和主张,概括起来主要有以下四个方面。

一要促进小企业发展,减少工人失业。1955 年 11 月 16 日,陈云在中共中央召开的关于资本主义工商业社会主义改造问题会议上所作的报告中指出:"我们解决工业中生产过剩的问题,解决先进厂与落后厂之间的关系问题,决不能够采取资本主义的办法。资本主义的办法是'大鱼吃小鱼',大企业吃小企业,对失业工人根本不管。我们是以大带小,以先进带落后,即按社

---

① 《陈云文选》第二卷,人民出版社 1995 年版,第 92、93、96 页。
② 《陈云文选》第二卷,人民出版社 1995 年版,第 176—177 页。

会主义的原则来处理这个问题。"①社会主义改造的目的是确立社会主义生产关系,解放和发展生产力,通过大企业带动小企业共同发展,保证企业职工就业,满足他们的物质生活和文化生活的需要。

二要合理安排好部分生活困难的小商贩生活和业务。1956 年 6 月 18日,陈云在第一届全国人民代表大会第三次会议上的发言中指出:"现在政府准备采取一种办法,来解决他们的生活困难和业务安排的问题。这个办法就是在自愿的原则下,分期分批、分行分业地把他们组成分散经营、各负盈亏的合作小组。同时由各地商业部门在现有的国营商店、供销合作社和公私合营商店中指定一个商店,作为合作小组的批发店。""同时,要把安排小商贩,作为安排全部商业工作的重要部分。"②

三要关心部分批发商的就业问题。三大改造前,社会主义生产资料公有制与私有制并存。如何解决改造中的批发商人就业问题呢? 陈云提出了用国家包下来的办法解决他们的再就业,发挥他们丰富的经商经验来活跃市场。1955年 1 月 5 日,陈云出席全国政协工商界委员座谈会,就私营工商业问题发言。他在发言中重申:"北京等七大城市共有批发商十三万多人,已由国营吸收四万多人,另有三四万人可继续维持,还有五六万人需要安排。办法仍是由国家包下来,不同的是,过去主要为解决他们的生活问题,打破了原有体系,一个个吸收,今后则要按行业吸收,充分利用他们的经验,改善我们调拨不灵的缺点。"③

四要为改造时期公私合营后的资方人员及其家属安排好工作。资方人员及他们的家属也是改造的一部分,对于这部分人,1955 年 11 月 16 日,陈云在中共中央召开的关于资本主义工商业社会主义改造问题会议上所作的报告中指出:"所有的资方实职人员,应该全部安置。""不应该让有经营能力的资方

---

①　《陈云文选》第二卷,人民出版社 1995 年版,第 286 页。

②　《陈云文选》第二卷,人民出版社 1995 年版,第 311、312 页。

③　中共中央文献研究室编:《陈云年谱(修订本)》中卷,中央文献出版社 2015 年版,第349 页。

实职人员坐'冷板凳',而要尽可能地使用他们。"他还说,资方人员中确实有相当多精明强干的人,有的同志担心搞不赢他们,我看不要怕,"公私合营以后,一切都是按照社会主义企业的章程办事,上有国家计划委员会、中央各部,下有工人群众,中间夹着资本家,怕什么?"①他要求公私合营企业的公股代表,首先要把生产抓好,要提高本领,不懂就要学习,否则就会站不住脚。那么,在企业内部怎么安排这些资方人员呢? 1956 年 3 月 30 日,陈云在全国工商业者家属和女工商业者代表会上作了题为《公私合营一些问题的解决办法》的讲话。他在讲话中强调指出:对资方人员"职务的高低,将根据每个人的技术、经验、能力等情况作适当安排,尽可能安排得合理"。对资方人员的家属,他提出,可以结合实际,给他们安排一些力所能及的工作,比如,"我们还要吸收有劳动能力的资本家的家属。有人说这些人不好安排,安排扫地、烧饭也可以嘛"②。

(四) 采取多收税少发钞票来减少失业人数

新中国成立之初,国家财政非常困难,如何解决财政困难的问题呢? 讨论这个问题的时候,陈云根据当时实际情况,结合各方报告,进行认真研究分析后,在 1950 年 1 月,由他起草并和薄一波联名向中共中央提交了报告,提出应采取多收税少发钞票的办法。这是因为:"多收税少发钞票,还是少收税多发钞票? 路子只有这两条。少收必得多发,想少发必得多收,不是多收便要多发,此外别无出路。有人要求少收,而又要物价稳,这办不到。收税和发钞这两者比较,在可能限度内,多收一点税,比多发钞票,为害较小。这样做,工商业负担虽稍重,但物价平稳,对正当的工商业有好处。反之,物价波动大,任何人也不愿拿出钱去经营工业,资金都囤积在物资上,或放在家中不用,劳动者也跟着没有活干了。"③虽然是讨论收税发钞票的问题,但是,陈云想到的则是

---

① 《陈云文选》第二卷,人民出版社 1995 年版,第 287—288 页。
② 《陈云文选》第二卷,人民出版社 1995 年版,第 303、337 页。
③ 《陈云文选》第二卷,人民出版社 1995 年版,第 58 页。

更深层次的问题,这就是:在解决财政困难时,要少发行多收税。虽然这样做会给工商业增加一些负担,但是,只要物价平稳,激发生产活力,经济逐渐发展,就可以使工人有活干也有收入,就可以避免失业。

当然,国家利用增税解决财政困难也不是长久之计。到了1952年,全国经济有所好转,陈云提出降低银行利息政策,在解释降息原因时,他是这样说的:"银行的利息以前为什么不降下来? 第一个原因是当时物价稳定还不久,如把利息降下来,就会减少银行的存款,商人就会从银行里提钱到市场上抢购东西。现在这种危险已不存在了。第二个原因是怕私人银行倒得太快,增加失业人数。现在即使私人银行的七千多职工都失业,问题也不太大,何况一部分私人银行要继续维持,我们还能招七百来人,他们不会都失业。"①

(五) 建立职工退休制度和妥善安置失业人员

1957年2月6日,陈云在主持国务院常务会议的讲话中指出:"一九五七年面临巨大人口就业压力,需研究解决办法,应由计委、经委考虑,国务院也要召集一个会专门研究。人员不能有进无出,要建立退休制度。"②同年11月1日,他在出席国务院第60次全体会议讨论通过《国务院关于工人、职员退休处理的暂行规定(草案)》等文件的发言中再次指出:"退休办法符合国际上的情况,也符合中国的实际。中国人多,老的不退,年轻的就进不来。老了,自己要求退休的职工是少数,所以要规定职工到一定的年龄必须退休。"③实行职工退休制度,可以避免因年老力衰而导致工作效率降低,到龄职工退休空缺岗位还可以满足年轻人的就业,减轻社会压力。

中共十一届三中全会召开前后,国家调整了知识青年上山下乡政策,城镇

---

① 《陈云文选》第二卷,人民出版社1995年版,第177—178页。
② 中共中央文献研究室编:《陈云年谱(修订本)》中卷,中央文献出版社2015年版,第527页。
③ 中共中央文献研究室编:《陈云年谱(修订本)》中卷,中央文献出版社2015年版,第571页。

知识青年不再推向农村,已经上山下乡的知识青年可以返城。这样,等待政策安置的就业人员达 2000 万人,就业形势陡然严峻起来。1979 年 3 月 25 日,陈云在国务院财政经济委员会第一次会议上的讲话中提出通过政策调整来安置失业人员。不过,他认为:"这回调整和六十年代初期的调整不一样,那时可以下放人员,这次不能下放。"①同年 4 月 5 日,李先念在中共中央工作会议上的讲话中指出:"在这两千万人中,今年急需安排的就有八百多万人。大批人口要就业,这已经成为一个突出的社会问题,如果处理不当,就会一触即发,严重影响安定团结。"②由此可见,失业问题不是一件小事,而是一件大事,必须加以解决。为此,中共中央和国务院提出了一系列指导性方法、政策。比如,1981 年颁布的《中共中央、国务院关于广开门路,搞活经济,解决城镇就业问题的若干决定》提出:通过广开门路,发展集体所有制经济等举措形成多渠道多元化的就业格局、通过公开招工在新增劳动力中确定双向选择关系、通过全员劳动合同制促使劳动力合理流动。③

二、提倡职业技能培训

恩格斯曾深刻地指出:"过去的资产阶级革命向大学要求的仅仅是律师,作为培养他们政治活动家的最好的原料;而工人阶级的解放,除此之外还需要医生、工程师、化学家、农艺师及其他专门人才。"④列宁也曾深刻地指出:"学会工作,这是苏维埃政权应该充分地向人民提出的一项任务。"⑤陈云提出对劳动者进行职业技能培训,对他们的就业和促进社会经济发展也具有重要作用。新中国成立之初,百废待兴、百端待举,各行各业需要大批的建设人才。

---

① 《陈云文选》第三卷,人民出版社 1995 年版,第 257 页。
② 《李先念文选(1935—1988 年)》,人民出版社 1989 年版,第 348 页。
③ 《中共中央、国务院关于广开门路,搞活经济,解决城镇就业问题的若干决定(摘要)》,《劳动工作》1981 年第 12 期。
④ 《马克思恩格斯全集》第 22 卷,人民出版社 1965 年版,第 487 页。
⑤ 《列宁全集》第 34 卷,人民出版社 1985 年版,第 170 页。

对于社会建设人才的培养,陈云提出,大中学毕业生不够分,要加大教育投入。他说:"现在全国的大学生才有十万多一点,每年毕业二万多人,可是各方面的需要很多。中学生一年只有四十万毕业的,党政军民机关都要,不够分。干部'赤字'很大。这两年教育经费很少,长此下去很难维持。"①

进行国家建设,需要更多的各类人才。因此,必须加大教育经费的投入,举办各种培训班和开办专门学校,培养大批有知识文化、有技能的各类人才。陈云认为,技术和管理干部是国家建设的需要,是工业发展的需要,是提高人民生活水平的需要。为此,他提出开个工厂,一定要有一些熟练工人,所以要进行训练。"要重视和培养技术干部和管理干部,开办职工学校、训练班、工业大学或专门学校。"②要充分发挥现有工作岗位的技术和管理干部作用,同时"要从有经验有技术的工人和职员中提拔,这是我们干部最主要的来源。要开办职工学校和职工训练班"。在新中国成立之初以及20世纪50年代的时候,陈云就很注重对工程师队伍培养的问题。1949年11月5日,陈云在沈阳工人代表大会上的讲话中指出:"我们的工程师不光是学校毕业的学生能当,还要挑选政治觉悟高、工作好、肯用功、有上进心的工人,到学校去学习,提高他们的文化科学水平,把他们的生产经验与科学原理结合起来,这样就一定可以培养出许多优秀的工人工程师。"③陈云很注重对税收人员培养的问题。1949年12月8日,陈云出席财政部召开的第一次全国税务会议并讲话,指出:"市、县党委领导要把最得力的干部调到税务局来,'宁缺一个县委组织部长,也不能缺一个县税务局长';要把旧税务人员收集起来,大胆使用;要吸收一些青年学生参加税务工作,办训练班。"④税收在解决国家财政困难上发挥

---

① 《陈云文选》第二卷,人民出版社1995年版,第136—137页。
② 中共中央文献研究室编:《陈云年谱(修订本)》上卷,中央文献出版社2015年版,第652页。
③ 《陈云文选》第一卷,人民出版社1995年版,第385页。
④ 中共中央文献研究室编:《陈云年谱(修订本)》中卷,中央文献出版社2015年版,第19页。

了重要作用。同样,地质工作也是恢复和发展国民经济的重要前提之一。新中国成立之初,迫切需要地质工作为国民经济发展提供基础的工业原料。陈云也很注重对地质人才的培养。1952 年 12 月 4 日,他在《建设一支强大的地质工作队伍》一文中提出:"地质事业在国家经济建设中已成了一项最重要的事业了。""为了完成地质工作的巨大任务,还要用有效的办法训练新的地质人才。东北、北京及其他地方,已招收了几千名学生,经过一二年或三四年的学习,就可参加地质工作。""增加人力的主要办法,是办学校和训练班。我们需要大学生和高中学生,但大学生和高中学生不够分配。因此也可以考虑招收初中学生,训练一年二年,使他们能参加简易的工作。同时,要采取专业人员带徒弟的办法,大量培养干部。"①

20 世纪 50 年代初,为解决失业人员就业问题,全国各地组建了许多建筑队,开展生产自救。随着建筑业的发展,建筑工人队伍不断壮大,为保证质量减少安全事故,急需对建筑工人进行职业技能培训。1958 年 12 月 26 日,陈云提出:"今年基本建设的任务很重,明年的建设任务更重,而新的技术工人的比重却很大,这就要求我们大大地加强培训工人的工作。""特别是对于某些技术工种,如电焊工、钢筋混凝土工、起重工、装吊工、安装工等,必须采用各种办法来训练。对于那些大轧钢厂、大机械厂等重型企业的厂房建设和设备安装,应该调集全国各地的有关企业的职工来参加现场实习,以便他们回去进行工作。"②

第二节　制定和实施社会保险政策

社会保障制度主要包括社会保险、社会救助、社会优抚和社会福利等内容,其中社会保险政策是社会保障政策的核心部分。陈云在参与领导工人运动时就重视社会保险工作。还在 1948 年 8 月,陈云指出:"凡是有关工人切身

---

① 《陈云文选》第二卷,人民出版社 1995 年版,第 182—183、184 页。
② 《陈云文选》第三卷,人民出版社 1995 年版,第 118 页。

利益的一切问题,我们都要关心,都要帮助解决。"①次年8月,他又指出:"去年解放沈阳,重工业工人每月工资平均提高到一百五十分(每分折合二斤半粮食),并开始举办劳动保险。"②在新中国成立之后,陈云一如既往地重视社会保险工作。

一、建立养老保险制度

养老保险制度是社会保障制度的重要组成部分,对保障老年人的基本生活需求,提供稳定可靠的生活来源有着重大的现实作用。新中国成立后,党和国家非常重视对工人的劳动保护。对劳动者实行劳动保险制度,是广大劳动者一直向往的事情。陈云多次强调对因年老丧失或大部分丧失劳动能力的劳动者,国家应给予他们办理养老保险。1949年12月,陈云在签发中财委给所属各部、署《关于国营公营企业进行保险的指示》中指出:"国家举办保险事业主要是为了保护与发展生产,并保护劳动人民的福利,各地国营公营企业必须实行保险。"③这强调了保险事业是保障劳动人民基本的生存权利和生活需求。1951年2月23日,陈云出席政务院第73次政务会议,讨论并通过的《劳动保险条例》规定:劳动保险的各项费用,全部由实行劳动保险的各企业行政方面或资方负担。对于工人、职员的疾病,不但负责治疗,而且发给工资补助金和救济金,直到病好能恢复工作。对因工负伤者,要负担其医药费、住院及住院膳食费,而且工资照发。对因工致残不能工作者,发给抚恤金。老了,要发养老金。死了,要发丧葬费和亲属抚恤金。对重劳动和有害健康的劳动,要提早养老。对女工和女职员的养老及生育问题,要有特殊优待。陈云在发言中指出:"解放后工人的政治地位和生产积极性都提高了,只是工资没有提

---

①　《陈云文选》第一卷,人民出版社1995年版,第361页

②　《陈云文选》第二卷,人民出版社1995年版,第21—22页。

③　中共中央文献研究室编:《陈云年谱(修订本)》中卷,中央文献出版社2015年版,第22页。

高,所以应该给他们一些照顾。"①同年 2 月 26 日,《劳动保险条例》正式公布。这部《劳动保险条例》,初步确定了企业职工养老、医疗、工伤和生育等四项保险制度,是新中国成立后中国共产党制定的第一个劳动保险条例。《劳动保险条例》的颁布和实施,在广大职工中引起了极大反响。他们对比新旧生活,感慨万千,纷纷表示:共产党好,社会主义好,生老病死有"劳保"。他们把《劳动保险条例》比作农民在土改中分得的土地,喜庆生活从此有保障。②

1951 年 3 月,陈云签发中财委《关于执行劳动保险条例,缴纳劳动保险金的通知》,其中要求:自 1951 年 3 月 1 日起,雇用工人职员在 100 人以上的国营、公私合营、私营及合作社经营的工厂、矿场及铁路、邮电、航运的各企业单位,均实行劳动保险,按月缴纳相当于各该企业工资总额 3% 的劳动保险金。③到龄工人、职员退休后,"由劳动保险基金项下,按月付给退职养老补助费,其最低数额为本人工资 35%,本企业工龄超过 10 年者,每超过 1 年增付本人工资 2%,至本人工资 60% 止此项退职养老补助费付至死亡时止"④。《劳动保险条例》的实施,进一步激发了广大职工群众的劳动热情,为加速社会主义经济建设发展,起到了积极的促进作用。同时,陈云对于一些年老体弱的雇员提出要给予照顾。1956 年 9 月 25 日,陈云就供销合作总社关于雇员处理问题的报告致信马明方,指出:"对年老体弱的雇员可以解雇的规定不妥。我们对私商都要包下来。已与程子华和供销合作社商定,应改为雇员不解雇。"⑤

二、实行医疗保险制度

医疗保险一般指基本医疗保险,是为了补偿劳动者因疾病风险造成的经

---

① 中共中央文献研究室编:《陈云年谱(修订本)》中卷,中央文献出版社 2015 年版,第 123—124 页。

② 单其身:《第一部社会保险立法》,《中国社会保险》1999 年第 10 期。

③ 《关于执行劳动保险条例,缴纳劳动保险金的通知》,《人民日报》1951 年 3 月 9 日。

④ 《中华人民共和国劳动保险条例实施细则草案》,《人民日报》1951 年 3 月 26 日。

⑤ 中共中央文献研究室编:《陈云年谱(修订本)》中卷,中央文献出版社 2015 年版,第 486 页。

济损失而建立的一项社会保险制度。早在土地革命战争时期,陈云就提出企业和雇主应当帮助劳动者抵御疾病风险。1933 年 7 月 2 日,陈云结合此前专程到汀州考察京果业的合同情况,撰写了《怎样订立劳动合同》一文。文章通过叙述自己到汀州考察领导工会订立劳动合同的过程,指出:“工人有疾病,在三个月以内者,由雇主负责诊治药费,并照给工资(花柳病及吃补药除外)”,“雇主除每月十足付给工人工资以外,每月再应付出工人全部工资额的百分之六为失业保险金(除老板、工头外,不论工会会员或非会员均应照付),由雇主交社会保险局,工会得随时要求查到社会保险局的收据”。①

新中国成立后,随着国民经济的恢复和发展,企业生产条件有了很大改善。在这样的背景下,陈云认为,企业不仅要给职工办理各种劳动保险,还应为有疾病的职工创立便利医治条件。当时,《中华人民共和国劳动保险条例实施细则草案》也列出了企业实行劳动保险的相关制度。比如,根据劳动保险实行劳动保险的各企业,已设立医疗机构者,应根据必要和可能的情况充实设备,并设立健全制度;未设立医疗机构者,应单独或联合设立医疗所或医院。如因条件限制不能设立,应有特约医院或特约医师为病伤工人职员负责医治。② 社会主义改造期间,陈云对公私企业的人员的医疗和卫生条件也十分关注。1956 年 5 月 29 日,陈云在中共中央对资本主义工商业改造十人小组召开的南方 15 个省市关于私营工商业改造汇报会上的总结讲话中指出:“要注意并尽可能逐步改善新的公私合营企业的安全设备和卫生条件。”“公私合营企业中私方人员定股资金在一千元以下的,本人疾病的治疗和病假期间的工资待遇,参照本企业对职工的规定办理。”③随后,他在一届全国人大三次会议上的发言中再次明确提出:“公司合营企业私方人员的疾病医疗,应该加以帮助。企业核定资产在两千元以下的私方人员,本人的疾病医疗和病假期内

①　《陈云文选》第一卷,人民出版社 1995 年版,第 17 页。
②　《中华人民共和国劳动保险条例实施细则草案》,《人民日报》1951 年 3 月 26 日。
③　《陈云文集》第三卷,中央文献出版社 2005 年版,第 44 页。

的工资支付办法,都应该按照本企业职工的待遇同样办理。同时,企业核定资产虽然超过了两千元而有困难的私方人员,本人的疾病医疗和病假期内的工资支付办法,也可以参照本企业职工的待遇办理。"①同年 7 月 28 日,陈云为国务院起草了《关于对私营工商业、手工业、私营运输业的社会主义改造中若干问题的指示》,其中指出:"公私合营企业中的生产安全设备和卫生设备应当逐步加以改进。""公私合营企业中的职工目前尚未实行劳动保险的,应当由所在企业解决他们的疾病医疗费用和病假期内的工资。""公私合营企业原来设有医务所的,应当像对待职工一样准许私方人员去医治。"②陈云的这些主张,打消了私方人员的顾虑,对他们接受社会主义改造,坚定走社会主义道路有着很大的帮助,发挥了重大作用。

三、落实工伤保险制度

1953 年 1 月 2 日,政务院修正公布的《中华人民共和国劳动保险条例》第三章第十二条规定:甲、工人与职员因工负伤,应在该企业医疗所、医院或特约医院医治。如该企业医疗所、医院或特约医院无法治疗时,应由该企业行政方面或资方转送其他医院医治。其全部诊疗费、药费、住院费、住院时的膳费与就医路费,均由企业行政方面或资方负担。在医疗期间,工资照发。乙、工人与职员因工负伤确定为残废时,按下列情况,由劳动保险基金项下按月付给因工残废抚恤费或因工残废补助费。

该《条例》明确规定了劳动者因工负伤或职业病暂时或永久失去劳动能力以及死亡时,工伤不管什么原因,责任在个人或在企业,都享有社会保险待遇,即补偿不究过失原则。陈云指出,对因工负伤的人群,国家应给予特别的关照。工人因工负伤了,企业必须"要负担其医药费、住院及住院膳食费,而且工资照发"。如果因工致残不能工作,企业要"发给抚恤金"。具体来说,对

---

① 《陈云文选》第二卷,人民出版社 1995 年版,第 317 页。
② 《陈云文集》第三卷,中央文献出版社 2005 年版,第 80 页。

因工残废部分丧失劳动力尚能工作的劳动者,工伤残废抚恤金按其残废后丧失劳动力的程度及残废后工资减少的数目付给:"工资减少在 15% 以内者,其因工残废补助费为本人工资 5%;工资减少在 30% 以内者,为本人工资 10%;工资减少在 40% 以内者,为本人工资 15%;工资减少超过 40% 者,为本人工资 20%。"对因工残废完全丧失劳动力的劳动者,"除领取因工残废抚恤费或退职养老补助费及本人死亡时所付给的丧葬补助费外,本人仍得继续享受疾病医疗待遇至死亡时止"。① 同时,要求对从事重劳动和有害健康劳动的劳动者,企业要让其提早养老。

在主张对劳动者实行工伤保险外,陈云更加重视对劳动者的保护,要求企业在生产过程中,尽量避免工伤事故的发生。1949 年 10 月,陈云被任命为重工业部部长,他非常重视安全生产管理和监督,提出了一系列关于安全生产管理的指示和建议。新中国成立之初,许多私营企业主唯利是图,"只顾赚钱,不管工人死活",加上干部不熟悉业务,工伤事故时常发生。1949 年 9 月,石景山发电厂六号电机发生爆炸,造成很大损失。同年 11 月 19 日,陈云签发重工业部《关于实行紧急检查给各大公司、各独立工厂的指示》,其中要求:对各公司、各厂实行紧急检查,发动全体员工自下而上与自上而下的互相配合,必须有组织、有计划、有步骤地进行检查,从而建立必要的保护工厂的各种安全公约与守则。② 1950 年 2 月 27 日,河南宜洛煤矿瓦斯爆炸,死亡工人 174 名,重伤 2 名,轻伤 24 名。同年 6 月 2 日,陈云在政务院第 35 次政务会议讨论《关于河南新豫煤矿公司宜洛煤矿沼气爆炸灾变案处理的报告》时指出:"中国的矿业,有些是封建时期开发的,有些是帝国主义侵华时期开发的,都不注意安全卫生,只顾要东西,非常危险。""要保证安全。由政府制定安全条例,令各地严格遵守。"③陈云在不同场合多次强调要高度重视安全生产。1958

---

① 《中华人民共和国劳动保险条例实施细则草案》,《人民日报》1951 年 3 月 26 日。
② 《陈云文集》第二卷,中央文献出版社 2005 年版,第 30—31 页。
③ 《陈云文集》第二卷,中央文献出版社 2005 年版,第 131—132 页。

年"大跃进"运动,在基本建设过程中发生多起因工程质量引起的事故,伤亡人数比历年大大增加,陈云提出:要"恢复安全作业的各种制度"。"对所有新老工人要重新进行一次安全作业的教育,并且应该把安全教育同技术教育、质量教育结合起来进行。""在工人中进行一次讨论建立各种技术管理制度的运动。""进行一次学习技术、提高技术的运动。""使基本建设工程质量和安全作业从此向好的方面发展。"①陈云为国家安全生产工作倾注了大量心血。2005年6月,胡锦涛在陈云同志诞辰100周年纪念大会上的讲话中指出:"不管是领导经济工作还是做其他工作,切实为人民谋利益都是他遵循的一贯原则。"②

四、实施生育保险制度

女性生育保险简称生育保险,是指国家通过立法规定,在劳动者因生育子女而导致劳动力暂时中断时,由国家和社会及时给予物质帮助以确保劳动者基本生活及孕产期的医疗保健需要的一项社会保险制度。对于女性因怀孕、生育子女而暂时不能劳动的,国家和社会应给予其必要的经济补偿,以保障其生产和哺乳期间的医疗费及基本经济来源。陈云提出,"女工生产前后各休业一个月"③。1951年,陈云指出,国营、公私合营、私营企业女职工在生育期间,应享有"特殊待遇"。不仅工资照发,而且还要给予生育补助费,如果"夫妻同在一个实行劳动保险的企业或分别在两个实行劳动保险的企业工作者,生育补助由妻领取,其夫不得重领"。此外,陈云还认为,生育补助费还应视单胎生育子女的数量发给:"女工人与女职工或男工人与男职工之妻生育时,如系双生或多生,其生育补助费应按所生子女人数加倍发给。"④

①　《陈云文选》第三卷,人民出版社1995年版,第121—124页。
②　胡锦涛:《在陈云同志诞辰100周年纪念大会上的讲话》,《人民日报》2005年6月14日。
③　中共中央文献研究室编:《陈云年谱(修订本)》上卷,中央文献出版社2015年版,第24—25页。
④　《中华人民共和国劳动保险条例实施细则草案》,《人民日报》1951年3月26日。

新中国成立以来,特别是改革开放和社会主义现代化建设新时期以来,中国的社会保险事业稳步发展,基本上形成了以基本养老保险、失业保险、基本医疗保险、工伤保险和生育保险为主导的社会保险体系。而在新中国成立初期,中国社会保障尚属空白。20 世纪 50 年代至 70 年代,开始由国家和单位对城镇职工提供劳保等一定福利,并由集体对农民实行少量保障。改革开放和社会主义现代化建设新时期以来,适应经济社会发展需要,中国社会保障制度逐步建立,覆盖面持续扩大,待遇水平稳步提升。中国特色社会主义进入新时代,截至 2021 年 11 月,"我国建成世界上规模最大的社会保障体系,十亿二千万人拥有基本养老保险,十三亿六千万人拥有基本医疗保险"①。

第三节　推动社会救济工作的开展

社会救济是指国家和社会对陷入生活困境的公民,给予物质接济和扶助,以保障其最低生活标准的制度。新中国成立初期,党和政府承担了大量的社会救济工作。从 1954 年起,新中国历次宪法都有关于社会救济的规定。陈云 1930 年曾担任中共江苏省济难会的主管工作,1940 年又负责中共中央救济委员会内务工作。新中国成立后,他参加制定和实施大量与社会救济密切相关的社会政策。

一、做好自然灾害救济工作

中国是自然灾害频发的国家。新中国成立后,中共中央和中央人民政府高度重视救灾工作。1949 年 12 月,政务院发布了《关于生产救灾的指示》,要求各级人民政府给予灾民或合作社一部分贷款,并拨出一部分救济粮辅助灾民生产自救。

---

① 《中共中央关于党的百年奋斗重大成就和历史经验的决议》,《人民日报》2021 年 11 月17 日。

1950 年 4 月 13 日，陈云在《财政状况和粮食状况》的报告中指出："华东的皖北、苏北、山东，华北的河北、平原，这五个省区的不少地方受灾很重。华中、西南、东北、西北各省的个别地方，也有灾情。全国合计，受灾程度不同的农田一亿二千七百九十五万亩，灾民共约四千万人。其中集中的大块的重灾区，共二千八百余万亩，最需要救济的重灾民约有七百万人。"①从陈云的这个报告中，我们看到，中国的灾情是很严重的。对于水灾旱灾等自然灾害，陈云认为国家要做好灾前预防工作。这里，结合陈云从 1950 年到 1957 年的一系列讲话，就可以看出他为解决自然灾害救济问题所提出的许多政策和主张。概括起来，主要有三个方面。第一，国家财政预算中留出一部分资金用于自然灾害预防。1951 年 5 月 16 日，陈云在中国共产党第一次全国宣传工作会议上的讲话中指出："像中国这样大的国家，水灾可能每年都会有，在预算里头每年都要列上一笔救灾经费。"②计算地方正常的年度支出，应该剔除重大灾荒的救济、堵口、复堤和国家计划的大规模移民垦荒等特殊性支出的数字，因为这些支出并不是各个省、直辖市年年都需要的。如果哪一年度，哪个省、直辖市需要这些支出的时候，由中央另行拨款。第二，国家要存储充足的防灾粮。1950 年 2 月 10 日，陈云在出席政务院第十九次政务会议讨论救灾问题时发言指出："必须把大批粮食掌握在国家手中，才能机动使用，否则会陷于被动。"③1951 年，陈云再次指出："防止水旱灾害。要增加农业生产，必须做好这件事。""为了应付水旱灾害，要注意储备粮食。去年丰收，到处叫粮食便宜。现在北边要雨没有雨，南边不要雨却天天下雨，又叫粮食不够了。我常常想，我们在粮食方面要做一点保险工作。那末，要存多少粮食呢？有一百亿斤粮食在手里就大体可以了。"④粮食安全是国家安全的重要基础。中国人口众

① 《陈云文选》第二卷，人民出版社 1995 年版，第 79 页。
② 《陈云文选》第二卷，人民出版社 1995 年版，第 141、100 页。
③ 中共中央文献研究室编：《陈云年谱（修订本）》中卷，中央文献出版社 2015 年版，第 41 页。
④ 《陈云文选》第二卷，人民出版社 1995 年版，第 141 页。

多,必须做好充足的粮食储备。1957年,在同李先念主持全国粮食会议上,陈云进一步指出:"国家的粮食库存要能够应付两个灾年,做到了这一点,中华人民共和国就是稳定的。"①不仅粮食生产要做一点保险工作,蔬菜种植面积也必须有"安全系数"。陈云指出,蔬菜"种植面积要打得宽一些,防备发生自然灾害。农业生产受自然条件的影响很大,年年都有好些地方受灾,粮食减产,蔬菜也会减产。种植面积如果没有'安全系数',蔬菜就没有足够的后备;没有足够的后备,遇到灾害时就不能保证供应"。"蔬菜播种面积的扩大,不仅要和城市人口的增长成比例,而且应该适当地快于城市人口增长的速度,以便保有一定的后备。"②第三,利用水利设施减少水旱灾害。暴雨一来,瞬间汇积成流,洪水泛滥;雨水一过,无可用之水,旱象连续,田地干裂。陈云说,水利建设是治本的工作,是百年大计。搞好水利建设,全国要统筹规划。例如,在防治水旱灾害的过程中,就必须处理好排涝和蓄涝的关系。"对涝灾要采取积极的态度,过去是排涝,现在要蓄涝,牺牲百分之三(南方可能只要百分之一)的土地,以保证百分之九十七的土地不受旱灾。"③水土流失会加剧水旱灾害的发生,因此,在防治水旱灾害的过程中,陈云提出特别注意发挥水土保持的作用,"以后我们要重视蓄水,许多地方要修水库、筑塘堰,山区更要注意种树种草、保持水土,对水一定要好好利用"④。

　　灾害发生后,陈云强调,必须保证灾民的口粮供应,"我们的方针,力争不饿死人"。他主张,对因自然灾害造成生存危机的社会成员进行救助。"灾民生活是很苦的",对灾民进行救济可以维持其最低生活水平并脱离灾难和危险。那么,如何解决灾区救济粮的问题呢?陈云认为可以采取从余粮区接济

---

① 中共中央文献研究室编:《陈云年谱(修订本)》中卷,中央文献出版社2015年版,第554页。
② 《陈云文选》第三卷,人民出版社1995年版,第65—66、61页。
③ 中共中央文献研究室编:《陈云年谱(修订本)》中卷,中央文献出版社2015年版,第578—579页。
④ 《陈云文选》第二卷,人民出版社1995年版,第141页。

的形式,即从非灾区运往受灾区。他说:"为了保证全国的民食,政府正在进行粮食调运。一方面,从交通不便但有余粮的地区,用各种方法运出相当数量的公粮到交通线上。同时,从去年收成较好历来又有余粮出境的省区,在不超过历年出境粮食的限度内,运出若干公粮接济灾区和大城市。"①而且粮食运到灾区后,要适时把救济粮发放到灾民手中。并提出,"在救济问题上,各地一要认真进行,派大员视察;二要适时发放救济粮,不要浪费"②。

陈云在注重直接救灾的同时,还主张国家和政府应积极组织灾民开展生产自救。1950 年 4 月,陈云在《财政状况和粮食状况》的报告中指出:"我们救济灾民,重点是组织灾民生产自救。政府的救济粮食是用在协助灾民进行各种生产上面,而不是只管发放不管生产的单纯救济办法。只要工作做得好,是完全可以协助灾民战胜春荒的。"对"为了生产救灾而要商业部门进行有亏损的收购或销售的时候,授权省、自治区、直辖市人民委员会责成地方商业部门办理,如有亏损,可列入企业亏损,由商业利润抵补"。③ 陈云的救灾思想既治标又治本,在中国自然灾害防治方面发挥了重要作用。

二、执行失业救济制度

失业救济是国家或社会为丧失享受失业保险待遇的失业劳动者提供现金帮助的一种救济制度,它对保证失业者的基本生活,稳定生活秩序起着重要作用。据估计,1950 年,城市失业工人和知识分子就达 400 万人。面对这种情况,同年 6 月,政务院公布实施了《关于救济失业工人的指示》,劳动部公布了《失业工人暂行办法》,成立专门的机构对失业工人进行救济。关于对失业人员实施失业救济,早在 1949 年 8 月 25 日,陈云就指出:"如何协助失业工人渡过困难。

---

① 《陈云文选》第二卷,人民出版社 1995 年版,第 43、83、81 页。
② 中共中央文献研究室编:《陈云年谱(修订本)》中卷,中央文献出版社 2015 年版,第 53—54 页。
③ 《陈云文选》第三卷,人民出版社 1995 年版,第 82—83、97 页。

做工会工作的同志,应该准备迎接这些困难,并且协助政府解决这些困难。"①

陈云多次提出"举办失业救济""增加失业救济""增加生产,促进商品流通,解决失业问题"。比如,1950 年 5 月 25 日,陈云在以上海、天津、武汉、广州、北京、重庆、西安七大城市为主的工商局长会议上的讲话中指出:"现在工商界主要的困难,是商品滞销,由此而引起工厂关门,商店歇业,失业增加。这种现象带有普遍性,不仅发生在上海、天津等大城市,而且遍及许多中小城市。""根据全国总工会的估计,今年三四月间全国新增加的失业职工约十万人,其中上海五万,武汉二万五,天津一万四。实际上不止此数。全国各大城市的失业人口约三十八万至四十万人。全国失业人口总数已达一百一十七万人(包括东北的十二万五千人)。"②解决办法除维持生产、开拓工业品的销路外,其中有一条就是重点举办失业救济。同年 6 月 6 日,他再次提出"有重点地举办失业救济"。

陈云提出失业救济对象包括对资方人员家属的救济。1952 年 6 月 11 日,他在全国统战工作汇报会议上在谈到公私关系中出现的问题和我们的对策中指出:"对于失业工人,我们都要给以救济,不要使他们闹架。救济也花不了多少钱,市场恢复以后他们就会找到职业。"③1953 年 2 月 5 日,中财委在《对劳动部关于各地工人来京请愿事件及处理的报告的意见》中指出:"在财经工作中很多地方存在着严重的官僚主义,对待工人生活特别是失业问题漠不关心,对于工人提出的能够解决的问题,有的采取推拖办法,不予解决,有的单纯为资本家讲话,有的作风、态度生硬引起工人不满。今后,随着经济的发展,要相应地改善工人生活,对失业工人必须依法给予救济。"④三大改造期间,1956 年 3 月,陈云出席全国工商业者家属和女工商业者代表会议并发表

---

① 《陈云文选》第二卷,人民出版社 1995 年版,第 21 页。
② 《陈云文选》第二卷,人民出版社 1995 年版,第 88 页。
③ 《陈云文选》第二卷,人民出版社 1995 年版,第 181 页。
④ 中共中央文献研究室编:《陈云年谱(修订本)》中卷,中央文献出版社 2015 年版,第 253 页。

讲话,他在讲话中指出:"资方家属原来在企业中参加辅助劳动的,现在企业要尽量录用,用不了的由专业公司想办法,组织厂外加工或做一些临时工作。如果还不能解决,政府应与工商联、专业公司一起共同商量,找出办法,专门进行救济,解决困难,不能让小孩子没有饭吃。"①对于失业救济费不足的问题,陈云则主张不足之数,可以调用一部分劳动就业金。

三、抓好城乡贫困救济工作

救济和帮助城乡因多方面原因而陷入生活困境的社会成员,是中国共产党一项极其重要的社会工作。陈云作为党和国家的重要领导人,十分重视城乡贫困救济工作。1948 年 10 月,陈云在主持沈阳军管会第一次会议时,就作出军管会在接收沈阳时,必须"对工厂职工、公教人员和城市贫民发放生活维持费、救济费"的规定。②

除了对城市贫困人员的救济外,陈云还十分重视对农村贫困人口的救济。他在主持制定的"一五"计划中就专门拨出 15 万亿元作为农村救济费。对于农村生活困难人员的救济,1956 年下发的《1956 年到 1967 年全国农业发展纲要(草案)》以及《高级农业生产合作社示范章程》中明确提出对生活没有依靠的老、弱、孤、寡、残疾社员,给予保吃、保穿、保烧,给予年幼的保教和年老的死后保葬五个方面的保障。1971 年,陈云虽处境困难,但仍然心系农村的孤寡老人,在他去江西省南昌县八一公社大昌大队参观考察时,关切地向当时的大队支书了解当地孤寡老人的生活情况。当他听说大昌大队对孤寡老人实行"五保"即保住、保吃、保医、保穿、保葬,逢年过节还有来人进行慰问,收到良好照顾时,非常高兴,连声赞扬:好! 好!③

① 《陈云文选》第二卷,人民出版社 1995 年版,第 305 页。
② 中共中央文献研究室编:《陈云年谱(修订本)》上卷,中央文献出版社 2015 年版,第 669 页。
③ 马俊:《伟人的博大胸怀——忆陈云江西"蹲点"》,《陈云在江西》,中央文献出版社 1996 年版,第 104 页。

此外，陈云在慈善救济和特殊对象救济方面也提出和实施过许多正确政策。比如，在慈善救济方面，早在抗日战争时期，陈云就强调白区共产党"都要有社会职业，进行各种慈善事业、社会福利事业"①。陈云还身体力行、率先垂范，积极参加国家组织的慈善活动。1994年4月6日，陈云从新闻联播中听到中央机关为希望工程捐款的消息，要身边工作人员从自己稿费中取出五千元，捐给革命老区、贫困地区的失学儿童。这笔捐款后来落实到河南省卢氏县汤河乡和朱阳关乡的十六名失学儿童身上。② 同年11月，重病缠身的陈云在病床上从广播中听到中央号召为贫困地区捐赠衣被的消息，又立即让身边工作人员转告于若木马上去办。全家除捐赠了几十件衣服外，还特意以陈云的名义捐赠一条崭新丝绵被和床单。③ 又比如，在特殊对象救济方面，早在1940年10月10日，中共中央在发出的由陈云主持起草的《关于在狱同志和救济工作的指示》中就明确提出，对于内战时被捕未释放及抗战以来在救亡运动中被捕的共产党员："狱外的同志应当用各种方法在精神上、物质上安慰与救济在狱同志，并发起要求释放的运动。各中央局及各省委都要组织救济委员会，进行营救、募捐和救济工作。同时也要救济那些为革命被捕的非共产党员。"④1941年2月28日，陈云又同张闻天、李富春致电杨清，告诉他可以大批收容不能立脚的党员及非党革命知识分子来延安；要尽可能先审查，来不及审查的再送中共中央组织部；收容费实报实销，但不能浪费。⑤

---

① 刘家栋：《陈云与调查研究》，中央文献出版社2004年版，第7页。

② 中共中央文献研究室编：《陈云年谱（修订本）》下卷，中央文献出版社2015年版，第511页。

③ 中共中央文献研究室编：《陈云年谱（修订本）》下卷，中央文献出版社2015年版，第512页。

④ 中共中央文献研究室编：《陈云年谱（修订本）》上卷，中央文献出版社2015年版，第341页。

⑤ 中共中央文献研究室编：《陈云年谱（修订本）》上卷，中央文献出版社2015年版，第363页。

第四节　关心社会福利和社会优抚事业

与社会保险和社会救济不同,社会福利不仅保障社会成员的最低生活需要,而且保证社会成员在现有生产力水平下能够过上正常的生活。1950 年初,中国的社会福利制度建立,当时社会福利由民政部门组织实施,主要是以救济为主的救济性福利事业,是与对生活孤老残幼的福利收养保障工作一起展开。从 1933 年担任苏区执行局福利部长,到 1948 年担任全国总工会主席,陈云提出过许多重要的社会福利政策和主张。

一、改善劳动者福利

1950 年 6 月 6 日,陈云在《调整公私关系和整顿税收》中指出:新中国"对人民当然更应该好一些"①。1956 年 11 月 28 日,陈云在全国公私合营企业工会基层干部大会上的讲话中又指出:"改善职工福利是必要的,改善的根本途径,是要在增加国家建设、发展生产、改善经营的基础上逐步前进。"②陈云在提高工人、技术人员工薪福利、住房和休息等方面,提出了许多行之有效的主张。

(一) 提高工人和技术人员工薪福利

解放战争后期,在东北各大城市,工人工薪不能满足家庭基本生活需求,为此,陈云主张提高工人工薪标准。1948 年 7 月,陈云在中共中央东北局常委会讨论职工工资问题时指出:新的工薪标准把工人的最高工资提高到 375 斤粮,最低为 275 斤粮,学徒为 100 斤粮。之所以这样定是因为:工人有家属;

---

① 《陈云文选》第二卷,人民出版社 1995 年版,第 96 页。
② 《陈云文选》第三卷,人民出版社 1995 年版,第 42 页。

我们所处的环境已不是小城镇,而是近代化大城市。① 新的工薪标准调动了职工的生产积极性和技术的提高。同年 8 月,因东北粮价物价涨幅比较大,相对来说工人工资实际购买力则下降了很多,对于这种情况,陈云主张采取措施抑制物价上涨,同时提高工薪实物支付比例。1949 年 7 月下旬,陈云到上海商务印书馆探望做学徒时的师傅和工友们。之后,向馆方提出两点要求:"工人的保留工资不能取消,对已故工人的家属要给予照顾。"②1950 年 6 月,陈云提出把实物工资制改为货币工资制。同年 9 月,陈云在主持中财委会议讨论关于提高技术工人工资待遇的意见时提出:"在特别需要技术人员的地区和部门中,可以适当提高他们的工资待遇。由于工资问题使我们在调动技术人员方面发生困难而造成的损失比工资需提高的部分要大得多。"③社会主义改造完成以后,针对有人提出的资方人员高工资福利条件不改变时,陈云指出:"有人问,为什么高薪水的资方人员仍原薪不动? 为什么没有本领的资方人员也安排工作? 我们认为,所有原来在企业中吃饭的人,还应该允许他们继续工作,要有饭吃,这是必需的。"④陈云提出的一系列保障劳动者工资福利的主张,在保障不同时期劳动者的基本生活,发挥他们参加社会主义建设的积极性方面起了重要的作用。

(二) 为单位职工提供福利住房和福利设施

新中国成立后,中国实行的是福利性住房制度,这与中国实行低工资制度有密切关系。计划经济时期,单位职工住房采取集中建房或买房,再以实物形

---

① 中共中央文献研究室编:《陈云年谱(修订本)》上卷,中央文献出版社 2015 年版,第649 页。

② 中共中央文献研究室编:《陈云年谱(修订本)》上卷,中央文献出版社 2015 年版,第734 页。

③ 中共中央文献研究室编:《陈云年谱(修订本)》中卷,中央文献出版社 2015 年版,第91 页。

④ 《陈云文选》第三卷,人民出版社 1995 年版,第 37 页。

式分配职工居住,公房实行的是低房租制,即职工只缴纳少量的房租。1980 年 12 月 26 日,陈云在中央工作会议上的讲话中指出:"房租很低,只能作修理费,甚至抵不了修理费。""国家补贴一年共计有二百多亿元。""从微观经济看,这是不合理的,似乎是不按经济规律办事。但我国是低工资制,如国家不补贴,就必须大大提高工资。"①这种住房福利制度与当时经济体制是分不开的。陈云还主张,提高专门人才住房等方面的福利。1981 年 4 月,他指出:"尽管国家现在有困难,也要花点钱,编一个经费概算,主要用于整理和印刷费用,包括解决办公室、宿舍等费用,为专门人才创造较好的工作条件和生活条件。"②1990 年 6 月 6 日,他在同中央负责同志的谈话中再次指出:"在我国,还是低工资、高就业、加补贴的办法好。这是保持社会安定的一项基本国策。"③

1970 年 4 月,陈云在江西化工石油机械厂"蹲点"时对厂里的炊事员们说:"炊事工作很重要。以前打仗,炊事员背米扛锅,一到宿营地就挖灶烧水做饭。战士吃得好,睡得好,才能打胜仗。现在是和平环境,生活条件好了,但炊事工作照样少不了,工人吃不好,会影响生产。生产搞得好,有炊事员一份功劳。烹饪是一门很高深的技术活,要好好学。要搞好经济核算,把价格降低,质量提高。"④食堂也是职工应享有的福利条件之一。

（三）保障职工的休息等应该享有的权利

1933 年 7 月 2 日,陈云在《怎样订立劳动合同》中就提出,工人"工作时间以八小时为标准"。"工人工作六天,休息一天","每年例假照劳动法规定执

---

① 《陈云文选》第三卷,人民出版社 1995 年版,第 278 页。
② 中共中央文献研究室编:《陈云年谱(修订本)》下卷,中央文献出版社 2015 年版,第 313 页。
③ 《陈云文选》第三卷,人民出版社 1995 年版,第 376 页。
④ 中共中央文献研究室编:《陈云年谱(修订本)》下卷,中央文献出版社 2015 年版,第 175 页。

行,不扣工资"。① 新中国成立初期,由于技术设备落后、经验不足等原因,工人伤亡情况仍然比较严重,工人劳动保护工作成为当时亟待解决的重要问题。为加强工人劳动保护,减少工人伤亡,陈云提出要保障工人充足的休息时间。针对基本建设单位普遍存在的延长建设工人劳动时间的现象,1958 年 12 月26 日,陈云在全国基本建设工程质量杭州现场会议上所作的总结中明确提出:"现在,基本建设单位普遍存在着延长工人工作时间的现象,必须加以改变。应该根据各地区、各季节的不同情况,由建筑工程部、劳动部共同商量规定每天的工作时间。从现在起,必须规定工人每天有八小时的睡眠时间;对高空作业的工人,在今后几个月内,必须逐步做到每日工作不超过八小时;目前还不能做到的地方,每天工作最多也不能超过十小时。如果人数不够,必须训练新工人,不能用延长工作时间的办法来解决。"②休息权是工人应该享有的特定权利,陈云对此非常重视。

二、做好老干部养老工作

改革开放和社会主义现代化建设新时期,陈云尤其关注老干部的养老问题。1981 年 5 月 8 日,陈云撰写了一篇《提拔培养中青年干部是当务之急》的文章。他在文章中指出:"现在省委、地委的主要负责同志多数是六十岁以上的干部,其中不少还是七十岁以上的干部,政府各部委的领导同志大体也一样。他们中的大多数是大革命时期、土地革命战争时期或抗日战争时期的干部。"③这就是说,老干部不容易,对他们要进行更多的关心,"老干部是我们党的宝贵财富",特别是那些"大革命时期、土地革命战争时期、抗日战争时期的干部,他们经历了千辛万苦。这些老干部退居工作第二、第三线后,在政治待遇上,如看文件、听报告、参加某些重要问题的讨论,必须予以保证;在物质待

---

① 《陈云文选》第一卷,人民出版社 1995 年版,第 17 页。
② 《陈云文选》第三卷,人民出版社 1995 年版,第 121—122 页。
③ 《陈云文选》第三卷,人民出版社 1995 年版,第 292 页。

遇上,如住房、医疗、交通工具等必须予以照顾和优待。这应该是党的一项政策"①,当然,这些所有退居二线、三线的老干部,应该自觉地体谅在执行这项政策中某些方面会遇到的困难,也应该继续胸怀大志,以党和国家的事业为重,并且能够随时向中青年干部提出建议,给予帮助。

1981 年 7 月 2 日,陈云在省、自治区、直辖市党委书记座谈会上的讲话中再次强调:"老干部离休、退休的工作必须做好。要使人心安定。准备在这方面花一点钱。有的地方可以搞干部休养所;有的地方,干部离休、退休以后,要有个文化娱乐的地方;有些老干部离休以后医药费困难,国家可以花一点钱。不管怎么样,这些钱我们花得起,一年几个亿就够了。中央组织部讲,老干部工资还是照拿,一个人一年还要多花二三百块钱,主要是医药费、交通费、书报费、娱乐费。再多花一点也可以,就是要把这件事情办好。"②只有人心安定了,社会才会安定,国家才会稳定。

三、保障妇女权利和福利

陈云在领导中国革命、建设和改革各项事业的同时,也十分重视妇女群体,关心妇女权益等问题。中央苏区时期,陈云就提出要把重视女工的特殊要求和发动女工斗争放在工人斗争的重要位置。他在《苏区工人的经济斗争》一文中指出,"许多女工、青工,虽然与成年工人同等工作,但我们没有领导他们起来争取同样的工资并满足他们的特殊要求"③。保护女工工作和斗争的积极性是工会最重要的工作之一。他还强调:"要注意培养、训练女工干部。"④1937 年 12 月,中共中央政治局会议决定由陈云担任中央组织部部长。

---

① 《陈云文选》第三卷,人民出版社 1995 年版,第 296 页。
② 《陈云文选》第三卷,人民出版社 1995 年版,第 303 页。
③ 《陈云文选》第一卷,人民出版社 1995 年版,第 9 页。
④ 中共中央文献研究室编:《陈云年谱(修订本)》上卷,中央文献出版社 2015 年版,第141 页。

1939 年 5 月 30 日,在《怎样做一个共产党员》中,陈云指出:"党应该特别注意到女工和贫苦的革命的小资产阶级妇女——农妇和知识分子妇女的成分。""妇女占人口的一半,没有妇女参加革命,革命就不能胜利"。①同年 6 月 10 日,在《党的支部》一文中,他再次指出:"应该特别注意动员妇女,她们占有人口的一半,在一切参战参政及建设运动中,没有妇女参加,是不能成功的。依靠支部的努力,要逐渐破除农村中轻视妇女、束缚妇女和对于妇女不平等待遇的现象,培养乡村中的妇女领袖,提高妇女的政治经济的地位。"②提高妇女在社会的地位,培养妇女干部,做好妇女工作。1941 年 2 月,陈云说:"妇女工作是全党工作的一部分。"③他说自己是党的工作者,有责任对妇女工作"一视同仁"。1949 年 1 月 16 日,陈云主持中共中央东北局常委会议,在讨论东北妇女代表大会筹备工作时指出:"城市妇女工作的重心应放在女工、女教员、女职员和工人家属中,而不应放在贫民中;口号应是'努力生产,努力工作,支援全国解放战争';组织形式最好是各界妇女代表会;福利事业要在女工、女职员多的地方,协同厂方和工会一起办;要给女工和工人家属开办夜校识字班,提高她们的文化和政治觉悟。"④对女工和女职员的养老及生育问题,要有特殊优待。

另外,对一些特殊工种的职工福利问题,如对重劳动和有害健康的劳动,陈云提出:要提早养老,并关注青年人的婚姻问题。1958 年 7 月 4 日,他在兰州西北协作会议讨论第二个五年计划的扩大会上的讲话中指出:"要照顾重工业地区,在那里摆一点纺织工厂,以便解决男女婚恋,也便于家属劳动就业。"⑤20 世纪 80 年代,随着大批知青返城,许多大龄青年尤其是女青年的婚

---

①　《陈云文选》第一卷,人民出版社 1995 年版,第 133—134 页。

②　《陈云文选》第一卷,人民出版社 1995 年版,第 153 页。

③　《陈云文选》第一卷,人民出版社 1995 年版,第 225 页。

④　中共中央文献研究室编:《陈云年谱(修订本)》上卷,中央文献出版社 2015 年版,第 693 页。

⑤　中共中央文献研究室编:《陈云年谱(修订本)》中卷,中央文献出版社 2015 年版,第 592 页。

姻成了社会问题。针对这一现象,陈云要求有专门的部门来管这件事,他说:"这个问题不仅天津有,北京和其他地方也有,尤其是女青年占的比例很大,是个不算小的社会问题。建议书记处议一下,指定一个部门专门抓这项工作。"①为此,中共中央办公厅专门发出《关于关心30岁以上未婚青年婚姻问题的通知》,要求各级组织重视和关心这个社会问题,工会、妇联和共青团组织把解决这个问题作为一项重要工作认真抓好。

四、促进健康与公共卫生医疗事业的发展

医疗卫生事业是社会主义社会建设的一个重要组成部分,它与人民群众的健康生活息息相关。医疗卫生事业,是人类在战胜自然和改造社会的实践活动中逐步发展起来的,人民群众的任何实践活动都离不开医疗卫生工作。陈云非常关心人民群众的生活及其营养健康问题,提出做好疾病的预防与医治工作,并主张发展中医药事业。

(一)关心群众生活及其营养健康问题

1941年11月17日,中共中央政治局会议讨论陕甘宁边区1942年度财经计划草案,陈云在发言中指出:"为了干部身体,还需增加干部营养费,以便改善干部营养状况。"②社会主义制度确立后,对如何满足和增进人民群众维持身体健康需求,陈云提出许多观点。1957年1月,陈云在《建设规模要和国力相适应》一文中又指出:"物资要合理分配,排队使用。应该先保证必需的生产和必需的消费,然后再进行必需的建设。……在原材料供应紧张的时候,首先要保证生活必需品的生产部门最低限度的需要,其次要保证必要的生产资

---

① 中共中央文献研究室编:《陈云年谱(修订本)》下卷,中央文献出版社2015年版,第399页。

② 中共中央文献研究室编:《陈云年谱(修订本)》上卷,中央文献出版社2015年版,第392页。

料生产的需要,剩余的部分用于基本建设。先保证生产、后供应基建这种排队的必要,主要是为了维持最低限度的人民生活的需要,避免盲目扩大基本建设规模,挤掉生活必需品的生产。"①把生活必需品生产摆在首位,体现了对人民群众生活的重视和关心。

三年困难时期,由于缺少肉类和蛋品,城市居民营养不足,许多人患浮肿病。陈云提出先在大中城市的6000万人口中,每人每天供应一两大豆,以解决因营养不良而患浮肿病的问题。每月再供应0.25公斤鱼,0.25公斤肉。为何要专门抓黄豆供应呢?陈云曾多次谈到,在抗日战争和解放战争时期,他在山西阳城晋冀鲁豫边区太岳行署工作,当时部队的主食是小米干饭,菜是盐水煮黄豆,一日三餐,虽然如此,却从未发生浮肿现象,干部战士始终精神饱满。因此,三年困难时期陈云专程请专家对黄豆进行深入研究:100克黄豆蛋白质有36.3克,脂肪18.4克,碳水化合物25.3克,热量1725千卡,钙、磷、铁等元素比较丰富。在与营养专家座谈中,了解到黄豆正是解决浮肿病的最佳营养品,而东北正是盛产黄豆的地方,可以调给全国。②

1985年6月,陈云在听取食品工作者关于食品工业生产和研究情况汇报后,为他们题词:"民以食为天,向人民提供营养、卫生、方便、实惠的食品,有利四化建设"③。勉励食品工业者努力为增进人民群众饮食营养和身体健康作贡献。1987年9月23日,他为人民卫生出版社建社35周年题词:"做好医药卫生的出版工作,为四化建设服务"④。

(二) 做好疾病的预防与医治工作

新中国成立后,党和政府高度重视人民群众身体健康,提出积极防治各种

---

① 《陈云文选》第三卷,人民出版社1995年版,第53页。
② 中共中央文献研究室编:《陈云传》(三),中央文献出版社2015年版,第1245—1247页。
③ 中共中央文献研究室编:《陈云年谱(修订本)》下卷,中央文献出版社2015年版,第431页。
④ 中共中央文献研究室编:《陈云年谱(修订本)》下卷,中央文献出版社2015年版,第457页。

主要疾病。20 世纪 50 年代,在全国 12 个省市 350 个县市,特别是长江中下游地区流行血吸虫病。血吸虫病是一种严重危害人民身体健康及劳动能力的地方性疾病,在中国流行的历史长达两千多年。据新中国成立初调查估算,中国 12 个省、市、自治区约一亿人口地区流行血吸虫病,有一千多万病人,40%不同程度丧失劳动能力。① 面对肆虐血吸虫病疫情,毛泽东发出"一定要消灭血吸虫病"的号召。陈云通过调查研究,推动党中央制定了血吸虫病防治政策,从而为中国防治和消灭血吸虫病作出了重要贡献。

为研究根治血吸虫病的办法,1957 年 3 月 27—28 日,陈云从上海市到青浦县就血吸虫病防治作专题调查,他在与县乡干部及防疫人员座谈时指出:"血吸虫病已是不可忽视的社会问题。现在一方面要研究有效的治疗药品,抢救病人,一方面要研究从根本上防治血吸虫病的方法。要搞好宣传,加强粪便管理,注意个人卫生,认真消灭钉螺。"②在听取县委书记潘烈对血防工作的汇报后,陈云指出:"血吸虫病是旧中国遗留下来的一大祸害,对人民群众的危害很严重,我们共产党员要关心群众疾苦,消灭血吸虫病,为子孙后代做好事。如果让血吸虫病蔓延下去,会影响民族的繁荣和群众的生产、生活,合作社也不能巩固,这是政治问题。"③1957 年 4 月 20 日,国务院发出《关于消灭血吸虫病的指示》,明确要求建立各级防治委员会。同年 4 月 23 日,中共中央发出《关于保证执行国务院〈关于消灭血吸虫病的指示〉的通知》。陈云调查所掌握的资料,为中共中央作出关于防治血吸虫病的决策提供了依据。1958 年 10 月,《人民日报》发表了毛泽东的《送瘟神》,更加坚定了广大干部群众消灭血吸虫病的信心。在中共中央和全国人民共同努力下,血吸虫病基本被消灭了。

---

① 陈海峰编著:《中国卫生保健史》,上海科学技术出版社 1993 年版,第 120 页。
② 中共中央文献研究室编:《陈云年谱(修订本)》中卷,中央文献出版社 2015 年版,第 536 页。
③ 中共青浦县委党史研究室:《关爱百姓,佳话故乡》,《缅怀陈云》,中央文献出版社 2000 年版,第 704 页。

（三）主张发展中医药事业

新中国成立后，社会上流行着一些错误观点，认为中医是封建医，应该随着封建社会的消灭而被消灭，卫生行政部门因此也普遍存在轻视、排斥中医的现象，严重影响了中医的发展。1958 年 10 月 11 日，毛泽东在给杨尚昆的信中对《卫生部党组关于西医学中医离职班情况、成绩和经验给中央的报告》作出了批示，他在信中指出："尚昆同志：此件很好。卫生部党组的建议在最后一段，即今后举办西医离职学习中医的学习班，由各省、市、自治区党委领导负责办理。我看如能在 1958 年每个省、市、自治区各办一个 70—80 人的西医离职学习班，以两年为期，则在 1960 年冬或 1961 年春，我们就有大约 2000 名这样的中西结合的高级医生，其中可能出几个高明的理论家。此事请与徐运北同志一商，替中央写一个简短的指示，将卫生部的报告转发给地方党委，请他们加以研究，遵照办理。指示中要指出这是一件大事，不可等闲视之。中国医药学是一个伟大的宝库，应当努力发掘，加以提高。指示和附件发出后，可在《人民日报》发表。"①毛泽东的这一批示，明确指出了中医及培养中医人才的重要性，对中医事业的发展有着重要的促进作用。

与此同时，陈云也重视中医工作，并主张发展中医药事业。还在 1955 年11 月 24 日，陈云在《在对资本主义工商业改造会议上的总结讲话》中提出要组织中药公司。他指出："我国大多数人还吃中药，中药是关系民生的问题。我们要把产销与医疗连在一起，组织一个中国医药公司，这是一个统筹的公司。公司如何设置，应由五办（指国务院第五办公室。该办公室协助国务院总理掌管财政部、粮食部、商业部、对外贸易部、中国人民银行的工作，并负责指导中华全国供销合作总社的工作。——作者注）召集卫生部、合作总社和农业部共同商量，提出解决办法。"②早在 1953 年，中国就成立了中药材公司，

---

① 《毛泽东书信选集》，人民出版社 1983 年版，第 545 页。
② 《陈云文集》第二卷，中央文献出版社 2005 年版，第 690 页。

开始加强对中药材市场进行管理。由于管得较多较死,上下左右都管,私商和农民不能活动了,结果生产发展受到了限制,中药事业发展缓慢。针对这一情况,1957 年 3 月 14 日,陈云主持国务院五办办公会议,在讨论关于中药材经营管理由商业部和供销合作总社交由卫生部统一领导后的工作问题时指出:"广泛地充分地利用私商经营中药材的经验。可以考虑利用私商来经营国家的中药材公司,我们管政治,私商管经济。也可以考虑允许私人开药铺,下乡采购药材,改变形式采取合作小组的办法,做到政治上联合起来,经济上分散活动。""总之,对中药材的管理要放松一点,限制少一点,做到发展生产,供应需要。"①通过改变目前的这种组织形式和放松管制的具体措施,有力地促进了中国中医药事业的发展。

五、实施社会优抚政策

社会优抚是社会保障制度的一个重要组成部分。社会优抚制度的建立,对于维持社会稳定,保卫国家安全,促进国防和军队现代化建设,推动经济社会发展和全面进步具有重大意义。陈云在褒扬革命烈士、优待军人及家属、安置退役军人方面提出了一系列优抚思想。同时,他还身体力行,亲自抚养和照顾革命烈士遗孤,做了大量社会优抚实践工作。

(一)学习烈士的革命精神

新民主主义革命时期,陈云就要求大家向革命烈士学习。比如,1938 年 7 月,陈云在瞿秋白烈士的纪念会上明确提出,我们追悼烈士的意义在于鼓励大家学习他们的精神,继续他们的未竟事业。他说:"无论新党员还是老党员,都要慎重考虑这样几个问题:(1)对共产主义是否信仰?信仰动摇还是坚定?(2)干革命是临时干还是干到底?顺利时干还是遇到困难时也干?(3)愿意

---

① 《陈云文集》第三卷,中央文献出版社 2005 年版,第 171 页。

还是不愿意为创造共产主义的新时代而牺牲？牺牲包括牺牲家庭和财产、丈夫或妻子，被捕、遭受拷打甚至被杀头，也包括职位下降等等。"①又比如，1949年6月19日，陈云复信老战友陆铨之子陆恺悌时指出："你和霓云千万不可以革命功臣的子弟自居，切不要在家乡人面前有什么架子或者有越轨违法行动，这是决不允许的。"②改革开放和社会主义现代化建设新时期，陈云对革命烈士的后代非常关心。比如，1983年2月13日，陈云在同几位革命烈士子女谈话时指出，新中国是"千千万万个革命先烈用生命换来的。我们的每一个胜利，都有他们的一份功劳。我们这些活着的人，没有忘记他们，也不会忘记他们"③。他勉励烈士的后代们，要"像自己的父辈那样，处处从党的利益出发，为了维护党的利益，不惜牺牲自己的一切"④。

在学习革命烈士的同时，还要做好社会优抚工作。社会优抚是针对军人及其家属所建立的社会保障制度，是国家和社会对军人及其家属所提供的各种优待、抚恤、养老、就业安置。对社会优抚工作，党和国家领导人都是高度重视的。比如，1949年10月24日，毛泽东在同绥远负责人谈话时就曾指出："湖南有十万失业军政人员和广大的孤寡没有人管，如果只管共产党的孤寡就会出乱子，那就不是大禹治水，而是伯鲧治水了。因此要统筹全局，要使干部懂得一有前途，二顾全局。"⑤新中国成立之初，中国颁布了一系列优抚优待的法规，如1950年颁布了《革命军人牺牲、病故褒恤暂行条例》《民兵民工伤亡抚恤暂行条例》《革命残废军人优待抚恤暂行条例》等，建立起了以军人及其家属为对象的优抚制度。

---

① 中共中央文献研究室编：《陈云年谱（修订本）》上卷，中央文献出版社2015年版，第258—259页。

② 《陈云文选》第一卷，人民出版社1995年版，第396页。

③ 《陈云文选》第三卷，人民出版社1995年版，第321页。

④ 《陈云文选》第三卷，人民出版社1995年版，第321页。

⑤ 《毛泽东文集》第六卷，人民出版社1999年版，第14页。

（二）优待军人及其家属

1949 年 9 月，《中国人民政治协商会议共同纲领》规定：革命烈士家属和革命军人家属，其生活困难者应受到国家和社会的优待。由于军人承担的特殊职责和面临的风险具有与一般社会成员不同的特点，由于军人为国家和民族所作出的特殊贡献，陈云认为，军人及其家属理应受到社会的优待。如何优待军人？陈云强调党的各级组织必须大力发动群众，开展各种形式的拥军活动。早在 1933 年 6 月，陈云就提出，白区党组织的重要任务之一，就是"发动群众拥护苏维埃和红军的运动。……发动白区群众起来组织'红军之友社'，募捐援助红军"①。1939 年，他在《党的支部》一文中又指出，党的各级支部在乡村中日常的重要工作之一是："领导群众参加抗日军队或游击队、壮丁队，组织运输队，动员一切男女老幼，进行站岗放哨，协助政府动员征收粮税，募捐慰劳军队，实行优待抗日军人家属，进行一切参战工作，保卫家乡。"②对于伤残军人，陈云进一步强调对伤残军人应该给予各种优待，尤其是生活上的优待。例如，1947 年，他在给东北财经委员会的电文中特别指出："给南满的一万吨粮食中要包括五百吨小麦磨成的面粉，以便照顾万余名伤员。"③

对军人家属尤其是为革命牺牲的军人（烈士）家属，陈云特别强调当军人（烈士）为革命牺牲后，党和其他革命同志必须肩负起养育其后代的责任。在这方面，陈云率先垂范，他抚养和关心革命烈士后代的动人故事传颂至今。延安时期，担任中央组织部长的陈云和他的夫人于若木，每到星期六，就把一些无家可归的烈士遗孤接到自己家里，像亲生父母般地关心照顾这些孩子，把好吃的东西全拿出来招待孩子们，把自己节省下来的笔记本、牙粉、牙刷发给孩

---

① 《陈云文选》第一卷，人民出版社 1995 年版，第 27—28 页。
② 《陈云文选》第一卷，人民出版社 1995 年版，第 153 页。
③ 中共中央文献研究室编：《陈云年谱（修订本）》上卷，中央文献出版社 2015 年版，第606 页。

子们;不论工作多忙,陈云还总是要抽出时间,给孩子们讲革命先辈的故事、讲小英雄的故事,给幼小的心灵播下革命种子;刘伯坚烈士的儿子刘虎生得了急性败血症,陈云立即把他送往医院治疗,又把组织照顾他的营养品全部拿给刘虎生吃,还特意用节省的津贴买了一只大公鸡给刘虎生补身体,又派自己的勤务员到医院照顾刘虎生。在陈云和其他领导的精心照顾、医院医护人员的精心治疗下,刘虎生的病一天天好起来。医生们高兴地说:"虎生的命真大。"刘虎生却说:"我的命是疼我爱我的陈伯伯和医生护士们给的,我虽失去亲生父母,可我得到胜似父母的关怀和照料。我是最不幸的,也是最幸福的。"[1]刘虎生在陈云等老一辈革命家的关怀照顾下,在延安读完了小学、中学直到军政大学毕业。后来,组织上选送 21 位烈士子女和干部子女到苏联去学习,刘虎生也是其中之一。临走时,陈云特意为他们组织了欢送会,并把伴随他多年连自己的儿女也没舍得给的一块唯一最值钱的瑞士怀表送给了虎生,鼓励虎生继承先辈遗志,努力学习,报效祖国。[2]

1983 年正月初一,年届 78 岁高龄的陈云又把革命烈士瞿秋白的女儿瞿独伊,蔡和森烈士的女儿蔡妮、儿子蔡博,张太雷烈士的女儿张西蕾,赵世炎烈士的独生子赵施格,刘伯坚烈士的女儿秦燕士、儿子刘虎生,罗亦农烈士的女儿罗西北,郭亮烈士的儿子郭志成等九位烈士的子女邀请到家里共度新春佳节。陈云关切地询问各位烈士子女的工作和生活情况,勉励他们继承父辈遗志,为把祖国建设得更加富强,继续贡献自己的力量。

(三)妥善安置退役或伤残军人

对军人服役期满或因伤残等原因而需退役者,陈云认为国家都应给予妥

---

[1]　延安纪念馆编:《中央组织部长的情怀》,《缅怀陈云》,中央文献出版社 2000 年版,第642—643 页。

[2]　刘雪明、江泰然、周秀泠:《陈云政策思想与实践研究》,中央文献出版社 2005 年版,第251 页。

善安置。早在1944年讨论前线干部安置问题时,陈云就提出:"要把前方来延安的不在职干部安置好,这既要从经济观点看,也要从政治观点看。过去财经办事处很想解决好这个问题,但下面做具体工作的同志多偏重于从经济观点看问题。以后要做到床铺、货物、兵站等人,不要人等床铺、货物和兵站。"①

新中国成立后,党和国家对复员退伍军人的工作和生活非常重视,陈云也一如既往地重视复员退伍军人的工作和生活问题。1955年7月4日,中共中央发布的《关于厉行节约的决定》要求,严格遵守老企业、老单位增人从多余人员中调配和优先录用复员退伍军人的原则。② 1958年3月3日,陈云主持国务院常务会议,讨论并通过《关于1958年中国人民解放军退出现役的干部转业的通知》等文件,并决定需要增招人员的单位,要在现有在职人员中调剂,不得新从社会上招人。③

另外,人口政策是国家和政府为求得人口增长与社会经济按比例协调发展,确立的影响人口增减、过程、规模、结构或分布的行为规范和准则。人口政策分为激励人口增长、控制人口增长和维持人口增长三大类。④ 从20世纪50年代中期开始,陈云就高度关注新中国人口增长过快同经济发展之间的矛盾问题,提出了"中国是个大国,比较穷,人口发展过快,事情就难办了"的思想。这就是说,如果不严格控制人口增长,就会影响中国经济社会发展和人民生活水平的提高。这在当时是有历史意义的。

陈云在主持全国财政经济工作,以及注重和解决民生问题的同时,也非常注重调动一切积极因素为社会建设服务的问题,并提出了一系列思想主张。

---

① 中共中央文献研究室编:《陈云年谱(修订本)》上卷,中央文献出版社2015年版,第454页。
② 中共中央文献研究室编:《陈云年谱(修订本)》中卷,中央文献出版社2015年版,第385页。
③ 中共中央文献研究室编:《陈云年谱(修订本)》中卷,中央文献出版社2015年版,第578页。
④ 刘雪明、江泰然、周秀泠:《陈云政策思想与实践研究》,中央文献出版社2005年版,第261页。

比如,团结利用和改造旧政权工作过的人员,分清人民内部矛盾和敌我矛盾,改造后的民族资产阶级应享有同等的政治权利。

陈云关于社会主义社会建设的思想,源于他长期的具体工作实践,源于他对中国国情、民情的熟悉和关注。他的社会主义社会建设思想与人民群众的利益息息相关,所提出的一系列以改善民生为重点的社会建设思想和实践,以及对社会建设的基本问题进行的探索等,为新时代的社会建设提供了宝贵经验。习近平同志在纪念陈云同志诞辰 120 周年座谈会上的讲话中指出:"社会主义改造基本完成后,他积极探索适应我国生产力发展的社会主义经济制度和经济体制,提出'三个主体、三个补充'的思想,为克服苏联模式弊端提供了重要启示。改革开放后,他深刻总结社会主义经济建设正反两方面经验,提出'我们国家现在进行的经济建设,是社会主义的经济建设,经济体制改革也是社会主义的经济体制改革';强调经济建设必须综合平衡,建设规模必须同国情国力相适应,要正确处理积累和消费的关系;提出只有有计划按比例还不行,还必须有市场调节,要按照经济规律办事和进行必要的国家干预,'搞好宏观控制,才有利于搞活微观,做到活而不乱';强调搞经济建设的最后目的,是为了改善人民生活,'如果我们不能解决人民的吃饭穿衣问题,我们的社会主义建设事业便站不稳'。"①

---

① 习近平:《在纪念陈云同志诞辰 120 周年座谈会上的讲话》,《人民日报》2025 年 6 月 14 日。

第五章　陈云关于社会主义
生态建设的思想

中共十八大报告指出："建设生态文明,是关系人民福祉、关乎民族未来的长远大计。"①之后,中共十九大报告又明确指出,"建设生态文明是中华民族永续发展的千年大计。必须树立和践行绿水青山就是金山银山的理念,坚持节约资源和保护环境的基本国策,像对待生命一样对待生态环境"②。可见,生态文明建设功在当代、利在千秋。生态文明建设离不开生态环境建设,而生态环境建设又离不开资源等因素。陈云十分重视生态环境建设,提出要处理好经济发展和环境保护的关系,经济发展不能以牺牲环境为代价,要"防害于先",保护和利用好水、森林、土地等资源。

第一节　从战略高度认识水的问题

中国的淡水资源总量为 28000 亿立方米,占全球水资源的 6%,仅次于巴

---

① 胡锦涛:《坚定不移沿着中国特色社会主义道路前进　为全面建成小康社会而奋斗——在中国共产党第十八次全国代表大会上的报告》,《人民日报》2012 年 11 月 18 日。
② 习近平:《决胜全面建成小康社会　夺取新时代中国特色社会主义伟大胜利——在中国共产党第十九次全国代表大会上的报告》,《人民日报》2017 年 10 月 28 日。

西、俄罗斯、加拿大、美国和印度尼西亚,居世界第六位,但人均只有 2200 立方米,仅为世界平均水平的 1/4、美国的 1/5,是全球人均水资源最贫乏的国家之一,属于缺水严重的国家。① 然而,中国又是世界上用水量最多的国家。陈云从 20 世纪 50 年代初主持全国经济工作以来,就一直关心水资源的利用和开发问题。他认为,必须"从战略高度认识水的问题的严重性,保护好水资源"。

一、充分认识水利与农业生产的关系

20 世纪 50 年代初期,陈云就指出:"水在农业里头非常重要。"②水与人类社会的生产生活息息相关。水资源充足,有利于生产生活;水资源不足,就要依靠水利建设,发挥水的最大效益,以满足人民生活、农业生产和工业发展的需要。新中国成立后,陈云就关注到水利在农业生产发展、粮食和棉花增产中的重要作用,并提出了"水利建设是治本的工作,是百年大计"。

(一) 兴修水利以确保农业丰收

早在 1934 年,毛泽东就提出"水利是农业的命脉"。1950 年 3 月 17 日,在政务院第 24 次政务会议讨论通过《关于 1950 年水利春修工程的指示》等文件时,陈云发言指出:"这次水利工程时间紧促,能否搞好,对今年粮食生产关系很大。水利部应派人到各地深入检查,只靠电报指示是做不好的。"③同年 10 月 1 日,陈云在《人民日报》上发表的《中华人民共和国过去一年财政和经济工作的状况》一文中指出:"农业的恢复,目前最重要的关键,除完成全国土地改革外,即在于水利。只要几条主要河流能避免水灾,并起一定的灌溉作用,加上若干农业技术改良,农业的面貌就可以大大地改观。今年的水利工程

---

① 中华人民共和国年鉴社编:《中国国情读本 (2020 版)》,新华出版社 2020 年版,第 34 页。
② 《陈云文选》第二卷,人民出版社 1995 年版,第 141 页。
③ 中共中央文献研究室编:《陈云年谱 (修订本)》中卷,中央文献出版社 2015 年版,第 52 页。

和各地人民政府领导人民积极防灾,使几千万亩可能被灾的农田得到了丰收。今年全国丰收,农业增产。"①1950 年上半年,全国大规模兴修水利,促进了农业丰产增收,在粮食和棉花方面都超过了原定的增产计划,棉花已能接近自给,粮食则已经能够完全自给。这年 12 月,政务院又出台了《兴办农田水利事业暂行规则草案》,指导全国兴办农田水利设施。

由于国家对兴修水利的高度重视,加大了投资和贷款,因此,新中国成立初期水利建设事业取得了很大成就。所以,陈云在 1951 年 7 月 1 日的《人民日报》上发表的《中国共产党领导着国家建设》一文中指出:"两年来,农田水利的国家投资和贷款的总值,远远超过了国民党政府统治时期整整二十二年用在这一方面的全部总值。"②兴修水利不仅可以促进农业生产发展,以及粮食和棉花增产,还可以预防水旱灾害的威胁,利国利民。

(二)水利是提高粮食单位面积产量的主要因素

1951 年 7 月 3 日,陈云在主持政务院财政经济委员会第 61 次委务会议讨论 1950 年全国农业生产总结及 1951 年的计划和任务报告时发表了讲话。这个讲话的要点一共有四个,第二个要点讲的是解决粮食问题的几条道路,一共列出了五条道路即五条举措,其中的第一条和第三条涉及水的问题。比如,在第一条中他提出:"设法防止水、旱、病、虫等灾害,力求农业生产得到相当的保障。首先考虑是否可以在几年内做到全国水灾面积至多不超过二千万亩,其次是注意兴修农田水利,扩大灌溉面积。"③在第三条中他提出:"提高单位面积产量是解决粮食问题的基本出路。要求农业部在今年九月内将某些单位面积产量特高的事例加以分析研究,找出原因,总结经验,予以推广。水利是提高粮食单位面积产量的主要因素,我们应该注意到目前中小型水利事业

---

① 《陈云文集》第二卷,中央文献出版社 2005 年版,第 175—176 页。
② 《陈云文集》第二卷,中央文献出版社 2005 年版,第 285 页。
③ 《陈云文集》第二卷,中央文献出版社 2005 年版,第 295 页。

较之大型水利事业容易举办,收效也快。"①水利工程能够解决水资源的利用问题,满足农田灌溉,突破了过去靠天吃饭的局限,为农田丰收和农业增产打下了坚实基础。

1953 年,中国开始了第一个五年计划,全国大规模建设也开始实施,加上人口增长,粮食人均供应量难于增加,提高粮食单位面积产量摆在更加突出的位置。如何提高粮食产量呢? 1954 年 6 月,陈云在中共中央政治局扩大会议汇报"一五"计划有关的问题时指出:"农业增产有三个办法:开荒,修水利,合作化。"②从当时的人力组织情况看,兴修水利,中国是具备了有利条件的。1956 年 1 月 20 日,陈云在关于知识分子问题的会议上作关于资本主义工商业的社会主义改造和农业生产问题的讲话。他在讲话中明确提出:到 1967年,各地区粮食亩产要分别达到 400、500、800 斤。从全国看,实现这一目标,要解决的基本问题是水、肥料和人力的合理使用。其中关键问题是水,水的关键问题又是人力,而人力我们是能组织的。因此,实现这一目标是有可能的。③ 这就强调了水和水利建设的重要性问题。1957 年 9 月 13 日,陈云同南斯拉夫联邦执行委员会副主席伏克曼诺维奇举行会谈,在介绍中国经济情况时说:"我国农业落后于工业的发展,造成生活必需品供应紧张。我们的困难根源于地少人多。这方面的困难将是长期的。根据这个实际情况,我们以提高单位面积产量作为发展农业的方针,并把兴修水利、大搞化学肥料、生产人造丝和合成纤维、大量造林作为解决农业问题的办法。"④1957 年 9 月 11 日,陈云在全国第四次农村工作会议上的讲话中指出:"农田水利在我国农业的增产上占有很重要的位置,如果要排队的话,我看不是第一就是第二,绝不会

---

① 《陈云文集》第二卷,中央文献出版社 2005 年版,第 296 页。
② 《陈云文选》第二卷,人民出版社 1995 年版,第 238 页。
③ 中共中央文献研究室编:《陈云年谱(修订本)》中卷,中央文献出版社 2015 年版,第423 页。
④ 中共中央文献研究室编:《陈云年谱(修订本)》中卷,中央文献出版社 2015 年版,第565 页。

排在第三位。水利、肥料这两个东西是最重要的东西。"①他还反复强调水利
在农业增产中的作用。

（三）水利建设是百年大计

"水利建设是治本的工作,是百年大计。"这是陈云在中国共产党第一次
全国宣传工作会议上所作的关于财经情况和财经工作要点的报告中提出来
的。在这次会议上,陈云还指出:"据估算,全国水量平均起来并不多,还缺
水,有些地方就经常干旱。从总的看,从长远看,要以蓄为主,蓄泄兼顾。以后
我们要重视蓄水,许多地方要修水库、筑塘堰,山区更要注意种树种草、保持水
土,对水一定要好好利用。在华北、西北有些地方,还要多打水井,保证在发生
旱灾时水量基本上够用。"②1952 年 2 月 15 日,陈云出席政务院第 124 次政务
会议,在讨论《政务院关于 1952 年农业生产的指示》时指出:"去年北方雨雪
稀少,旱灾很厉害,南方则在去年春天持续下雨。这说明中国地区存在着两种
情况,一个是旱灾,一个是水灾。因此,在有旱灾的地区应重点注意防旱工作,
有水灾的地区应特别注意防洪工作。防涝和防旱二者要兼顾这一点应写在指
示中。""在国内用机械进行生产,也只能限于少数的几个国营农场,而在目前
农村中所应采用的普遍大量的生产工具,还是改良的农具。""提高单位面积
产量的要点是什么呢? 兴修水利、打井是个办法,但普及良种也有很大的作
用。另外,最重要的还是增加肥料的问题。……所以,我们可以这样说,只要
在正常的条件下,比如有水、气候适宜、劳动力正常等,一个农民能够增加多少
肥料,就可以增产多少。"③这还是在反复强调水和水利建设的重要性问题。

水利兴修在农业发展和粮食产量的提高方面发挥了重要作用,因此,从
1953 年开始,全国各地普遍开展了以农田灌溉为主要内容的小型水利建设,

① 《陈云文集》第三卷,中央文献出版社 2005 年版,第 201 页。
② 《陈云文选》第二卷,人民出版社 1995 年版,第 141 页。
③ 《陈云文集》第二卷,中央文献出版社 2005 年版,第 360 页。

逐步实行"旱、洪、涝兼治，蓄、引、提结合"的治理措施，从单一治理发展到综合开发利用，以小型为主，大、中、小结合，建设了多种多样的农田水利设施。①1955 年冬季和 1956 年春季，农田水利建设得到了进一步发展。陈云在经济恢复时期就特别强调水利对农业非常重要，把发展水利作为恢复经济的重点工作之一。1956 年初，他根据 1955 年对农业的调查，指出：农业增产，"无论在南方、北方，关键问题是一个水"②。1957 年的八九月间，陈云分别在中央和地方的会议上，又多次强调治涝和扩大灌溉面积对农业增产的重要性。③同年 9 月 24 日，中共中央、国务院发出《关于今冬明春大规模地开展兴修农田水利和积肥运动的决定》，其中指出："我们一定要在今年冬季，集中大力开展一个大规模的农田水利建设运动和积肥运动。""根据我国农田水利条件的有利特点，必须切实贯彻执行小型为主，中型为辅，必要和可能的条件下兴修大型工程的水利建设方针。"④

　　1960 年 10 月 19 日，陈云在同中共河南省委负责人谈话时提出解决农业问题的三条办法，即一靠水，二靠化肥，三靠拖拉机。关于靠水的问题，他指出："要根本解决农业问题，第一，要有水。有了水，粮食就能增产。要使粮食情况根本好转，首先要解决水的问题。为什么发生水、旱灾害？旱是水不够，涝是水多了。去年多搞了一点水利，人上得多了，饭多吃一点，但对农业增产作用很大。河北省委刘子厚、阎达开同志给我讲，过去四年中，两年旱，两年涝，在往年要淹地三千万亩，他们去年搞了水利，今年只淹了五百万亩。水利还要搞，真正翻身还是要解决水的问题。当然，我不是说，还像去年那样拿那么多的人搞水利，去年的教训不要再重复了。有了水，化肥才能起作用；没有

---

①　樊宪雷：《20 世纪 50 年代至 60 年代初我国兴修水利的探索实践及其基本经验》，《新中国 60 年研究文集（2）》，中央文献出版社 2009 年版。

②　中共中央文献研究室编：《陈云传》（三），中央文献出版社 2015 年版，第 1106 页。

③　中共中央文献研究室编：《陈云传》（三），中央文献出版社 2015 年版，第 1107 页。

④　中共中央文献研究室编：《建国以来重要文献选编》第十册，中央文献出版社 1994 年版，第 567—572 页。

水,光有化肥也不行。"①水利工程不仅能解决农业灌溉问题,还可以治涝、防灾减灾。陈云对"防治水患、兴修水利"也早关注了,他曾说:"水利,一个是治涝,一个是灌溉。"②并且提出:"今后搞水利,要既能防止水灾,又可灌溉,又利交通,又能发电。"③

二、解决地上水和地下水不足的问题

20 世纪中期,中国森林植被破坏严重,自然生态环境遭到严重破坏,各种自然灾害连年不断。南涝北旱,南方特别是东南部雨水过多,有时水灾严重,而西北地区缺水严重。水的问题已经成为制约人们生产生活发展的重要因素。

关于中国人均水资源不足这一国情,陈云有着深刻的认识。1951 年 4 月 4 日,陈云在中国共产党第一次全国组织工作会议上所发表的关于 1951 年财经工作要点的讲话中就提及:"据专家估计,中国的水量还不够用。我们要建设,在这方面也要有充分的准备。"④为此,陈云提出北方要引河水,打井取水或修塘、挖沟蓄水,修水库,以解决地上水和地下水不足的问题。1960 年 10 月,陈云在河南考察时指出,我看了冀、鲁、豫三省以后(还要看看苏北、皖北)感觉解决农业问题有办法,有很多好的条件,比如,"有相当大的一部分地面水留下来了,另外还打了很多水井。你们现在有六千万亩水浇地,解放时只有七百万亩,这比过去条件好得多了"⑤。水资源分布不均匀,北方地区要想办法做好蓄水。

1961 年 1 月 18 日,陈云在中共八届九中全会上发表讲话指出:"河北省的同志告诉我,根据历史资料,他们那里三年里头旱涝风灾有四次。这一点也

---

① 《陈云文集》第三卷,中央文献出版社 2005 年版,第 277 页。
② 《陈云文集》第三卷,中央文献出版社 2005 年版,第 214 页。
③ 《陈云文选》第二卷,人民出版社 1995 年版,第 135 页。
④ 《陈云文选》第二卷,人民出版社 1995 年版,第 135 页。
⑤ 《陈云文集》第三卷,中央文献出版社 2005 年版,第 277 页。

不奇怪！河北省的雨，集中在七下八上，即七月下半月、八月上半月，这期间有百分之七十的雨。因为河床是平的，雨水淌开了便是水灾，水灾之后又是干旱。一年之间，两头旱，中间涝。"①会上，陈云还讲道："水在北方是个大问题。什么叫灾害？灾害就是水的问题。水多了叫水灾，水少了叫旱灾，你能管住了水就管住了灾。我们的任务是什么呢？任务就是把七八月降下来的水留下，留下以后慢慢用。九月用一点，十月用一点，十一月用一点，十二月天冷的时候可以不用；明年三四月再用一点，用到五六月至六七月，等到用尽的时候，地也灌溉了，水又下来了，水库里头又把它存起来。现在，解决水的问题是不是比前几年有了进步？有很大的进步，相当大的一部分水被我们留下来了。是不是还有水的问题呢？有。山谷搞了水库，但是平地积水问题还没有完全解决。现在，搞的水库是不是都可以解决灌溉问题？那还需要几年时间。搞一个水库很容易，一年就可以搞起来，但是用它灌溉还要三年到五年，因为修渠道很不容易，需要花费的劳动力很多。北方几省里头，河北那个地方靠太行山下来的水，把它留下来可以用；河南八千万亩耕地，有三千万亩是靠黄河流下来的水灌溉的；山东这个地方，从山西来的水被别人留下了，剩给它的水不够。在北方，历史上黄河的大水害已经过去，现在的问题是这个地方水不够。水无非来自三个地方：一个是地上之水，一个是地下之水，一个是外来之水。现在，要把地上之水留下来，地下之水逐步打出来，还要想方设法搞外来之水。外来之水，山东大概需要五百万立方。黄河跟长江南水北调的五个口，将来最有希望的是昭阳湖和丹江口。还有一个计划，是从四川横开一条水渠引过来，大概有二千万立方的水，但是那要搞很久很久。从丹江口可以调到七八十亿立方的水，用来灌溉河南南部一带。长江的水是取之不尽的，如果那里用三十八万千瓦的发电机抽水，可以搞到二百五十亿立方的水。这样，如果每亩地灌溉需要二百五十立方水，就可以灌溉一亿亩。即使除去蒸发和渗掉的水，至少还可

---

① 《陈云文集》第三卷，中央文献出版社 2005 年版，第 313 页。

以灌溉五千万亩。在苏北、山东这些地方,能够灌溉几千万亩地,这是一件大事。"①修建和完善这些水利工程,不仅能提高效率,保证农业产量,还可以优化环境,实现可持续发展。

三、主张节约用水与开发利用相结合

水是人类生命的源泉。中国是一个水资源短缺的国家,水资源的短缺不仅影响经济发展,也影响了人民的生产生活。陈云提出要从战略高度重视水资源。1981年9月2日,陈云在中共中央政治局会议上的讲话中强调,对于水的问题必须考虑长期的计划。"南方雨水多,北方雨水少。水资源短缺,在我国北方是个大问题。这里头牵涉到好多问题,包括种什么东西,哪些工厂摆在什么地方,等等。在北方水少的地方,光靠地下水不行。坑口电站不是很好吗? 但是,没有水,你照样没有办法,还是发不了电。南方水资源丰富,应该考虑怎么利用水,搞水电。总之,水资源的问题已经提到我们的议事日程上来了。"②1990年6月6日,陈云将张光斗给他的信及张光斗、陆志恺合写的《我国水资源问题及其解决途径》一文,批送江泽民、李鹏、宋健阅,并在批语中指出:"水的问题始终是一个大问题。要从战略高度来认识水的问题的严重性。各级领导部门,尤其是经济、科技领导部门,应该把计划用水、节约用水、治理污水和开发新水源放在不次于粮食、能源的重要位置上,并列入长远规划、五年计划和年度计划加以实施,以逐步扭转目前水资源危机的严重状况。"③同年6月10日,江泽民批送邹家华:"在考虑八五规划时得认真研究一下水的问题。"④根据这些意见,国家计委在制订十年规划和"八五"计划时,把水资源

---

① 《陈云文集》第三卷,中央文献出版社2005年版,第313—315页。
② 《陈云文集》第三卷,中央文献出版社2005年版,第491页。
③ 《陈云文选》第三卷,人民出版社1995年版,第375页。
④ 中共中央文献研究室编:《陈云年谱(修订本)》下卷,中央文献出版社2015年版,第493页。

放在了一个很重要的位置上,并提出了解决方案。

面对紧缺的水资源问题,陈云主张节约用水。1979 年 6 月 17 日,他致信李先念、姚依林,提出经济建设必须尽早注意的两个问题,其中第一个就是水的问题。信中写道:"全国各地的水资源情况。农业要用水,工业要用水,人民生活要用水。有些地区水资源已很紧张,如天津、北京等地。今后工厂的设立必须注意到用水量。有些工厂因为矿藏关系只能在当地开办,有些工厂可以而且应该在有水的地方办。即使有水资源的工厂,也应该有节约用水的办法。"①中国水资源本来就不丰富,企业建厂不仅要节约用水,还要防止水污染,如果再受到污染,那么水资源的形势将会更加严峻。

陈云提出实施南水北调工程。从总体上看,中国水资源分布不均衡,北方缺水较为严重,陈云提出了要对水资源进行综合开发。1960 年 11 月 25 日,陈云在浙江考察期间听取中共浙江省委负责人关于浙江农业生产、灾情和农民生活安排等问题的汇报时指出:"现在到了工业拿出一些力量来支援农业的时候了。我国冀、鲁、豫、苏北、皖北等地的灾害主要是旱灾。如果把水搞成像电网那样能在很大的区域里调度,实现南水北调,就要搞许多扬水站。"②1961 年 1 月 18 日,陈云在中共八届九中全会上的讲话中系统地阐明了其关于南水北调问题的看法。他指出,长江的水是取之不尽的,如果那里用三十八万千瓦的发电机抽水,可以搞到二百五十亿立方的水。这样,如果每亩地灌溉需要二百五十立方水,就可以灌溉一亿亩。即使除去蒸发和渗掉的水,至少还可以灌溉五千万亩。根据南方水多北方水少的特点,陈云主张实施南水北调。正因为"南水北调"是解决北方缺水、增产粮食的有效途径,陈云对此项工程启动投入了极大的关注。他说:"我曾是热心于南水北调的,但必须按实际情

---

① 《陈云文选》第三卷,人民出版社 1995 年版,第 263 页。

② 中共中央文献研究室编:《陈云年谱(修订本)》下卷,中央文献出版社 2015 年版,第 56 页。

况办事,因为这件事有关大局。"①1975 年 6 月至 8 月,陈云在江苏、上海、山东、黑龙江等地视察。这期间的 7 月 16 日,他在扬州视察江都抽水站时指出:南水北调是造福子孙后代的大事,在条件允许时应当进行。这是一个大工程,要有长期规划。由于我国目前财力有限,工程只能分段进行。② 南水北调工程的实施,为农业的发展创造了条件。1978 年 2 月 19 日,陈云在中共十一届二中全会东北组的发言中指出,要把农业搞好,除开展学大寨运动外,还应采取一些必要措施,如南水北调,建设商品粮基地,增加农业投资等等。③

陈云还提出抓好黄河开发这件大事。黄河水是黄河下游地区人民生活生产的重要水源,如何利用和发挥黄河水的作用? 陈云指出:开发黄河是件大事,如何把水资源充分利用起来,具有重大意义。治理河流,必须干流和支流一起治理,发电和防洪相互结合,进行整个流域的规划。根治黄河,需要科学和群众工作相结合。水土保持要依靠群众,移民也要依靠群众。④ 南水北调、开发黄河利用的是长江黄河这种大江大河,全国各地遍布了无数的大大小小的河道、溪流,这些水资源也要开发利用,尤其是山区,陈云主张兴建小型水力发电站,既能解决山区农村的照明,改变山区农村面貌,还能促进山区农业发展,充分发挥水利资源的作用。

总之,陈云关于水资源保护和利用的主张,促进了中国水利事业的发展。中共十三届七中全会通过的《中共中央关于制定国民经济和社会发展十年规划和"八五"计划的建议》指出:"今后十年要加强大江大河大湖的治理,有计划地建设一批防洪、蓄水、引水的大中型项目,提高抗御自然灾害的能力。抓

---

① 中共中央文献研究室编:《陈云年谱(修订本)》下卷,中央文献出版社 2015 年版,第279 页。

② 中共中央文献研究室编:《陈云年谱(修订本)》下卷,中央文献出版社 2015 年版,第218 页。

③ 中共中央文献研究室编:《陈云年谱(修订本)》下卷,中央文献出版社 2015 年版,第243 页。

④ 中共中央文献研究室编:《陈云年谱(修订本)》中卷,中央文献出版社 2015 年版,第386 页。

紧进行南水北调工程的建设,缓解北方水资源紧缺的矛盾。"①这个《建议》也凝聚了陈云的智慧和心血。中共十八大以来,"中国水利建设发展全面提速,一批标志性重大水利改革举措落地落实,三峡主体工程建设完成,南水北调东线和中线工程等大型水资源配置工程发挥重要作用,172 项节水供水重大水利工程建设加快推进,关系人民群众切身利益的中小型水利建设大规模实施,水资源管理体制机制更加完善,国家水安全保障能力大幅提升"②。

第二节　高度重视林业工作

林业是国民经济的重要组成部分,是中国的一项基础性产业。林业的发展不仅可以加快地区经济的进步,而且具有生态效益和社会效益。新中国成立初期,党和政府高度重视林业工作。1949 年 10 月设立了中央人民政府林垦部,管理全国林业经营和林政工作。1951 年 11 月 5 日,中央人民政府决定将林垦部改为林业部。毛泽东发出了"绿化祖国"的伟大号召。作为政务院副总理兼财政经济委员会主任的陈云,为新中国的林业工作作出了重大贡献。

一、林业工作方针应以普遍护林为主

森林作为绿色、可再生的资源库和能源库,能够为人类生产和生活提供木材及其制品、工业原料、木本粮油、食品药材等林产品和原材料。新中国成立后,为加速国民经济发展,提高人民的生活水平,对树木的需求量不断增大,从而加快了对森林资源采伐力度。中国本来就是一个森林面积很少的国家,过度的采伐必然会造成森林资源的枯竭。那时中国林业管理工作正在起步阶段,全国各地出现的森林砍伐无序现象,致使许多地区的林区森林资源遭到严

---

① 《中共中央关于制定国民经济和社会发展十年规划和"八五"计划的建议》,《人民日报》1991 年 1 月 29 日。

② 水利部办公厅:《我国水利事业 40 年发展历程》,《紫光阁》2018 年第 9 期。

重破坏。要保持森林资源长久性,就必须多措并举保护森林资源不被破坏。

具体提出护林的工作方针。1950年2月28日至3月8日,中央人民政府林垦部在北京召开第一次全国林业业务会议,确定林业建设的方针为"普遍护林,重点造林,合理采伐和合理利用"。同年4月1日,陈云同薄一波致电毛泽东并中共中央,作关于全国林业会议情况的报告。报告指出:林业工作方针,应以普遍护林为主;其次,在风沙水旱灾害严重地区选择重点造林。同时,在各森林区制订合理的采伐计划。① 在这个报告中,陈云把保护已有森林资源摆在了林业工作第一位。关于如何保护森林资源,陈云主张用封山来保护森林资源。1951年2月13日,在政务院财经委会议讲话中,陈云再次强调封山是第一位的。他说:"现在,林业方面的主要工作是一封山、二防火、三造林。过去火烧森林的数量最大,因此防火应该是重点。封山恐怕比造林的效果要大。"②

对生产生活必须采伐木材,林业部门也要制定合理的采伐计划,避免无序的砍伐。尽管如此,各地乱砍乱伐森林的现象依然存在。陈云强调用法令来制止乱砍乱伐现象。1951年4月13日,陈云在《重视造林护林》的报告中指出:"对乱砍乱伐现象应该揭露和批评,对浪费木材现象也应该揭露出来,这样才能引起干部和广大群众对造林护林和合理使用木材的注意。还要开些必要的会议。这些会议,由有关几个大区参加,或有关省、市参加。因为林业的事情涉及面广,必须同有关地区一起商量,配合去做才能做好。我看这件事光靠县里的农村干部是办不成的,应该抓住县长和县委书记去搞,并由林垦部制订法令,以政务院名义颁布,应该做到有奖有罚。"③在报告中,陈云明确提出了各省市领导干部要重视林业工作,出台政策和措施,遏制对森林的乱砍乱伐现象。并且,要求林垦部依靠地方政府发动群众,合理使用专家指导群众造

① 中共中央文献研究室编:《陈云年谱(修订本)》中卷,中央文献出版社2015年版,第57页。
② 《陈云文集》第二卷,中央文献出版社2005年版,第209页。
③ 《陈云文集》第二卷,中央文献出版社2005年版,第210页。

林、防火、封山育林。

主张做好森林防火工作。火灾对森林破坏最大。森林火灾不仅烧死、烧伤林木,直接减少森林面积,而且严重破坏森林结构和森林环境,导致森林生态系统失去平衡,森林生物量下降,甚至造成人畜伤亡,给国家和人民财产造成不可估量的损失。

因此,严防森林火灾对保护森林意义重大。陈云多次强调森林防火问题,并作出过许多指示和部署。他说,过去火烧森林的数量最大,因此防火应该是重点。针对有些地方政府疏于防范森林火灾的行为,1951 年 10 月 25 日,陈云在《关于经济工作和财政工作的报告》中指出:"森林失火和滥砍滥伐的现象,正在引起地方政府和人民的注意,但还需继续努力。"①1956 年 1 月 18 日,陈云在林业部《关于加强护林防火的紧急指示》的电报稿上批示邓子恢:年年森林起火,人命与木材损失极大,很难说这是一定不可避免的。防火似乎还没有像防汛那样的有效措施。此指示发出后,林业部与林区各省委要议出几条根本办法,力求避免今后年年发生森林火灾。

二、植树造林是国家的百年大计

中国森林面积小,资源数量少,且地区分布不均,加上人口众多,森林资源有限。陈云认为要解决木材短缺的问题,既要保护现有森林资源不被破坏,更要从根本上改变林业发展落后局面。1950 年 4 月,陈云在出席政务院政务会议时就造林问题发言,通过中国与苏联的森林面积及造林情况对比,强调了中国植树造林工作的重要性和紧迫性。他在发言中对如何推进造林的问题,提出了五点举措:第一是方针任务,第二是工作计划,第三是不准滥砍滥伐,第四是干部训练,第五是组织机构。②

① 《陈云文集》第二卷,中央文献出版社 2005 年版,第 314 页。
② 中共中央文献研究室编:《陈云年谱(修订本)》中卷,中央文献出版社 2015 年版,第 64 页。

　　森林作为地球上可再生自然资源及陆地生态系统的主体,在人类生存和发展的历史进程中起着重要作用。植树造林既可以为工业提供燃料,又可以提供生产和生活资料,对改善生态环境和气候,保持水土都发挥了重要作用。如何造林护林呢? 陈云认为,造林护林应当有些法令才行。1951 年 4 月,陈云在主持政务院第 80 次政务会议讨论《林垦部 1950 年林业工作总结和 1951 年林业工作计划》及《1951 年全国林业会议总结》时指出:"过去解放区地域小,尤其在一个地区,利用工作总结即可指导工作。现在,我们领导的工作皆为全国性的,除了讲清道理外,还应该有法令、条例才行。"①中国人口多、居住分散等,所以,要加大对植树造林、育林工作的宣传,报纸应经常报道造林护林的事情,将合作造林、封山、护林等几个重要问题,向干部、群众说清楚。造林育林离不开广大干部群众,要发动全社会的力量植树造林。1957 年 7 月,陈云在讨论国有林区实行"以林养林"的财务制度时指出:林业是个大问题,根据我国情况,解决林业问题的出路主要靠造林。个体造林、合作造林、国家造林的办法都可以用。② 1961 年 9 月,陈云再次强调:"造林要依靠群众,但同时国家也要造,要两方面都搞。"③

　　另外,陈云还指出,造林要把握林木生长周期长、受地理环境制约强等特点和规律。1951 年,陈云在主持中财委会议讨论并通过中国人民银行、林垦部关于 1950 年总结与 1951 年计划的报告中指出:林业不像银行等那样容易看出成绩来。林业发展是有周期的。他说经过多年战争,森林有不少损失,那是没有办法避免的事情。现在应该从远处着眼,有计划地去造林护林。同时,中央和地方政府要把造林列入年度工作目标。比如,1955 年 11 月,陈云签发中共中央就批发甘肃省委《关于农业增产规划的报告》致甘肃省委并转各省

---

　　① 《陈云文集》第二卷,中央文献出版社 2005 年版,第 210 页。
　　② 中共中央文献研究室编:《陈云年谱(修订本)》中卷,中央文献出版社 2015 年版,第 556 页。
　　③ 《陈云文集》第三卷,中央文献出版社 2005 年版,第 374 页。

委、市委、自治区党委电。电报指出：报告中没有提到林业建设规划，请甘肃及各省委制订计划时注意列入造林、育林、护林规划这一项。① 林业生产同其他生产一样是有周期的。1961 年 11 月，陈云在主持冶金工业座谈会时指出："生产建设有十年八年为周期，也有五十年一百年为周期的，植树造林就是以五十年一百年为周期。"②因为森林资源的生长周期长，不可能立即满足工农业生产的需要，所以，林业建设的成绩要有周期，树木成长至少要十年以上时间，不能期待像其他生产部门一样立竿见影。1981 年 3 月，陈云在给陆定一的信中指出："像植树造林、治理江河、解决水力资源、治理污染、控制人口这类问题，都必须有百年或几十年的计划。"③

表面上看，造林护林是为了保护森林资源、实现森林资源的再生产，而实际上，造林护林的根本目的是发展农业经济、改善民生，林业与农业也是密不可分的。陈云指出："在整个经济建设中，社会主义工业化和社会主义农业改造是不可分割的，而农业发展与林业发展也是不可分割的。"④1961 年 9 月 27日，陈云在主持中共中央工业支持农业小组会议的讲话中指出："造林问题是国家百年大计。它既对农业增产有关，又对工业建设有关，工农业生产都离不开它。因此，我们必须给以足够的重视。"⑤由此，他主张通过打造经济林来发展山区经济，造福百姓。还在 1957 年 10 月 7 日，陈云在出席国务院召开的座谈会上发表讲话，其中，在讲到发展山区经济问题时，他指出："发展山区经济应把改善人民生活和适应国家需要结合起来。山区需要种的东西很多。一是

---

① 中共中央文献研究室编：《陈云年谱（修订本）》中卷，中央文献出版社 2015 年版，第408 页。

② 中共中央文献研究室编：《陈云年谱（修订本）》下卷，中央文献出版社 2015 年版，第115 页。

③ 中共中央文献研究室编：《陈云年谱（修订本）》下卷，中央文献出版社 2015 年版，第310 页。

④ 中共中央文献研究室编：《陈云年谱（修订本）》中卷，中央文献出版社 2015 年版，第408 页。

⑤ 《陈云文集》第三卷，中央文献出版社 2005 年版，第 373—374 页。

种树,个体造林、合作造林、国家造林一齐上。……二是发展木本油料,种油茶树、桐树、核桃树。如果南方种五千万亩油茶,北方种一千万亩核桃,可榨油一百万吨。现在全国收购的油脂只有一百三十万吨,发展木本油料是解决我国油料不足的主要办法。"①他把造林与山区经济发展有机结合起来,既增加了国家的森林资源面积,又起到发展山区经济改善民生的目的。

三、木材供应要统筹兼顾

新中国成立后,随着社会生产力不断提高,人民的经济状况有了很大的改善,物质生活的需求日益增长,对木材等生活资料的需求越来越多。由于中国的森林资源有限,加上生产技术、运输等条件限制,木材供应量无法满足社会生产和人民生活的需要。陈云在木材供应方面提出了一系列意见和建议,强调木材供应要统筹兼顾。

提出木材应由国家统一分配。1949 年 12 月 31 日,陈云签署中财委给各部的通知,要求所属各部、署、行及关内所属企业今后不得在东北采购木材,而在其上解木材中统一分配,以避免私商图利滥伐森林。② 1951 年 2 月 13 日,陈云又要求林垦部:"关于木材的统一调配与合理使用问题,要订出条例,颁布施行。"③木材是工业生产和人民生活的原材料,在当时森林资源短缺情况下,实行木材由国家统一分配,有效制止了各地私商私卖木材的现象,避免滥砍滥伐森林资源。之后,陈云还将木材列为中央负责调拨和平衡的 12 种物资之一重点管理,并进一步提出要搞好电、煤、木材等若干种主要产品的供需平衡。

主张统筹安排木材的供应。面对森林资源紧张的局面,国家必须将木材等生产和生活必需品实行统一分配。1957 年,陈云在《建设规模要和国力相

---

① 中共中央文献研究室编:《陈云年谱(修订本)》中卷,中央文献出版社 2015 年版,第569 页。

② 中共中央文献研究室编:《陈云年谱(修订本)》中卷,中央文献出版社 2015 年版,第25 页。

③ 《陈云文集》第二卷,中央文献出版社 2005 年版,第 210 页。

适应》一文中提出：“物资要合理分配，排队使用。应该先保证必需的生产和必需的消费，然后再进行必需的建设。像钢铁、木材等原材料的供应，应该有分配的顺序。原材料的供应，宽裕时不发生问题，紧张时便必须有分配的顺序。在原材料供应紧张的时候，首先要保证生活必需品的生产部门最低限度的需要。”①他把满足人民生活的基本需求摆在优先位置，体现了以人民为中心的思想。1959年4月30日，陈云就缓和供应的紧张状况和编制计划的方法问题，致信中央财经小组各同志。他在信中进一步指出，对于一些重要原材料，如铜、铝、石油、木材、橡胶这几种物资，“必须在每年编制计划的时候，重视这几种物资的生产，加强这些薄弱环节，使需要和供应之间的缺口越来越小，逐步求得解决”②。他主张通过提高生产能力，增加重要物资的供应量。

解决木材供给不足的问题。1954年12月31日，陈云在国务院召开的关于私营工商业问题座谈会上的讲话中指出：“现有私营工业生产中最突出的问题，就是有若干种行业（不是全部行业）设备有余，工人有余，任务不足，原料不足。这些行业是：机械制造，医疗和医疗器材，针织，成衣，食品（面粉、榨油、罐头），制革，文具和印刷，木材加工（特别是东北）。”③这将木材加工行业列入八大原料不足行业之中。1957年1月18日，陈云在各省、自治区、直辖市党委书记会议上的讲话中再次指出：“生产资料和生活资料的供应都紧张。基本建设和生产所需要的原材料，如钢材、木材、竹子、煤炭等，人民生活需要的许多消费品，都出现了严重的供不应求的现象，以致有些地方在搞以物易物。”④同年10月7日，陈云通过一组数据来说明了中国木材短缺状况。他说：“我们的木材很缺，现在一年砍二千八百万立方米就很紧张了。苏联是一年砍三亿立方米，美国是一年砍二亿八千万立方米。”⑤通过比较，足以看出中国木材紧缺

---

① 《陈云文选》第三卷，人民出版社1995年版，第53页。
② 《陈云文选》第三卷，人民出版社1995年版，第128页。
③ 《陈云文选》第二卷，人民出版社1995年版，第265页。
④ 《陈云文选》第三卷，人民出版社1995年版，第49页。
⑤ 《陈云文集》第三卷，中央文献出版社2005年版，第220页。

程度。如何解决市场木材供应不足呢？陈云提出可以考虑从外国进口木材，或者找一些替代品。"我国木材缺乏，纸浆生产不能依靠木材，可考虑进口一部分木浆，同时，要研究利用竹浆及棉秸代替木浆的问题。"①要彻底解决中国木材供给不足的问题，还应从根源抓起，保护森林、节约木材、植树造林。

四、橡胶是国防工业的重要原料

天然橡胶是关系一个国家国计民生的重要战略物资，它与钢铁、石油、煤炭并列为现代社会四大工业原料。新中国成立之前，中国没有天然橡胶事业。所需的天然橡胶，历来都靠从国外进口解决。新中国成立后，天然橡胶被列入西方国家对中国实行全面经济封锁和禁运重点物资之一。橡胶是国防工业的重要原料，党的第一代中央领导集体高度重视橡胶事业。

（一）党的第一代中央领导集体高度重视橡胶事业

作为党的第一代中央领导集体的成员，陈云对橡胶事业非常重视。1951年5月，陈云就提出："橡胶是战略物资，从朝鲜战争以来就不能进口了。海南岛可以种橡胶，但数量很小。中国别的地方也有宜于种橡胶的，产量虽然不象南洋群岛那样高，但是比没有强。我们是非常需要橡胶的，今后要尽可能多种。"②朝鲜战争爆发后，苏联领导人致电毛泽东，指出：帝国主义在战略物资包括橡胶上封锁我们，社会主义国家中只有中国能种橡胶，应开辟橡胶园生产橡胶，苏联愿从物质和技术方面予以支援。③ 为此，中共中央果断作出"一定要建立我国自己的橡胶生产基地"的战略决策。毛泽东委托陈云负责此项工作，开展调查研究。

为尽快查明中国橡胶的基本情况，陈云向林业部门和南方省的同志了解

---

① 中共中央文献研究室编：《陈云年谱（修订本）》中卷，中央文献出版社 2015 年版，第 177 页。

② 《陈云文稿选编（1949—1956）》，人民出版社 1982 年版，第 129—130 页。

③ 中共中央文献研究室编：《陈云年谱（修订本）》中卷，中央文献出版社 2015 年版，第 162 页。

橡胶的基本情况,听取汇报,邀请专家和华侨参加座谈。1951年6月,陈云向毛泽东提交调研报告,其中指出:"一、海南岛在解放以前就种了橡胶树,是巴西种,共有六十八万株。种植后第九年开始割胶,已割胶者只有二万七千株,每株每年能割胶一公斤(据说新加坡和印尼与此同种者每株每年能割三至四公斤)。""二、中国大陆上的广东南部、广西南部、云南南部、四川重庆四处解放前都已引种了一种印度种橡胶树。""三、除上述两种橡胶树外,还有四川、贵州两省所产的杜仲树(英名)和新疆所产的橡胶草,但它们的产胶量及胶质尚无确实的材料。""四、自七月起我们将对上述几种橡胶树及橡胶草分别加以研究,订出试验和种植的计划。"[①]报告对中国地区种植橡胶、胶种情况介绍得非常详细,为中共中央的决策提供了有力依据。这年8月,中共中央确定在华南热带雨林地区,大规模秘密建设橡胶生产基地。会议明确此项任务由陈云牵头,橡胶生产的方针是:"一要有,二要多,三要快。"

(二)橡胶是国防工业的重要原料

1951年7月2日,陈云同薄一波、李富春致电中南、华东、西南军政委员会负责人,指出:"橡胶是国防工业的重要原料,帝国主义国家已禁止橡胶输入我国,为此,一方面应尽可能扩大海南岛的巴西橡胶树种植面积,另一方面必须在粤、桂、滇、川、闽等省找寻宜于种植印度橡胶树的地区,并寻找其他胶树胶草。"[②]同年8月2日,中财委和林垦部共同召集粤、桂、滇、川四省及中南、西南、华东军政委员会林业主管人员开会,研究在大陆播种橡胶树的初步计划。会议决定:在粤、桂两省北纬24°线以南地区,云南北纬25°线以南、东经102°以西地区,四川自泸州至万县的长江河谷地区种植橡胶。[③] 8月9日,

---

① 《陈云文集》第二卷,中央文献出版社2005年版,第271—272页。

② 中共中央文献研究室编:《陈云年谱(修订本)》中卷,中央文献出版社2015年版,第164页。

③ 中共中央文献研究室编:《陈云年谱(修订本)》中卷,中央文献出版社2015年版,第171页。

陈云同薄一波致电叶剑英并转冯白驹,指出:"为争取橡胶之迅速自给,以保证工业和国防之需要,决定于一九五一年起,在两广一带大量培植巴西橡胶。"①

1951 年 8 月 11 日,陈云就橡胶种植问题,起草同薄一波联名给毛泽东并中共中央的报告,报告粤、桂、滇、川四省三大区林业专业会议拟定的在大陆布种橡胶树的初步计划。报告中讲道,中国大陆能种橡胶的区域:一是"粤桂两省:除粤东沿海可遭台风地区外,自北纬二十四度以南直到海边,均可种橡胶树。广东二十二度、广西二十三度以南直到海边,可种巴西橡胶树"。二是"云南省北纬二十五度以南,东经一百零二度以西,因有印度洋的暖流,故温度高,雨量足,可种橡胶树。普洱以南的车里县抗战时由华侨开了一个巴西橡胶园,种了五千株,国民党政府不加保护,被牲口践踏,尚存五百株。滇缅公路上龙陵以西的盈江地方,有少量印度橡胶树"。三是"四川境内自泸州至万县的长江河谷地区,沿江两岸各半公里,可种印度橡胶树"。报告说,"根据上述情况,我们与专家们共同判断,在我国大陆上的上述三个地区种植橡胶树是可以种得活的"。② 8 月 13 日,中共中央向各地转发了这个计划,征询意见。1952 年 9 月,中苏两国政府代表团签订了橡胶技术合作协定。

(三)好好进行橡胶种植这件事

1951 年 8 月 31 日,陈云出席政务院第 100 次政务会议,在讨论林垦部起草的《政务院关于扩大培植橡胶树的决定》时指出:"我国军队以陆军为主,所以仅在海南岛种植橡胶不保险,要想法在大陆培植。北纬二十三度以南可种橡胶的说法是有根据的,两广、云南、四川都有试种成功的例子。"英国在马来西亚试种橡胶,10 年成功后再种植,种植 10 年才能收胶。我们速度要快,今年先种 2 万亩苗圃。从苗圃到移栽需要 2 年,在这段时间内要加紧研究,从外国买些书来,并将南洋回来的橡胶工人和科学工作人员、地方干部这三股力量

---

① 《陈云文集》第二卷,中央文献出版社 2005 年版,第 274 页。
② 《陈云文集》第二卷,中央文献出版社 2005 年版,第 275—276 页。

组合起来,好好进行这件事。① 这份《决定》提出,为保证国防及工业建设的需要,必须尽快争取实现橡胶自给。

1951 年 9 月,陈云、叶剑英在广州主持召开华南垦殖局筹建工作会议。陈云在会上传达了中共中央关于发展橡胶的决定,他说,发展橡胶生产是一场封锁与反封锁的斗争,也是社会主义建设的一桩大事。中央重视这项事业,我们一定能把这项事业办好。随后,华南垦殖局成立,叶剑英兼任局长。这次会议拉开了大规模发展华南橡胶垦殖事业的帷幕。② 11 月中旬至 12 月初,陈云亲自带领林业部部长、部分专家和苏联派来的专家等,赴广州调研和部署橡胶种植工作,提出在华南尽快建立橡胶生产基地的具体意见。1952 年 1 月 4 日,陈云向毛泽东、周恩来报告:"他们(指苏联专家。——作者注)这次建议书中有两个要点:(一)七百五十万亩全种在海南岛、雷州半岛、合浦区。北纬二十二度半以北(龙州、南宁)只行试种,待确能种活后再在此线以北正式播种。(二)他们计算如果一切工作做得好,种子可能收得多(苏专家估计每树每年两市斤,在广州时海南同志坚持只能收籽零点七五市斤)。因此,可能两年完成收籽播苗七百五十万亩的计划(在广州估计六年,但可能争取四五年完成)。我考虑结果,同意力争多收种子。关于南宁、龙州只行试种,暂不大量播种的问题,隔两个月再作定论。因为一月份是最冷月,看去秋在该两处所种之苗能否过冬及其死亡率大小,三月再定应否在南宁、龙州播种的方针。"③报告中陈云表示同意苏联专家的建议,实事求是地分析了他们的建议,并提出切合实际的工作方针。

（四）组建橡胶垦殖队伍

要好好把橡胶事业搞好,必须有一支坚强的橡胶垦殖队伍和科研人才。

---

① 中共中央文献研究室编:《陈云年谱(修订本)》中卷,中央文献出版社 2015 年版,第175—176 页。

② 陈云纪念馆编:《上海陈云研究(2013 年)》,上海社会科学院出版社 2013 年版,第80 页。

③ 《陈云文集》第二卷,中央文献出版社 2005 年版,第336—337 页。

为此,陈云提出可以从外国买些关于橡胶种植的书来,同时,把从南洋回来的橡胶工人、中国的科学工作人员、当地地方干部这三股力量组合起来,建立有技术指导力量的橡胶垦殖队伍。叶剑英在给中央并陈云的报告中也提出:"一般技术干部拟主要从归国华侨中解决,计划明年利用南方大学训练1200名,派赴各地胶园任技术员。另请求中央将中大、西大两校林业专修班改为橡胶训练班,提早毕业并全部拨给华南使用。""为集中人才、增强力量,请求中央把国内橡胶专家都调到华南来。"①中共中央和陈云很快批复同意了叶剑英的报告。

1951年8月11日,陈云同薄一波联名给毛泽东并中共中央报告,就大力发展橡胶种植业提出了建议。报告提到:短时期内在大陆和海南岛这样大量扩充橡胶树补种的面积,这是一个巨大而复杂的工作。为了完成这项任务,陈云和薄一波在报告中对各个布种区的党委提出了七项要求,其中第四项至第七项的要求如下:"丁、由中央林垦部、中央教育部会同各大行政区人民政府,将各大学的森林系学生和教授适当地动员一部,去参加苗圃和选择荒地的工作。""戊、粤闽两个省委负责将过去和今后被逐回国的南洋胶园工人中能集合受训者,加以训练,以便分到布种区工作。""己、补充林业机关的干部,布种区省、专、县三级政府内专设种橡胶树的机构,配备苗圃的工作人员。""庚、布种区的省、地、县、区四级党委内,指定专管橡胶工作的党委委员。"②这份报告,对充分调动各方力量进行了有力部署,以保证橡胶工作的积极开展。

针对橡胶工人不足,陈云认为必须要充分利用种植区劳动力。陈云指示广东、福建的有关部门召集曾在东南亚胶园工作的工人,集中培训后,分配至各垦区作技术指导。③ 同时,陈云还提出调集专业的教学人员和调动军队赴华

① 《叶剑英在广东》,中央文献出版社1996年版,第437—438页。
② 《陈云文集》第二卷,中央文献出版社2005年版,第277—278页。
③ 陈云纪念馆编:《上海陈云研究(2013年)》,上海社会科学院出版社2013年版,第80页。

南屯垦植胶的意见。1952 年 1 月 11 日,陈云在将中财委为中共中央起草的致叶剑英并告邓子恢的电报送周恩来总理审阅时说:"中财委与林业部正动员全国橡胶专家赴华南工作,林业部与教育部已决定让中山大学、广西大学的林业专修科学生改上橡胶课,提前毕业参加植胶工作,请华南考虑使用军队屯垦植胶问题。"①为解决劳动力匮乏的难题,1952 年 3 月,陈云决定抽调军队组建林业工程第一、二师和一个独立团共两万名官兵赴海南和大陆参加植胶。② 在陈云、叶剑英的支持和关心下,橡胶垦殖队伍很快组建起来,推动了橡胶事业的发展。另外,在中国的橡胶事业发展前期,南洋华侨对橡胶垦殖发挥了积极作用。比如,爱国华侨陈嘉庚就曾针对橡胶问题提出过不少有价值的意见。垦殖橡胶队伍的建立,为新中国橡胶事业的发展提供了充足的科技和人力支持。

(五)总结橡胶事业发展的经验教训

由于西方帝国主义对中国的经济封锁,苏联地处北方,不能种植橡胶。因此,苏联表示愿意支持中国共同种植橡胶。橡胶是重要的战略物资,中苏双方都急于开展合作实现天然橡胶自给。在这种急躁的情绪下,尽管双方付出了巨大努力,但各地胶苗大部分生长不良甚至死亡,橡胶种植损失巨大。1957年 3 月底至 4 月初,陈云从上海赴广州及海南岛,了解橡胶种植情况,研究海南军垦农场的投资问题。4 月 1 日,他在视察国营西联农场时指出:"我国的橡胶事业虽然有几十年的历史,但是大规模的国营橡胶园还正在初办。我们要兢兢业业稳步前进。只要这样,我们是会成功的。"③1957 年 7 月 16—20日,陈云同李先念主持全国粮食会议。他在会上指出:"要吸取过去治淮、在海南岛和雷州半岛种植橡胶、建设三门峡水电站等工作中的教训。今后,凡是

---

① 中共中央文献研究室编:《陈云年谱(修订本)》中卷,中央文献出版社 2015 年版,第191 页。

② 韩洪洪:《陈云与新中国的橡胶事业》,《当代中国史研究》2005 年第 7 期。

③ 中共中央文献研究室编:《陈云年谱(修订本)》中卷,中央文献出版社 2015 年版,第536—537 页。

有关农业、林业、水利建设方面的重大问题,都应该事先在报纸上公布草案,并在全国范围内展开讨论,然后再作出决定。以免因为考虑不周而造成工作上的被动。"①同年 9 月,陈云在考察调研的基础上,对橡胶事业发展过程的经验教训进行总结,并主动承担责任,作自我批评。他说:"应该看到:我们历史上有一些事情,决定得太快了。比如说,决定大量种橡胶树,这件事情我有很大责任。那时斯大林来电报说要赶快搞,至少要二十万吨。苏联专家派来了,要机器也有,好,就种吧。种了以后,有许多种不活。我们的雷州半岛和南洋群岛不同,种的方法也不同,不能把所有好坏的种籽都拿来种,需要选种。下籽以后,十五到二十年才能看出产量多大。而我们一下就要求'多快好省',那是太急了。这是一个教训。"②1961 年,农垦部根据"调整、巩固、充实、提高"的八字方针,针对"大跃进"运动的植胶教训,在海南召开了全国橡胶生产技术会议,要求各农垦植胶区狠抓发展速度的调整,巩固现有的胶园;抓好胶园灭荒、补换植和修筑水土保持工程,种好覆盖作物,科学施肥,大力推广国外优良无性系胶树品种。③

　　为尽快建立起中国自己的橡胶基地,陈云倾注了大量心血。如召开多次会议,研究橡胶树的引种、布局、技术服务、劳动力安排等问题,统筹橡胶园建设的各个环节,保证了橡胶种植工作迅速、有效地开展。在陈云和其他党和国家领导人的关心下,经过一代又一代人的不懈努力,今天中国的橡胶,从产胶极少国变成产胶大国,橡胶栽培面积和产量都位居世界前列。

第三节　保护环境以造福子孙后代

　　新中国成立后,中国共产党领导人民进行社会主义革命和建设,取得了巨

---

① 中共中央文献研究室编:《陈云年谱(修订本)》中卷,中央文献出版社 2015 年版,第554 页。

② 《陈云文选》第三卷,人民出版社 1995 年版,第 85 页。

③ 周钟毓:《中国天然橡胶业 50 年》,《热带农业科学》2000 年第 5 期。

大成就,也付出了很大代价包括自然环境遭到破坏。周恩来对环境保护工作非常重视,他指出:"我们一定要重视环境保护问题。……我们搞建设,一定要想到人民的利益,想到子孙后代,不要做对不起子孙后代的事情。"①陈云在协助周恩来工作期间,在环境保护上主张"防害于先"。在探索中国社会主义建设道路的过程中,陈云提出了经济发展与环境保护相协调,并把环境保护提到国策的高度。

一、环境保护是一项基本国策

20 世纪 60 年代,中国的自然环境遭到了极大破坏,环境污染严重。1969年 6 月,周恩来在与卫生部军管人员谈话中指出:"毛主席讲'预防为主',要包括空气和水;如果污水、污气解决了,人民的身体健康了,就什么财富都可以创造,这是最大的财富。"②1973 年 8 月召开的第一次全国环境保护会议,揭开了中国环境保护事业的序幕。这次会议通过了《关于保护和改善环境的若干规定》,确定了"全面规划、合理布局、综合利用、化害为利、依靠群众、大家动手、保护环境、造福人民"的"三十二字方针"。这是我国第一个关于环境保护的战略方针。③

1975 年 6 月至 8 月,陈云到全国各地进行经济工作调查。在调查过程中,在赴高邮视察真武地区 58 号和 61 号石油钻井时就指出:"要注意环境污染问题,在生产设计的同时就要做好防止污染的设计,不要等到事后再解决。"④这要求企业建厂前就要做好污染防止计划。中共十一届三中全会决

①　曲格平:《新中国环境保护工作的开创者和奠基者——周恩来》,《党的文献》2000 年第 2 期。

②　中共中央文献研究室编:《周恩来年谱(1949—1976)》下卷,中央文献出版社 1997 年版,第 305—306 页。

③　《历届环境保护大会回顾》,《中国环境》2019 年第 10 期。

④　中共中央文献研究室编:《陈云年谱(修订本)》下卷,中央文献出版社 2015 年版,第 218 页。

定,将全党的工作重点转移到社会主义现代化经济建设上来。由于党的路线方针正确指导,中国经济迅速发展,环境保护工作再次引起了重视。1979年3月21日,陈云在中共中央政治局会议上的讲话中指出:"防止污染,必须先搞,后搞要多花钱。"①明确了"防害于先"主张的意义。同年6月17日,陈云致信李先念、姚依林,提出:"现已办了的工厂,哪些还未处理污染问题的,我们应该心中有数,逐步加以改变。今后办厂必须把处理污染问题放在设计的首要位置,真正做到防害于先,这是重大问题。"②

中共十一届三中全会开启了改革开放和社会主义现代化建设新时期。农村实行包产到户、包干到户,进而实行家庭联产承包责任制,调动了广大农民的生产积极性,农业经济迅速发展,大批农村劳动力释放,许多地区尤其是东部的江浙一带,乡镇企业蓬勃发展。众所周知,乡镇企业由于规模小,资金主要集中投资在扩大生产上,加上那时的人们环境保护意识淡薄,一度造成了空气、水等环境污染问题。陈云关注到了企业发展对环境的破坏。1981年9月2日,陈云在中共中央政治局会议上作关于经济问题的讲话。他在讲话中指出:"解决城市中的污染问题,从长远来看,也应该提到我们的议事日程上来了。工厂里头早投资比后来补上去省得多。开人代会的时候,上海有一位同志讲,要根治苏州河。苏州河的污染,那是帝国主义侵略的时候留下来的,我当学徒的时候看见的就是黑黑的水。现在,马上就要改变过来,可不容易。这件事情要摆在我们日程上面,逐步解决。"③1982年10月,陈云将新华社内部刊物上登载的《上海出现酸性雨污染环境》一文批送胡耀邦等阅,并在批语中指出:"治理费要放在前面。否则后患无穷。"④这里突出强调了环境保护工作要做到防害于先,先发展后治理的结果是后患无穷。1983年6月30日,陈云

---

① 《陈云文选》第三卷,人民出版社1995年版,第254页。
② 《陈云文选》第三卷,人民出版社1995年版,第263页。
③ 《陈云文集》第三卷,中央文献出版社2005年版,第491页。
④ 中共中央文献研究室编:《陈云年谱(修订本)》下卷,中央文献出版社2015年版,第354—355页。

出席中共中央工作会议并讲话。他在讲话中指出："建设要有重点,要分轻重缓急。农业、能源、交通,骨干企业的建设和改造,科技教育事业的发展,环境污染的防治以及知识分子生活待遇的提高等等,都是重点。"①在这次讲话中,他将环境污染的防治工作作为社会建设中的重点之一。

随着经济的发展,环境保护受到了党和政府高度重视,环境保护工作被提升到国家层面。1983 年 12 月 31 日至 1984 年 1 月 7 日,第二次全国环境保护会议在北京举行。会议提出,保护环境是我国必须长期坚持的一项基本国策。薄一波在会上指出:"经济建设和环境保护一定要有机地结合在一起,同步发展,要通过技术改造,综合利用,提高资源的利用率,保护环境。"②1986 年 5 月 18 日,陈云在视察上海宝山钢铁总厂时指出:"随着工业进一步的发展,尤其是乡镇企业的发展,要注意保护环境,一定不要使黄浦江水系受到污染。"③1988 年 8 月 25 日,陈云为纪念第一次全国环境保护会议召开和我国环境保护工作开创 15 周年题词:"治理污染,保护环境,造福子孙后代。"④同年 8 月 27 日,陈云将新华社和《人民日报》两篇反映环境污染情况的内部材料批送李鹏、姚依林等阅,并在给他们的信中指出:"治理污染、保护环境,是我国的一项大的国策,要当作一件非常重要的事情来抓。这件事,一是要经常宣传,大声疾呼,引起人们重视;二是要花点钱,增加投资比例;三是要反复督促检查,并层层落实责任。请告诉有关部门,这方面的材料,以后注意送我看看。"⑤1988 年 9 月 14 日,《人民日报》报道了这封信的要点。陈云的污染治理、保护

---

① 中共中央文献研究室编:《陈云年谱(修订本)》下卷,中央文献出版社 2015 年版,第 377 页。

② 《环境保护是我国的一项基本国策——第二次全国环境保护会议在北京召开》,《环境研究》1984 年第 2 期。

③ 中共中央文献研究室编:《陈云年谱(修订本)》下卷,中央文献出版社 2015 年版,第 445 页。

④ 中共中央文献研究室编:《陈云年谱(修订本)》下卷,中央文献出版社 2015 年版,第 468 页。

⑤ 《陈云文选》第三卷,人民出版社 1995 年版,第 364 页。

环境的主张,对中国地方政府重视环境保护,企业采取污染处置以及提高广大群众环境保护意识起到了积极作用。

二、珍惜土地资源,保护耕地土质

20世纪五六十年代,中国的耕地面积和人均耕地不算多,之后也是如此。即使在今天,中国的耕地面积约19亿亩,耕地资源还是谈不上富足,依然处于世界较低的水平。耕地资源关乎着人民的吃饭问题。为了提高粮食产量,不得不大量追加化肥和农药,粮食产量增加了但土地的结构遭到破坏,肥力、地力下降,板结贫瘠。加上住房、交通等都需要占用土地,保护耕地资源刻不容缓。

1956年11月19日,陈云在主持商业部扩大的部务会议上讲话指出:"我们耕地只有这些,但人口多,吃穿都靠它。"①人均耕地面积有限,又要保证人民有饭吃,必须提高粮食产量。陈云提出农业增产不能仅靠扩大耕地面积,而是要靠提高单位面积产量。除兴修水利,加大农业灌溉面积外,提倡积极使用农家肥,既可提高单位面积产量又可保护土质。1952年10月初,陈云在约请青浦农民曹象波、曹兴达来北京谈话时,就曾请他们回去转告区乡干部,要求区乡干部"组织大家进行农田水利建设,多种红花草,培养地力"②。1961年8月,陈云在《青浦农村调查》一文中又指出:"最近几年,由于多种小麦和双季稻,少种蚕豆和红花草,土地的肥力有逐渐衰退的趋势。虽然由于多施化肥,使粮食的亩产量仍然略有增长,但土质已经不如以前那样好。从长远着想,必须下决心把这种不合理的耕作制度迅速改变过来。"③化肥使用促进了粮食增产,然而大量使用化肥特别是氮肥使用过多又会导致土壤板结,对生态环境也

---

① 中共中央文献研究室编:《陈云年谱(修订本)》中卷,中央文献出版社2015年版,第502页。
② 中共中央文献研究室编:《陈云年谱(修订本)》中卷,中央文献出版社2015年版,第235页。
③ 《陈云文选》第三卷,人民出版社1995年版,第181页。

有一定影响。陈云对此也十分关注,还在 1961 年 5 月 16 日,他在起草中央化肥小组给中共中央的报告中就提到:"由于硫酸的资源和产量的限制,在某些地区硫酸根还容易破坏土壤结构,现在和将来都不宜于过多地生产硫酸铵。"①

改革开放和社会主义现代化建设新时期,陈云也一如既往关注着耕地资源保护问题。1988 年 10 月 8 日,陈云在同中央负责同志谈话时明确指出:"种田必须养地;承包工交企业的,必须确保设备完好率。化肥用得越多(超过一定数量),土地就越瘦,今后必须大力提倡施用农家肥。要研究现在农民不重视农家肥的原因,提出有效的解决办法。"②在这次谈话中,他还说:"现在无论是农业生产,还是工业生产,都相当普遍地存在着一种掠夺式的使用资源的倾向,应当引起重视。"③陈云珍惜土地等资源能源思想,对节约资源能源保护环境具有指导意义。

三、重视森林资源的生态价值

森林作为地球上可再生资源及陆地生态系统的主体,在人类生存和发展史中起着不可替代的作用,它具有保护土壤、涵养水分、调节气候、净化空气、消除噪声等生态服务功能。陈云在讲话中,也多次提到了森林资源的价值和作用。比如,1957 年 9 月 18 日,陈云在修改《中共中央、国务院关于今冬明春大规模地开展兴修农田水利和积肥运动的决定》的文稿时,特别加了一条:"开展造林运动对于水土保持和保护农田水利关系甚为密切。"④森林具有蓄水功能,能防止水土流失,林业与农业密切相关,对环境的改善同样发挥着重要作用。同年 10 月 7 日,国务院召开省市自治区党委书记座谈会,陈云在讲

---

① 《陈云文选》第三卷,人民出版社 1995 年版,第 148—149 页。
② 《陈云文选》第三卷,人民出版社 1995 年版,第 365 页。
③ 《陈云文选》第三卷,人民出版社 1995 年版,第 366 页。
④ 中共中央文献研究室编:《陈云年谱(修订本)》中卷,中央文献出版社 2015 年版,第 565 页。

话中强调:"种这么多树以后,气候、环境也可以改观。"①1961 年 11—12 月,陈云主持冶金工业座谈会。他在听取汇报时的讲话中指出:"植树造林既可提供工业原料,又可改变气候。美国大部分地方常年降雨量在五百至七百毫米,全国平均气温在十度以上。苏联像这样的地方只有国土的 5%。降雨量和气温对农业很重要。"②

为防止水土流失,进一步改善环境,陈云提出在丘陵地或有荒山、有风沙的地区植树造林,通过营造防风林、防沙林保护生态环境,扩大林业的种植面积和森林资源的存量。同时,木材采伐要统筹兼顾,既要考虑工业生产对木材等原材料的需求,不会造成资源浪费,又要考虑到企业的可持续发展。当时在中国第一个汽车制造厂的选址问题上,中央领导内部意见不一,有的主张建在首都北京附近,有的主张建在西部地区特大型城市西安附近,陈云从"搞工业要有战略眼光,选择地点要注意资源条件"的思想出发,经到北京西郊的衙门口、石家庄、太原、西安和长春等地进行实地考察,1951 年 4 月 4 日,他在中国共产党第一次全国组织工作会议上的讲话中指出:"如果这个汽车厂全年的生产量是三万辆汽车,电力就需要二万四千千瓦,西安只有九千千瓦,光修电站就需要几年时间。还需要钢铁,一年要二十几万吨,而石景山钢铁厂生产这么多钢铁,要在五年或者六年以后。木材要二万立方米,在西北砍木头,山都要砍光。……中国的第一个汽车工厂只能够设在东北。"③陈云的意见得到了中央的赞同,中国的第一个汽车厂最终设在东北的长春。这一结果,既使西北山上的木材没有因为建汽车厂而砍光,又使一汽对木材的合理需求得到了保障。这一决策充分体现了陈云关注生态环境、保护森林资源,从而使经济发展

---

① 《陈云文集》第三卷,中央文献出版社 2005 年版,第 221 页。
② 中共中央文献研究室编:《陈云年谱(修订本)》下卷,中央文献出版社 2015 年版,第 115 页。
③ 《陈云文选》第二卷,人民出版社 1995 年版,第 132—133 页。

与环境保护协调统一的远见卓识。①

　　中共十九大报告指出："我们要建设的现代化是人与自然和谐共生的现代化,既要创造更多物质财富和精神财富以满足人民日益增长的美好生活需要,也要提供更多优质生态产品以满足人民日益增长的优美生态环境需要。必须坚持节约优先、保护优先、自然恢复为主的方针,形成节约资源和保护环境的空间格局、产业结构、生产方式、生活方式,还自然以宁静、和谐、美丽。"②中共二十大报告也指出："我们坚持可持续发展,坚持节约优先、保护优先、自然恢复为主的方针,像保护眼睛一样保护自然和生态环境,坚定不移走生产发展、生活富裕、生态良好的文明发展道路,实现中华民族永续发展。"③这两段话也蕴含了陈云在社会主义生态文明建设方面的贡献。陈云关于社会主义生态文明建设的思想,特别是对资源和环境的论述与思想,丰富了马克思主义生态文明理论,为生态文明建设提供了理论指导,对中国特色社会主义生态文明建设的推进具有借鉴意义。

---

①　吴超:《陈云与新中国林业建设》,《北京科技大学学报(社会科学版)》2010年第4期。

②　习近平:《决胜全面建成小康社会　夺取新时代中国特色社会主义伟大胜利——在中国共产党第十九次全国代表大会上的报告》,《人民日报》2017年10月28日。

③　习近平:《高举中国特色社会主义伟大旗帜　为全面建设社会主义现代化国家而团结奋斗——在中国共产党第二十次全国代表大会上的报告》,《人民日报》2022年10月26日。

第六章　陈云关于中国共产党的建设的思想

陈云在中国革命、建设和改革的各个历史时期，对中国共产党的建设有许多论述，积累了党的建设思想的经验。陈云重视党员队伍建设和基层党组织建设包括支部建设，关注执政党的党风问题，并把这一问题提到了有关党的生死存亡的高度。同时，他也重视党性教育和党的纪律教育，提出了共产党员要加强党性教育和党的纪律教育的思想。思想建党是党的建设的重要组成部分。陈云关于中国共产党的建设的思想，是毛泽东建党学说和邓小平党建理论的重要组成部分，丰富和发展了中国共产党的党建理论。

第一节　思想建党是党的建设的重要组成部分

中国共产党的建设内涵丰富，它涉及党的政治建设、思想建设、组织建设、作风建设、纪律建设和制度建设等。陈云是党的第一代和党的第二代中央领导集体的成员，并担任过七年的中共中央组织部部长和九年的中共中央纪委第一书记，在党的建设各方面，都有丰富的实践经验和厚实的理论功底。从思想上建党是党的建设的基本经验，也是陈云党建思想的重要组成部分。

一、中国共产党始终重视思想建党

马克思主义的一个重要的建党原则，就是在思想上建党。思想建党，指的是"用马克思主义理论和工人阶级的世界观教育、武装全体党员，统一全党的思想，不断用马克思主义思想克服和改造各种非马克思主义思想，永葆党的工人阶级先锋队性质"①。这表明，在思想上建党，就是用马克思主义理论武装全体中国共产党党员，统一全党思想，克服和改造各种非马克思主义思想，永葆"中国共产党是中国工人阶级的先锋队，同时是中国人民和中华民族的先锋队"②这"两个先锋队"性质。"两个先锋队"，从根本上体现了中国共产党的性质。用马克思列宁主义、毛泽东思想、邓小平理论、"三个代表"重要思想、科学发展观、习近平新时代中国特色社会主义思想武装全党，充分发挥党的思想优势，是党的建设的一项重要任务。中国特色社会主义进入新时代，习近平同志把中国共产党这一重要的建党思想科学总结和高度概括为"思想建党"，并且提出在新的历史条件下推进党要管党、全面从严治党，就必须"坚持思想建党和制度治党紧密结合"，"要使加强制度治党的过程成为加强思想建党的过程，也要使加强思想建党的过程成为加强制度治党的过程"。他还阐述了思想建党的具体内容，提出："对党员、干部来说，思想上的滑坡是最严重的病变，'总开关'没拧紧，不能正确处理公私关系，缺乏正确的是非观、义利观、权力观、事业观，各种出轨越界、跑冒滴漏就在所难免了。思想上松一寸，行动上就会散一尺。思想认识问题一时解决了，不等于永远解决。就像房间需要经常打扫一样，思想上的灰尘也要经常打扫，镜子要经常照，衣冠要随时正，有灰尘就要洗洗澡，出毛病就要治治病。"③重视在思想上建党，是马克

---

① 秋石:《论在思想上建党》,《求是》2002 年第 12 期。
② 《中国共产党章程》,人民出版社 2022 年版,第 1 页。
③ 习近平:《在党的群众路线教育实践活动总结大会上的讲话》,《人民日报》2014 年 10 月 9 日。

思主义的重要建党原则,也是中国共产党建党实践的科学总结。

马克思主义认为,共产主义思想不可能自发产生,而需要教育获得,因此,必须注意加强思想建设,一刻也不能放松思想建设。中国共产党自身建设的一个显著特点,就是着重从思想上建党,就是刀刃向内、壮士断腕、刮骨疗毒,就是进行伟大的自我革命。从各个历史时期的国情和党情出发,中国共产党不仅始终坚持马克思主义关于思想建党的理论,而且始终坚持把思想建设摆在党的建设的一个非常突出的位置。

中国共产党在成立之初,就非常重视思想建党,在以后的革命实践中,更是把思想建党提到了新的认识高度。以毛泽东同志为主要代表的中国共产党人,在古田会议上创造性地提出了着重从思想上建党的新思路,注意克服各种非马克思主义思想。比如,古田会议批评了红军党内存在的各种非无产阶级思想,强调用无产阶级思想建设人民军队。又比如,1935 年 12 月 25 日,中共中央政治局通过《中央关于目前政治形势与党的任务决议》,其中指出:"由于中国是一个经济落后的半殖民地与殖民地,农民分子与小资产阶级出身的知识分子,常常在党内占大多数。但这丝毫也不减弱中国共产党的布尔什维克的地位。实事证明,这样成份的党,是能够完成世界无产阶级先锋队共产国际所给予的光荣任务的,是能够艰苦奋斗百折不回的,在世界各国共产党中,除联邦共产党外,中国共产党站在光荣的先进的地位。"①这段话表明,中国共产党是无产阶级的先锋队,一切为党的主张、民族革命与土地革命而奋斗的人都可以加入共产党和担负党的各项工作,并能够完成世界无产阶级先锋队所给予的任务。正如上述《决议》(由张闻天起草。——作者注)所指出的那样:"应该使党变为一个共产主义的熔炉,把许多愿意为共产党主张而奋斗的新党员,锻炼成为有最高阶级觉悟的布尔塞维克的战士。"②

抗日战争时期,陈云参与起草的《中央政治局关于巩固党的决定》指出,

---

① 《中共中央文件选集》第九卷,中共中央党校出版社 1986 年版,第 622 页。
② 《张闻天选集》,人民出版社 1985 年版,第 77 页。

在思想上、政治上、组织上巩固党,是"完成党的政治任务的决定因素"。新中国成立后尤其是改革开放和社会主义现代化建设新时期,陈云又从执政的角度思考党的建设。中共十一届三中全会以来,中国共产党科学回答和解决了改革开放条件下如何在思想上建党的问题,特别强调坚持解放思想、实事求是的思想路线,教育全党"老祖宗不能丢",任何时候都要坚持共产党人的理想信念和根本宗旨,坚守共产党人的精神追求。正是由于中国共产党始终重视在思想上建党,党才保持了朝气蓬勃的战斗精神,取得了革命、建设和改革的伟大胜利。

进入改革开放和社会主义现代化建设新时期,世情国情党情发生了深刻变化,陈云更加意识到新时期进一步加强思想建党及其对党的建设事业和国家的发展事业的紧迫性和极端重要性。他率先提出:"执政党的党风问题是有关党的生死存亡的问题。"[①]而思想建党,则是"党的建设上的根本问题"。

以中国共产党而言,重视在思想上建党,是党的建设的主要任务,也是加强党的建设的根本措施。把思想建设放在突出位置,是中国共产党自身建设的优良传统和鲜明特色。在党的各项建设中,党的思想建设是基础和灵魂。离开了思想建设,中国共产党就会丧失正确理论和思想路线的指导,党的政治路线就会出现偏差或失误。

在改革开放和社会主义现代化建设新的历史条件下,中国共产党必须重视党的思想建设,加强思想建党。中国特色社会主义新时代,如果离开了思想建设,那么,中国共产党的建设会出现什么样的情况呢?一旦离开了思想建设,中国共产党就不可能按照民主集中制的原则把各级党组织和广大党员组成统一的整体,为实现共同的目标而奋斗,包括实现第二个百年奋斗目标、实现中华民族伟大复兴的中国梦和实现共产主义社会。离开了思想建设,广大党员就不能树立正确的世界观、人生观和价值观,就难以保持和发扬党的优良

---

① 《陈云文选》第三卷,人民出版社 1995 年版,第 273 页。

作风,纠正和克服各种不正之风,弘扬科学精神,普及科学知识,开展移风易俗、弘扬时代新风行动,就难以自觉抵制各种腐朽落后文化的侵蚀、腐败行为的侵扰。离开了思想建设,就难以提高人民思想觉悟、道德水准和文明素养,就难以提高全社会文明程度,就难以弘扬民族精神和时代精神,就难以深入实施公民道德建设工程,就难以强化社会责任意识、规则意识、奉献意识。所以,要做到思想建党和制度治党同向发力,统筹推进党的各项建设。

二、党的思想建设是党的基础性建设

2017 年 10 月召开的中共十九大强调:"思想建设是党的基础性建设。"① 一个在人口众多的社会主义国家长期执政的执政党,必须注重党的思想建设,必须把思想建设作为党的基础性建设来抓。列宁在《怎么办?》一文中就曾指出:"没有革命的理论,就不会有革命的运动","只有以先进理论为指南的党,才能实现先进战士的作用"。② 这就阐明了党的指导思想对马克思主义政党的重要性。中共十九大召开前夕,在 2017 年 9 月 29 日,中共中央政治局就当代世界马克思主义思潮及其影响进行第 43 次集体学习。习近平同志在主持学习时发表重要讲话,阐明了深刻认识马克思主义的时代意义和现实意义。他指出:"回顾党的奋斗历程可以发现,我们党之所以能够不断历经艰难困苦创造新的辉煌,很重要的一条就是我们党始终重视思想建党、理论强党,坚持用科学理论武装广大党员、干部的头脑,使全党始终保持统一的思想、坚定的意志、强大的战斗力。"③这一重要论述,从党的奋斗历程出发,强调思想建党和理论强党,具有重要的理论意义和实践意义。

对于党的思想建设,陈云也非常重视。早在抗日战争时期,由陈云参与起

---

① 习近平:《决胜全面建成小康社会　夺取新时代中国特色社会主义伟大胜利——在中国共产党第十九次全国代表大会上的报告》,《人民日报》2017 年 10 月 28 日。

② 《列宁选集》第 2 卷,人民出版社 1995 年版,第 311—312 页。

③ 《习近平在中共中央政治局第四十三次集体学习时强调　深刻认识马克思主义时代意义和现实意义　继续推进马克思主义中国化时代化大众化》,《人民日报》2017 年 9 月 30 日。

草的《中央政治局关于巩固党的决定》就指出,在思想上、政治上、组织上巩固党,是"完成党的政治任务的决定因素"。新中国成立后特别是中共十一届三中全会后,陈云对党的建设又提出了许多重要意见。比如,陈云指出:"我们党是执政党,目前又处在新的发展时期,如何有效地进行思想建设和组织建设,事关重大。"①又比如,陈云主持制定了《关于党内政治生活的若干准则》,提出"执政党的党风问题是有关党的生死存亡的问题"这一论断。总之,陈云关于党的领导和党的建设的重要论述和重要举措,对我们今天坚持党要管党、全面从严治党和毫不动摇把党建设得更加坚强有力,仍然有着重要的指导意义和借鉴作用。

对于中国共产党的自身建设来说,思想建设是党的基础性建设;对于一个中国共产党的党员来说,思想建设也是他个人努力的基础性建设。一个真正的共产党员,要做到终身为共产主义事业而奋斗,就必须在思想上牢固树立这一理念,在行动上努力践行这一理念。陈云把"终身为共产主义奋斗"作为共产党员的标准中的第一条,他指出:"一个愿意献身共产主义事业的共产党员,不仅应该为党在各个时期的具体任务而奋斗,而且应该确定自己为共产主义的实现而奋斗到底的革命的人生观。"②无论斗争如何艰巨、情况怎样复杂,都要有不可动摇的坚强意志和党性。改革开放后,陈云又强调指出:"社会主义经济建设和经济体制改革,更加要有为共产主义事业献身的精神。"③陈云在这里所强调的终身为共产主义奋斗、对革命对党的无限忠诚、把革命的和党的利益放在第一位等,都是要求共产党员要注重思想建设,锻炼坚强党性和坚定理想信念。

三、坚定理想信念是党的思想建设的首要任务

中共十九大报告指出:"革命理想高于天。共产主义远大理想和中国特

---

① 《陈云文选》第三卷,人民出版社 1995 年版,第 352 页。
② 《陈云文选》第一卷,人民出版社 1995 年版,第 137 页。
③ 《陈云文选》第三卷,人民出版社 1995 年版,第 353 页。

色社会主义共同理想,是中国共产党人的精神支柱和政治灵魂,也是保持党的团结统一的思想基础。要把坚定理想信念作为党的思想建设的首要任务,教育引导全党牢记党的宗旨,挺起共产党人的精神脊梁,解决好世界观、人生观、价值观这个'总开关'问题,自觉做共产主义远大理想和中国特色社会主义共同理想的坚定信仰者和忠实实践者。"①如前所述,思想建设是党的基础性建设,而搞好党的思想建设,就必须加强理想信念教育。中共十九大报告提出把坚定理想信念作为党的思想建设的首要任务,其实就是要把坚定党员的共产主义理想信念摆在党的思想建设的首位。也就是说,坚持把中国共产党人的精神支柱和政治灵魂的共产主义远大理想和中国特色社会主义共同理想放在首位,这是马克思主义的建党原则,也是陈云党建思想的鲜明特色。陈云在《怎样做一个共产党员》一文中,提出了共产党员的六条标准,其中第一条就是终身为共产主义奋斗。文章还谈到了共产党员如何建立和坚定自己的人生观的问题,陈云指出:"首先必须认识到人类社会历史发展的规律和坚信共产主义社会必然实现的前途。这就是说,一个共产党员应该从他的阶级觉悟,从他的实际革命锻炼中,从他对于马克思主义的修养中,深切了解到无产阶级在社会上的历史地位和作用,懂得无产阶级的利益及其解放全人类的伟大事业,洞悉共产党及其党员的当前任务和根本目标。只有这样,他才能确定自己的人生观。"②这个思想观点,陈云从 20 世纪 30 年代起就开始讲,一直讲到 20 世纪 90 年代,讲了半个多世纪。他还特别强调要把党的最终奋斗目标同具体奋斗任务相结合,在为具体任务奋斗时,始终不忘党的最终奋斗目标。从这里,我们可以看出,陈云所揭示的共产党员能够坚守共产主义信仰必须具备的素质,这就是:认清人类社会历史发展的规律和坚信共产主义社会必然实现的前途,必须具有大无畏的百折不挠的精神去面对挫折和克服困难。不具备这

---

① 习近平:《决胜全面建成小康社会　夺取新时代中国特色社会主义伟大胜利——在中国共产党第十九次全国代表大会上的报告》,《人民日报》2017 年 10 月 28 日。
② 《陈云文选》第一卷,人民出版社 1995 年版,第 137—138 页。

两方面素质,坚守信仰就是一句空话。陈云要求每个共产党员,以毕生的实践,在这两个方面不断磨炼自己,为共产主义事业奋斗到底。

改革开放后,国内外形势的变化和发展对共产党员信仰的坚定性提出了严峻挑战,所以,对共产党员进行理想信念和坚定信仰教育显得尤为重要。陈云指出:"民主革命时期,我们用共产主义思想教育党员和群众中的先进分子,才使党始终有战斗力,使革命取得了胜利。社会主义经济建设和经济体制改革,更加要有为共产主义事业献身的精神。"①坚定党员的共产主义信念,说到底是为了从思想上保证党的无产阶级先锋队的性质,保证党的思想纯洁性。陈云指出:"党坚决反对不保持党的成分的纯洁,不加强无产阶级的骨干,不以共产主义为根本目标,使党降为各阶级的'民族革命联盟'的任何观点,而牢固地确立一切党员都必须为无产阶级的共产主义事业奋斗终身的思想。"②

陈云坚信共产主义,坚信马克思主义,坚信中国特色社会主义。新中国成立后,陈云一如既往地坚信中国共产党的最终奋斗目标就是实现共产主义,并且为着实现这一目标不懈奋斗。"文化大革命"中,正是心中始终牢记共产主义,才支撑着他度过那段艰难的岁月。1973 年 2 月 12 日,陈云在给张子宏的复信中指出:"自科学共产主义创立以来,不过一百三十年,世界已发生了翻天覆地的变化,共产主义的世界终将代替资本主义世界,对这一点愈来愈多的人深信不疑了。我对世界革命的胜利,完全乐观的。"③改革开放和社会主义现代化建设新时期,有的人认为,改革是偏离社会主义方向,走向资本主义。对这种观点,陈云进行了反驳,并提出了自己的思想观点和主张。1985 年 6 月,陈云在全国端正党风工作经验交流会上的书面讲话中指出:"任何一个共产党员,每时每刻都必须牢记,我们是搞社会主义的四个现代化,不是搞别的现代化。

---

① 《陈云文选》第三卷,人民出版社 1995 年版,第 352—353 页。
② 《陈云文选》第一卷,人民出版社 1995 年版,第 134 页。
③ 《陈云文集》第三卷,中央文献出版社 2005 年版,第 412 页。

我们进行的事业,是社会主义事业。"①在中共十二届二中全会上,陈云就曾经指出:"共产党员的标准是不惜牺牲自己的生命为共产主义而奋斗终身。"②从以上可以看出,无论是顺境还是逆境,陈云始终坚持共产主义不动摇。

中共十八大以来,中国共产党把加强党员干部理想信念教育摆在党的思想建设的突出位置。习近平同志在各种会议和各种场合的讲话中,都将理想信念比作共产党人精神上的"钙""政治灵魂"和"精神支柱",强调"革命理想高于天","理想信念动摇是最危险的动摇,理想信念滑坡是最危险的滑坡"。比如,2013 年 6 月 28 日,习近平同志在全国组织工作会议上的讲话中指出:"理想信念坚定,是好干部第一位的标准,是不是好干部首先看这一条。如果理想信念不坚定,不相信马克思主义,不相信中国特色社会主义,政治上不合格,经不起风浪,这样的干部能耐再大也不是我们党需要的好干部。只有理想信念坚定,用坚定理想信念炼就了'金刚不坏之身',干部才能在大是大非面前旗帜鲜明,在风浪考验面前无所畏惧,在各种诱惑面前立场坚定,在关键时刻靠得住、信得过、能放心。"③又比如,2025 年 6 月 13 日,习近平同志指出:"新时代新征程,我们要坚定理想信念,树立必胜信心,在变乱交织、错综复杂的形势面前保持政治定力,不畏浮云遮望眼,乱云飞渡仍从容。要自觉践行全心全意为人民服务的根本宗旨,站稳人民立场,厚植为民情怀,走好新时代党的群众路线,察民情、听民声、顺民意、解民忧,紧紧依靠人民创造历史伟业。要深入贯彻中央八项规定精神,以坚强党性涵养优良作风,始终保持奋发进取、迎难而上的精神状态,以改进作风的实际成效赢得人民群众支持和拥护。"④中国共产党的历届中央领导集体都极其重视共产党员的理想信念问

① 《陈云文选》第三卷,人民出版社 1995 年版,第 347 页。
② 《陈云文选》第三卷,人民出版社 1995 年版,第 332 页。
③ 《习近平谈治国理政》,外文出版社 2014 年版,第 413 页。
④ 习近平:《在纪念陈云同志诞辰 120 周年座谈会上的讲话》,《人民日报》2025 年 6 月 14 日。

题,很多提法和论断体现了理论逻辑上的一致性。陈云关于要把党的最终奋斗目标同具体任务相结合的思想,在今天仍然有着很强的现实意义。

第二节　非常重视中国共产党的政治建设

党的政治建设是党的根本性建设,决定党的建设方向和效果。中国共产党历来都非常重视政治建设。在中国革命、建设和改革的各个历史时期,陈云也非常重视党的政治建设,强调全党服从中央、中央要有权威等,并提出过许多具体的思想主张,概括起来主要有:坚持党的实事求是的思想路线并将其具体化,必须走群众路线和维护群众利益,正确开展党内政治生活,不断推进党的制度建设。

一、坚持党的实事求是的思想路线并将其具体化

政治建设的最终目的是把中国共产党建设好,而把中国共产党建设好,就必须坚持实事求是。在政治建设方面,陈云能够有针对性地提出符合实际的观点和措施,其主要原因就在于他坚持党的实事求是的思想路线,善于把马克思列宁主义基本原理同中国具体实际相结合,一切从实际出发,实事求是,从调查研究中找到解决问题的办法。

(一)强调了实事求是思想路线的重要地位和作用

什么是实事求是? 实事求是就是立足实际,研究事物的内部联系及其规律性,最终达到认识事物本质的目的。简言之,实事求是,通常指的是按照事物的实际情况办事。早在抗日战争时期,毛泽东在《改造我们的学习》一文中就曾指出:"'实事'就是客观存在着的一切事物,'是'就是客观事物的内部联系,即规律性,'求'就是我们去研究。"①从毛泽东对实事求是的解释和阐述

---

① 《毛泽东选集》第三卷,人民出版社1991年版,第801页。

中,我们可以看出,他所说的"是",就是事物的发展规律,他所说的"求是",就是认真探求、深入研究事物的发展规律。毛泽东的这种态度,就是"实事求是"的态度,"这种态度,有实事求是之意,无哗众取宠之心。这种态度,就是党性的表现,就是理论和实际统一的马克思列宁主义的作风。这是一个共产党员起码应该具备的态度"①。

要把实事求是放到重要的位置。陈云非常看重实事求是,而且一生都在强调和践行。陈云曾经把实事求是称为可以抵得上百万军队,他指出:"如果我们的同志都把心摆得非常正,非常实事求是,毫无个人主义,可以抵得十万军队,一百万军队,这是无敌的力量。"②陈云要求我们要重视实事求是,将它运用到我们的日常工作中去。③ 由此可见,实事求是不只是一个工作态度问题,也是一个工作方法问题。如同陈云所说的,承认实事求是容易,做到实事求是难。坚持实事求是,关键是要把"实事"弄清楚。还在1962年2月8日,陈云在参加扩大的中央工作会议的陕西省全体干部会议上的讲话中就曾指出:"我们常讲实事求是。实事,就是要弄清楚实际情况;求是,就是要求根据研究所得的结果,拿出正确的政策。"④16年之后的1978年12月10日,陈云在中央工作会议东北组的发言中再次指出:"我们要坚持实事求是,就是要根据现状,找出解决问题的办法。首先弄清事实,这是关键问题。"⑤到了1979年3月21日,陈云在中共中央政治局会议上的讲话中又强调指出:"讲实事求是,先要把'实事'搞清楚。这个问题不搞清楚,什么事情也搞不好。"⑥从陈云的这些论述中,我们可以看出:他把是否搞清楚"实事",放在了党的事业成败的高度来认识,明确地提出了搞清楚"实事"的重要性。

---

① 《毛泽东选集》第三卷,人民出版社1991年版,第801页。
② 《陈云文选》第一卷,人民出版社1995年版,第297页。
③ 刘家栋:《陈云在延安》,中央文献出版社1995年版,第173页。
④ 《陈云文选》第三卷,人民出版社1995年版,第188页。
⑤ 《陈云文选》第三卷,人民出版社1995年版,第235页。
⑥ 《陈云文选》第三卷,人民出版社1995年版,第250页。

坚持一切从实际出发。陈云一贯认为,只有弄清楚"实事",坚持从实际出发,才能作出正确的决策,制定正确的政策。比如,他在《学会领导方法》一份讲话提纲中就曾指出:"领导机关决定计划,执行计划,检查工作,都必须主客观相一致。""计划是主观的,但必须建立在客观可能的基础上。计划要适合于路线,又要适合于客观实际情况。客观情况是基本的。"①实事求是、一切从实际出发,是马克思主义的唯物辩证法,这是我们观察问题、分析问题和解决问题的基本方法。一切从实际出发是唯物主义的根本要求,是中国共产党的实事求是的思想路线的根本要求,也是我们搞好党的建设的基本遵循。

必须坚持党的实事求是的思想路线。陈云认为,要取得中国革命的成功和社会主义建设的胜利,首先必须把中国共产党建设好。而把中国共产党建设好,就必须坚持实事求是。发挥中国共产党的先锋队和领导核心作用,维护党的团结和集中统一,保持党的先进性及其政策的正确性,就必须坚持党的实事求是的思想路线。《中国共产党章程》规定:"中国共产党是中国工人阶级的先锋队,同时是中国人民和中华民族的先锋队,是中国特色社会主义事业的领导核心……"②这里的"先锋队""领导核心",凸显了中国共产党的性质、地位和作用。毛泽东早在井冈山斗争时期就曾指出,红色政权的长期存在与发展和中国革命的成功,"有一个要紧的条件,就是共产党组织的有力量和它的政策的不错误"③。那么,如何保证"共产党组织的有力量和它的政策的不错误"呢? 陈云强调指出,必须坚持党的实事求是的思想路线,一切从实际出发制定和贯彻执行党的各项方针政策。

(二) 以"十五字诀"将党的实事求是的思想路线具体化

在延安时期,陈云对"十五字诀"特别是对"交换、比较、反复"就作过解

---

① 《陈云文选》第一卷,人民出版社 1995 年版,第 220 页。
② 《中国共产党章程》,人民出版社 2022 年版,第 1 页。
③ 《毛泽东选集》第一卷,人民出版社 1991 年版,第 50 页。

释。此后,他在不同的场合、从不同的角度又多次阐述"十五字诀"。而且,陈云还把"十五字诀"融入中国共产党的实事求是的思想路线中。虽然,"十五字诀"的含义及其体会陈云早已有之,但他作出完整的表述则是在改革开放和社会主义现代化建设新时期,具体地讲,是在 20 世纪 90 年代初。1990 年 1 月 24 日,陈云在同浙江省党政军负责同志谈话时指出:"在延安的时候,我曾经仔细研究过毛主席起草的文件、电报。当我全部读了毛主席起草的文件、电报之后,感到里面贯穿着一个基本指导思想,就是实事求是。那末,怎样才能做到实事求是?当时我的体会就是十五个字:不唯上、不唯书、只唯实,交换、比较、反复。"①同时,陈云还解释并阐述了这十五个字的内涵。

"不唯上,并不是上面的话不要听"②。而是说,权力、职务和威望并不代表更不等于真理,上面的话对不对,不是由上面的人说了算,而是要由社会实践来检验;我们必须把对上面负责同对事业负责、对下面负责、对人民负责和对历史负责有机地统一起来。

"不唯书,也不是说文件、书都不要读"③。而是说,书上的东西并不等于百分之百的正确,就像古人所说的"尽信书不如无书";书上的东西对不对,归根到底还是要由社会实践来检验;在将书上讲的东西付诸实际的时候,必须结合当时当地的实际情况,真正做到具体情况具体分析,具体问题具体对待,因地制宜,因势利导。

"只唯实,就是只有从实际出发,实事求是地研究处理问题,这是最靠得住的"④。

陈云说,这九个字,讲的是唯物论。我们认为,陈云提出的这九个字,实际上就是存在决定意识,物质是第一性的,意识是第二性的,以及认识来源于实

---

① 《陈云文选》第三卷,人民出版社 1995 年版,第 371 页。
② 《陈云文选》第三卷,人民出版社 1995 年版,第 371 页。
③ 《陈云文选》第三卷,人民出版社 1995 年版,第 371 页。
④ 《陈云文选》第三卷,人民出版社 1995 年版,第 371 页。

践,实践又推动认识等马克思主义历史唯物主义基本原理的集中体现。

　　"交换,就是互相交换意见"①。这就是说,要通过交换意见,对事物有一个全面的符合实际的了解,力戒认识上的片面性。为此,陈云以茶杯为例说:"比方说看这个茶杯,你看这边有把没有花,他看那边有花没有把,两人各看到一面,都是片面的,如果互相交换一下意见,那末,对茶杯这个事物我们就会得到一个全面的符合实际的了解。过去我们犯过不少错误,究其原因,最重要的一点,就是看问题有片面性,把片面的实际当成了全面的实际。"②可见,对于一个领导干部来讲,交换意见,交流思想,确实能使彼此的认识趋于全面,有利于问题的解决。

　　"比较,就是上下、左右进行比较"③。这就是说,要对事物矛盾着的几个方面进行比较、分析、研究,从中找出这一事物区别于他事物发展的客观规律。陈云以毛泽东的《论持久战》为例说:"抗日战争时期,毛主席《论持久战》就是采用这种方法。他把敌我之间互相矛盾着的强弱、大小、进步退步、多助寡助等几个基本特点,作了比较研究,批驳了'抗战必亡'的亡国论和台儿庄一战胜利后滋长起来的速胜论。毛主席说,亡国论和速胜论看问题的方法都是主观的和片面的,抗日战争只能是持久战。"④陈云如此推崇毛泽东的《论持久战》,一定有他自己的道理。《论持久战》深刻分析战争的形势和特点,科学预见战争的前景和进程,明确指出胜利的路径和方法,对制定全国抗战的战略方针,鼓舞全国人民的必胜信心,产生了重大影响。《论持久战》为人们认识事物的本质和探寻事物发展的规律起了一个方法论的作用,对陈云思考问题也有很大的启发,用他自己的话说,那就是"所有正确的结论,都是经过比较的"⑤。

---

① 《陈云文选》第三卷,人民出版社 1995 年版,第 371 页。
② 《陈云文选》第三卷,人民出版社 1995 年版,第 371 页。
③ 《陈云文选》第三卷,人民出版社 1995 年版,第 371 页。
④ 《陈云文选》第三卷,人民出版社 1995 年版,第 372 页。
⑤ 《陈云文选》第三卷,人民出版社 1995 年版,第 372 页。

"反复,就是决定问题不要太匆忙,要留一个反复考虑的时间"①。亦即,决定问题时要慎重,要经过多次认识和实践,力求全面、准确地反映客观实际。陈云说这也是毛主席的办法。陈云还以毛主席为例说:"他(指毛泽东。——作者注)决定问题时,往往先放一放,比如放一个礼拜、两个礼拜,再反复考虑一下,听一听不同的意见。如果没有不同的意见,也要假设一个对立面。吸收正确的,驳倒错误的,使自己的意见更加完整。并且在实践过程中,还要继续修正。"②陈云说,这六个字,讲的是辩证法。我们认为,陈云提出的这六个字,实际上就是对立统一规律以及全面发展的观点等马克思主义辩证唯物主义基本原理的集中体现。

"十五字诀"深刻地说明了认识的辩证法和一切从实际出发的科学态度。陈云所阐述的这"十五字诀"的内涵,实际上体现了中国共产党的实事求是的思想路线,而坚持了党的实事求是的思想路线,也就一定能够把中国共产党建设好。联系陈云多次讲到的这"十五字诀"和中国的实际,我们可以看出,"不唯上、不唯书、只唯实",是陈云对毛泽东思想精髓的高度概括和深刻把握,是党的实事求是路线的生动体现和具体运用,是在实际工作中如何贯彻这条思想路线的创造性发展,也是贯穿于陈云的理论和实践的科学方法论。"交换、比较、反复"这六个字,是陈云对马克思主义辩证思维方法的创造性发展,它体现了一般决策程序和决策原则,对科学决策的有效性成功性具有很强的指导作用。

陈云有关党的实事求是的思想路线论述之内涵很丰富,这里讲到的"十五字诀"就是该论述的生动而有力的体现。陈云在 70 年的革命工作中,所作的各项决策包括党的建设和政治建设方面的决策之所以符合实际,一生中没有犯大错误、小错误也几乎没有,与他一贯坚持和大力提倡的这个"十五字

---

① 《陈云文选》第三卷,人民出版社 1995 年版,第 372 页。
② 《陈云文选》第三卷,人民出版社 1995 年版,第 372 页。

诀"、始终坚持实事求是是密不可分的。

(三)贯彻党的实事求是的思想路线还必须重视调查研究

调查研究,对贯彻党的实事求是的思想路线意义重大。早在抗日战争时期,毛泽东在为中共中央起草的《中共中央关于调查研究的决定》中就指出:"党内许多同志,还不了解没有调查就没有发言权这一真理。还不了解系统的周密的社会调查,是决定政策的基础。还不知道领导机关的基本任务,就在于了解情况与掌握政策,而情况如不了解,则政策势必错误。"[①]1941 年 5 月,毛泽东在高级干部会议上作《改造我们的学习》的报告。这个报告"深刻地论述了马克思列宁主义基本原理同中国革命具体实际相结合的原则,尖锐批判了主观主义作风,号召全党注重调查研究"[②]。之后,中共中央作出《关于增强党性的决定》和《关于调查研究的决定》,号召全体党员和干部开展调查研究,坚持实事求是的原则,遵守党的纪律,加强党的团结,从思想上、政治上、组织上克服各种不良倾向和作风。

陈云一贯重视调查研究。比如,1934 年 6 月 7 日,他在兼任中共中央白区工作部部长时,为中共中央编印的一本内部学习小册子撰写前言,题为《建立白区工作的几个重要问题》。这篇前言指出:"一切工作方法,必须随着每个地方的不同情形来决定。一般的原则和方法,可以参考党中央各种决议,同时要审慎地结合当地当时的实际情形来提出适当的口号,灵活地运用各种工作方法。"[③]陈云在这里说的"每个地方的不同情形""当地当时的实际情形",其实就是具体情况和具体事情,就是要求我们通过调查研究的方法去弄清,这样,才便于我们决策。又比如,1939 年 12 月 10 日,陈云在中国共产党陕甘宁

---

① 《毛泽东文集》第二卷,人民出版社 1993 年版,第 360 页。

② 中共中央党史研究室:《中国共产党历史(1921—1949)》第一卷(下册),中共党史出版社 2011 年版,第 616 页。

③ 《陈云文选》第一卷,人民出版社 1995 年版,第 29 页。

边区第二次代表大会上的讲话中指出："我们要深入下层,做检查工作,不能只看下面的报告。报告上都说,任务完成了,但实际一检查,就可以发现任务完成得不一样,完成任务的办法也不一样。这里可以说说我曾经看过的两个县。一个接到上面一个命令,要动员五个人参军,于是向土豪劣绅要了一些粮食,召开了群众大会,说谁来参军,就给谁家多少粮。这里的任务虽然完成了,但工作基础是不扎实的,方法也不好。另外一个县,支部工作做得好,动员参战先做宣传解释工作,而且做得很深入,很细致,动员去的战士没有一个开小差的。同样是完成任务,但是他们的工作有很大的不同。检查基层工作,特别是支部工作,比检查县委和区委的工作还要实际。"①陈云的这个调查研究方法,即使是在今天,也值得我们学习和借鉴。因为深入基层调研,不能满足于仅仅看报告,还要多方了解、听取多方意见,这种深入、细致的调查研究的工作方法,能够保证领导工作的正确决策。

在很多会议上和很多场合里,陈云都强调:"我们做工作,要用百分之九十以上的时间研究情况,用不到百分之十的时间决定政策。所有正确的政策,都是根据对实际情况的科学分析而来的。有的同志却反过来,天天忙于决定这个,决定那个,很少调查研究实际情况。"②也就是说,"领导机关制定政策,要用百分之九十以上的时间作调查研究工作,最后讨论作决定用不到百分之十的时间就够了"③。陈云的这些论述说明,调查研究是制定正确政策的一个极其重要的途径。

关于调查研究,毛泽东有许多著名的论述。比如,他指出:"没有调查,没有发言权。"④"一切结论产生于调查情况的末尾,而不是在它的先头。"⑤"调

---

① 《陈云文选》第一卷,人民出版社 1995 年版,第 175 页。
② 《陈云文选》第三卷,人民出版社 1995 年版,第 34 页。
③ 《陈云文选》第三卷,人民出版社 1995 年版,第 189 页。
④ 《毛泽东选集》第一卷,人民出版社 1991 年版,第 109 页。
⑤ 《毛泽东选集》第一卷,人民出版社 1991 年版,第 110 页。

查就像'十月怀胎',解决问题就像'一朝分娩'。调查就是解决问题。"①陈云对毛泽东的这些观点非常赞赏并身体力行,调查研究成为陈云极为重要的一种工作方法。正因为陈云非常注重深入细致的调查研究,所以他能够拿出解决问题的对策和举措。

陈云也重视调查研究的方法。关于调查研究的方法,他提出了两种方法。比如,1990 年 1 月 24 日,陈云在同浙江省党政军负责同志谈话时讲到了调查研究的两种方法。他指出:"搞调查研究有两种方法:一种是亲自率工作组或派工作组下乡、下厂,这当然是十分必要的;另一种是每个高中级领导干部都有敢讲真话的知心朋友和身边工作人员,通过他们可以经常听到基层干部、群众的呼声。后一种调查研究,有'真、快、广'的特点。所谓真,就是他们敢于反映真实情况,敢讲心里话。因为他们信得过你,知道你不会整他们。我就有这样一些朋友。所谓快,就是当问题处于萌芽状态时,就能够及时发现。所谓广,就是全国各省市各行各业,都有许多高中级干部(包括离休、退休的)。"②这两种调查研究方法,都是陈云身体力行和深入思考的结果,也是他工作的经验之谈。

在调查研究中,陈云极力推崇典型调查的方法。他认为,调查研究的方法,不是一百多个部一个一个地都拿本子在书记处会上念一道,大家东插一句、西插一句,最后主持会议的讲一讲就通过了。调查研究的方法,也不是一个星期跑 22 个县,那样无非是坐汽车走一圈。这种工作方法太简单。那么,在调查研究时,究竟采取什么样的方法呢? 他认为,应该亲自率领工作组下农村、下工厂进行典型调查,抓住一两个典型,总结出经验。在 1961 年 6 月下旬到 7 月上旬做农村调查时,陈云就选择了青浦县小蒸人民公社做典型调查。为了搞清楚母猪公养好还是私养好的问题,他亲自观察了该公社 15 个养猪场

---

① 《毛泽东选集》第一卷,人民出版社 1991 年版,第 110—111 页。
② 《陈云文选》第三卷,人民出版社 1995 年版,第 372 页。

中的 10 个,并召开了两次养猪问题座谈会,了解到"私养母猪养得好,产苗猪多,苗猪的成活率高。相反,公养母猪空怀多,流产多,苗猪死亡多"①的情况,最后得出了"要迅速恢复和发展养猪事业,必须多产苗猪;而要多产苗猪,就必须把母猪下放给社员私养。这是今后养猪事业能否迅速恢复和发展的一个关键"②的结论。陈云这样全面、深入、细致的调查,堪称典范,值得我们学习和效仿。

二、必须走群众路线和维护群众利益

民心是最大的政治。搞好党的政治建设,必须坚持群众观点和群众路线。群众观点是马克思主义的基本观点和基本立足点之一,群众路线是党的生命线和根本工作路线。中国共产党在自己的全部工作中实行群众路线,坚持一切为了群众、一切依靠群众,从群众中来、到群众中去,把党的正确主张变为群众的自觉行动。陈云始终坚持把人民群众的利益放在最重要的位置,从理论和实践两个方面极大地丰富了党的群众路线和群众观点。

(一)中国共产党掌权以后要防止脱离群众

延安时期,中国共产党虽然没有在全国范围执政,但已掌握抗日根据地的政权。那时,陈云就认识到,党掌权和不掌权情况很不一样。不掌权时党要找群众,掌权以后群众要来找党,因此,掌权以后特别要防止脱离群众,党的建设主要应当围绕这个问题。③ 1939 年 11 月,陈云在《开展群众工作是目前地方工作的中心》一文中就曾指出:"历来的经验证明,没有一个脱离群众的党组织是巩固的。一切脱离群众的党部,都是最不巩固的党部。所以,只有党与群众密切的联系着,只有党的支部真正成为群众核心的时候,那个党才

---

① 《陈云文选》第三卷,人民出版社 1995 年版,第 172 页。
② 《陈云文选》第三卷,人民出版社 1995 年版,第 172 页。
③ 朱佳木:《陈云从延安时代开始一直倡导的四个主张》,《党的文献》2003 年第 3 期。

是一个巩固的党,那个支部才是党在群众中的堡垒。"①同时,"支部及其每个党员应该密切地与周围的群众联系着,了解群众的情绪,倾听群众的呼声"②,帮助群众解决各种困难。中国共产党只有密切联系群众,才能得到群众的拥护。而"解决群众切身问题的办法,必须在群众中去讨论,到群众中去找寻"③。

坚持与群众同甘共苦的一个重要内容,就是要坚决防止和克服官僚主义。中国共产党掌握政权以后,犯了错误会更直接更严重地损害群众利益。陈云借用《联共(布)党史简明教程》的话强调指出:"如果党在自己的党的狭隘圈子里闭关自守,如果它脱离群众,如果它蒙上了官僚主义的灰尘,那它就会遭到灭亡。"④因此,防止和克服官僚主义,对于保持党的先进性,密切党同群众的血肉联系有着重大的意义。"利民之事,丝发必兴;厉民之事,毫末必去。"今天,我们更要坚守中国共产党的初心和使命,始终为中国人民谋幸福、为中华民族谋复兴。一句话,为人民群众谋利益,这是中国共产党人的政治本色,也是党的政治建设的生动而具体的体现。

人民群众离不开党,党也离不开人民群众。只有密切党群关系、融洽干群关系,才能完成历史重任、实现宏伟目标。陈云认为,中国共产党的工作成绩是主要的,但也有缺点和错误。对工作中的错误,应该欢迎群众多提意见。群众对我们多指责,可以使我们不脱离群众。如果人民群众对我们的工作只讲好处,有缺点不讲,那就对我们的事业很不利。共产党员要"养成耐心听取不同意见的良好习惯","领导干部听话要特别注意听反面的话"。⑤ 1962 年 2月 8 日,陈云在参加扩大的中央工作会议的陕西省全体干部会议上的讲话中

---

① 《陈云文选》第一卷,人民出版社 1995 年版,第 165 页。
② 《陈云文选》第一卷,人民出版社 1995 年版,第 148 页。
③ 《陈云文选》第一卷,人民出版社 1995 年版,第 169 页。
④ 《陈云文选》第一卷,人民出版社 1995 年版,第 156—157 页。
⑤ 《陈云文选》第三卷,人民出版社 1995 年版,第 188 页。

指出："只有根据大家的意见,切实改正我们工作中的缺点、错误,才能把人们的积极性调动起来,真正把工作做好。"①所以,每个党员、每个党组织,都应该"诚恳虚心地接受监督"。陈云指出,只有发扬密切联系群众的工作作风,全心全意为人民服务,真心诚意为人民谋利益,接受群众监督,听取群众意见,才能从思想上、作风上、工作上根除腐败,才能密切党群关系,才能坚持和巩固党的领导,使我们的事业立于不败之地。

中国共产党最大的优势是密切联系群众,最大的危险是脱离群众。永远不要忘记中国共产党成立时为人民谋利益而不是为自身谋利益的初衷,永远不要忘记中国共产党的根基在人民、血脉在人民、力量在人民,永远不要忘记人民群众对美好生活的向往就是中国共产党的奋斗目标。

(二)坚持为人民服务,树立中国共产党为群众"当差"的观点

只有坚持全心全意为人民服务的宗旨,中国共产党才能保持自己的先进性,从而更加自觉地密切联系群众,为人民群众谋利益。陈云曾告诫全党:"我们要在老百姓面前,负起责任,如果不是这样做,便没有尽到责任。人们说中国共产党员是中华民族的优秀子孙。是否对人民尽了责任,可以考验谁是优秀子孙,谁是不肖子孙。"②

陈云认为,能否为人民尽职尽责,是检验共产党员是否合格的标志。东北刚刚解放的时候,陈云就及时地提出了执政党正确认识同群众关系的观点。1949年1月5日,陈云在沈阳工人代表大会上的讲话中指出:"共产党及其领导的人民政府,是真正代表大家,为大家'当差'的,是遵循工人、农民和其他人民群众的意见办事的。"③这样,人民才会感到政府能够给他们办事。陈云把共产党执政比作给人民群众"当差",是用朴实而通俗的语言指出了人民是

---

① 《陈云文选》第三卷,人民出版社 1995 年版,第 188 页。
② 《陈云文选》第一卷,人民出版社 1995 年版,第 298 页。
③ 《陈云文选》第一卷,人民出版社 1995 年版,第 380 页。

历史的创造者、人民具有至高无上的地位,强调了中国共产党的根本宗旨。中国共产党人是为群众"当差"的,这是陈云一贯坚持的观点。

坚持为人民服务,就是要关心群众利益问题,帮助他们解决各种困难。陈云认为,我们要注意群众的切身问题,帮助他们解决困难。还在抗日战争时期,陈云就指出:"农民的一些问题,在我们有的同志看来是很小的事情,可是在农民自己看来却是很大的事情。我们不仅要帮助群众解决大的问题,也要帮助群众解决小的问题。"①也就是说,群众有许多很实际的问题摆在我们面前,我们必须改善群众的政治、经济、文化地位。陈云还指出:"地方党部如果不关心群众的生活,不为群众的切身利益而斗争,置群众的痛痒于不顾,而要开展群众运动,要群众热烈起来与党与政府与军队一道艰苦奋斗,这是不可能的事。"②试想一下,中国共产党如果离开了群众,那它就成了光杆的党,这样的党也是不能存在的。只有紧紧抓住群众路线这条党的生命线和根本工作路线,夯实群众基础,把根子深深地扎到人民群众之中,中国共产党才能永远立于不败之地。1957年1月9日,陈云在中共商业部党组会议上作了题为《加强商业工作的政治观点、群众观点和生产观点》的讲话,在强调领导干部学习内容的三个方面的同时,提出解决问题要依靠群众的观点。陈云指出:"此外,还要解决依靠群众的问题。疑难不决的事情,要请教群众。没有这一条,不能算马克思主义者。我们在工作中,不仅要依靠组织,更主要的是要依靠群众。这应该成为我们的一个口号。"③

(三)中国共产党与群众共苦甘,坚决防止和克服官僚主义

新中国成立后,中国共产党成为在全国范围执政的执政党,就是在国家所有政治生活和工作中居于支配地位和作用的核心领导力量,就是执掌全国政

---

①　《陈云文选》第一卷,人民出版社1995年版,第173页。

②　《陈云文选》第一卷,人民出版社1995年版,第167页。

③　《陈云文选》第三卷,人民出版社1995年版,第46页。

权的大党。正因此,许多党员特别是党员干部在各级领导岗位上掌握着一定的权力,而权力又是一把双刃剑。作为中国共产党来说,必须坚定不移地走群众路线,坚决克服官僚主义和享乐主义,防止党员干部特别是领导干部腐化堕落,这是党风建设的题中应有之义。其实,人民群众对党的要求越多越严,越说明党在人民群众的心目中位置越高,人民群众越信仰党、敬重党,党的政治影响就会越来越大。正如陈云所说:"党的政治影响越是扩大,党的威信越是提高,则工人阶级和人民大众对于我们党员的要求越多越严。因为是共产党员,是群众所信仰的先进队伍中的一分子,群众就有特别的要求。群众常常根据我们党员的行动来测量我们的党,所以党员无论在何时何地的一举一动,都必须给非党群众一种好的影响,使他们更加信仰我党,更加敬重我党。"[1]所以,中国共产党必须密切联系群众,包括生活上与人民群众打成一片,真正做到与群众同甘共苦,如果在生活上脱离群众,也就必然在思想上脱离群众。

早在1940年12月,陈云就深刻地指出:"当权的大党,领导干部很可能成为官僚。要坚决防止和克服官僚主义。"[2]他还提出了"群众一级的干部"的概念,如同他所指出:"做群众工作的干部,不论是中央委员还是区委委员,都是群众一级的干部,大官要做小事。"[3]这就揭示了共产党员同群众共苦甘的深刻内涵。

人民群众的实践是中国共产党制定路线、方针和政策的依据。陈云指出,共产党是遵循工人、农民和其他人民群众的意见办事的。人民群众的实践是检验党的路线、方针和政策是否正确的标准。陈云反复强调,政策正确,群众拥护;政策不正确,群众就不满。因此,党的干部要用90%以上的时间深入群众,调查研究,然后才能用不到10%的时间来制定政策。这样,制定出来的政

---

① 《陈云文选》第一卷,人民出版社1995年版,第141页。
② 《陈云文选》第一卷,人民出版社1995年版,第221页。
③ 《陈云文选》第一卷,人民出版社1995年版,第318页。

策,才能印证中国共产党与人民群众共苦甘,并能够防止和克服官僚主义。这样的政策,才能反映人民群众的愿望,符合人民群众的利益,也才能真正发挥党的领导作用。

（四）中国共产党要处处依靠群众,人民群众是党的力量的源泉

历史是人民创造的,人民群众是推动历史向前发展的根本动力。在中国革命、建设和改革的各个历史时期,陈云都反复强调"共产党要处处依靠群众"①,人民群众是党的力量的源泉。比如,在抗日战争时期和解放战争时期,陈云都强调"没有人民,就没有英雄"。"离开群众,世上是没有什么诸葛亮的。""没有群众,一定失败,死无葬身之地。"1939 年 11 月,在中共中央主办的党内刊物《共产党人》第 2 期上,陈云发表了《开展群众工作是目前地方工作的中心》一文。他在文中指出:"解决群众切身问题的办法,必须在群众中去讨论,到群众中去找寻。"②他的这些思想观点和具体论述,说明群众的力量是巨大的,中国共产党要取得革命的胜利,就必须紧紧依靠人民群众。一切群众斗争中的经验教训,是我们最好的学习课本,党员、领导干部,特别是缺乏经验的领导干部,要发动、教育和引导群众,就必须首先向群众学习。

在新民主主义革命时期,陈云始终坚持党的群众路线,并有许多重要论断。比如,他指出:"凡是关系到全体人民的事,要召集群众开会,大家讨论。"③在社会主义革命和建设时期,陈云仍然强调始终坚持党的群众路线,又有许多重要论断。比如,他在 1956 年 11 月 19 日召开的商业部扩大的部务会议上的讲话中指出:"我们党是一直坚持群众路线的,在各项工作中都应该发动群众,依靠群众的力量。"④并强调"只要依靠群众总是有办法的"⑤。由于

---

① 《陈云文选》第一卷,人民出版社 1995 年版,第 213 页。
② 《陈云文选》第一卷,人民出版社 1995 年版,第 169 页。
③ 《陈云文选》第一卷,人民出版社 1995 年版,第 175 页。
④ 《陈云文选》第三卷,人民出版社 1995 年版,第 31 页。
⑤ 《陈云文选》第三卷,人民出版社 1995 年版,第 32 页。

商业工作每天要同人民群众打交道,因此陈云要求商业部门必须处理好同人民群众的关系。他指出:"我们共产党必须天天关心人民群众的切身利益。人是要吃饭的,不能天天靠吃马列主义过活,一天不吃饭,肚子就饿得哇哇叫。长江大桥是大,建设很有必要,但商业关乎六万万人的日常生活,不能说是小事情,不重要。"①人民群众是中国共产党的力量的源泉。这是因为:人民群众的丰富实践是中国共产党制定路线、方针和政策的立足点和出发点,而中国共产党制定的路线、方针和政策,又要有人民群众真心实意的拥护和齐心协力的努力才能实现。由此看到,在陈云的思想与实践中,"共产党要处处依靠群众"的真谛得到了真正的诠释。

陈云是贯彻和实践党的群众路线的楷模。他的有关群众的地位和作用、群众的利益和需求等观点,是中国共产党一切工作的出发点和归宿,对于我们今天更好地维护社会稳定和社会和谐,对于深入开展党风廉政建设和反腐败斗争,都具有重大意义。

三、加强党内政治生活

开展党内政治生活,是政治建设的题中应有之义。在中共十一届三中全会上,陈云被选为中央纪委第一书记,他为加强党内政治生活作出了巨大贡献。党内政治生活内涵丰富,比如,任人唯贤能反映出党内政治生活的状况,开展党内政治生活要坚持原则和加强团结,严肃党内政治生活要遵守纪律,规范党内政治生活要维护中共中央权威。

(一)任人唯贤能够反映出党内政治生活的状况

毛泽东曾经指出:"共产党的干部政策,应是以能否坚决地执行党的路线,服从党的纪律,和群众有密切的联系,有独立的工作能力,积极肯干,不谋

---

① 《陈云文选》第三卷,人民出版社1995年版,第33—34页。

私利为标准,这就是'任人唯贤'的路线。"①毛泽东提出的"任人唯贤"的路线,是一个正派的路线,体现了用人之道的重要性。"任人唯贤",也反映出党内政治生活的状况。当然,用人除了领导者的责任,还有组织部门的责任。

众所周知,党的组织部门就是党管干部、选干部、用干部的一个重要部门。那么,如何做到管好干部、选好干部和用好干部呢? 首先要学会怎样识人。关于识人这个问题,毛泽东就曾指出:"必须善于识别干部。不但要看干部的一时一事,而且要看干部的全部历史和全部工作,这是识别干部的主要方法。"②在识人方面,陈云有着自己的独特见解。识人是很难的,陈云也认为识人很难,为什么识人很难呢? 就是因为识人时存在着主观主义和片面性。1938 年9 月,时任中共中央组织部部长的陈云,在延安抗日军政大学作了题为《论干部政策》的讲演。他在讲演中提出:"了解人,要了解得彻底,不是容易的事情,严格地讲是很难的。就拿我们共产党来讲,是不是每个党员都了解人呢? 我看还是做得不够的。最近就发现有两种毛病:第一种毛病是用一只眼睛看人,只看人家一面,不看全面,不能面面都看到;第二种毛病是只看到这个人今天干了什么,没有看到他以前干些什么,只看到他本领的高低,没有看到他本质的好坏。"对第二种毛病,陈云还作了进一步阐述,他指出:"第二种毛病是,了解人的时候,只看他的今天,不看他的昨天,或者只看过去,不看现在;只看见功不看见过,或者只看见过不看见功;只看见今天的好,不看见昨天的坏,或者只看见今天的坏,不看见昨天的好。这样就往往对于干部不能有根本的估计。这种毛病表现在什么地方呢? 表现在随便提上来,随便放下去。"③基于此,陈云提出了使用干部不能也像打桩子一样,即"打桩式的用人"。

关于"打桩式的用人",陈云作过具体分析,并指出:"我们共产党中也有过这种情形:今天这个干部表现得好一点,就把他一抬抬上了天,同一干部明

---

① 《毛泽东选集》第二卷,人民出版社 1991 年版,第 527 页。
② 《毛泽东选集》第二卷,人民出版社 1991 年版,第 527 页。
③ 《陈云文选》第一卷,人民出版社 1995 年版,第 109—110、111 页。

天表现得坏一点,就把他一打打到地下去。你们看见过老百姓盖房子打桩,一上一下。使用干部不能也像打桩子一样,今天看他好,便把他提得高高的,明天看他做得不够,便把他打下去,后天又把他提起来,再后又打下去。这种一上一下打桩式的用人是不对的。"陈云还专门举出中央苏区时期对毛泽覃使用的例子来说明这种现象的危害。他说:"有一个毛泽覃同志,是毛主席的弟弟,人家说他犯了一个错误,要不得,便认为这个人不能用。后来扩大红军需要人工作,于是派他到一个区域去,结果不但完成了任务,并且还大大地超过,成绩非常好。他回来的时候,许多人又把他抬高起来,调他到闽赣边界的游击区去工作。隔了几个月,因为他说了几句似乎有些近于右倾机会主义的话,正在这个时候,恰巧又派他去扩大红军,没有取得很好的成绩,于是又都说他不能用了。"这样一来,弄得毛泽覃送到这里遭拒绝,送到那里遭拒绝,竟会到处无人要,几乎连吃饭都成问题。后来中央红军进行长征的时候,毛泽覃在战斗中英勇牺牲了,为着革命流尽了最后一滴血。基于此,陈云总结道:"我们看人不要只看一时,只看一面。对于一个人没有根本的估计,用人就会造成很大的错误。"①

用人之道,对于领导工作是非常重要的,也是党内政治生活的一个重要方面。"任人唯贤",是用人之道的不二选择,能够反映出党内政治生活的状况。识人特别是全面地看人,是"任人唯贤"的前提。陈云的这一思想,其实是党内政治生活的一个重要原则,尤其是怎样看待和怎样对待一个干部的问题。

(二)开展党内政治生活必须坚持原则和加强团结

坚持原则、明辨是非和加强团结、开展批评与自我批评,是中国共产党的一个优良传统。陈云为坚持和发扬党的这一优良传统,在思想理论上提出了许多真知灼见,也在实际行动中践行了自己的诺言,为全党作出了表率。干部

---

① 《陈云文选》第一卷,人民出版社1995年版,第111、112页。

团结是党的事业不断发展的重要保证。事实证明,什么时候干部团结搞得好,党的事业就顺利发展;什么时候干部团结搞得不好,党的事业就遭受损失。列宁就曾深刻地指出:"战斗的无产阶级最亲密无间的团结,无论是为了尽快地实现最终目标,或是为了在现存的社会基础上坚定不移地进行政治的和经济的斗争,都是绝对必要的。"①中共七届四中全会通过的《关于增强党的团结的决议》指出:"党的团结,工人阶级的团结,劳动人民的团结,全国人民的团结,是革命胜利的基本保证。这是马克思列宁主义最基本的原理之一。"②

陈云对于开展党内政治生活有自己的主张,并提出了独到的见解。还在抗日战争时期,他在担任中共中央组织部部长时,针对当时干部中间的思想斗争问题,陈云指出:"在这个问题上,我们应该反对干部里面怕斗争的倾向。我们不主张乱斗,而是主张在原则问题上进行必要的斗争。因为各个干部的思想意识不同,还有剥削阶级的影响,所以对一切不好的倾向必须斗争。"③对于思想斗争问题和犯错误的同志,陈云也提出了自己的主张。在"十二月会议"上,陈云指出:"对于思想斗争,要正确的执行,不要过分,可以避免时,要避免在群众中公开损害党的威信。对于犯错误的同志,要减少戴大帽子(多穿衣服),使每个同志不要怕讲话。这样,党的生活健全起来,建立真正的集体领导。"④在参加扩大的中央工作会议的陕西省全体干部会议上,陈云又指出:"这几年我们党内生活不正常。'逢人只说三分话,未可全抛一片心',这种现象是非常危险的。一个人说话有时免不了说错,一点错话不说那是不可能的。在党内不怕有人说错话,就怕大家不说话。"⑤陈云这些话表明,党内进行斗争是党内政治生活中的正常现象,党内斗争,主要是在原则问题上进行斗争;进行斗争时要坚持原则和讲究方法,而不是乱斗;进行斗争是为了教育全

---

① 《列宁全集》第6卷,人民出版社1959年版,第425页。
② 《关于增强党的团结的决议》,《人民日报》1954年2月18日。
③ 《陈云文选》第一卷,人民出版社1995年版,第182页。
④ 中共中央文献研究室编:《陈云传》(一),中央文献出版社2015年版,第233页。
⑤ 《陈云文选》第三卷,人民出版社1995年版,第187页。

党,并挽救一些人。他还讲道:"过去受'左'的指导思想影响,过分强调斗争哲学,不该斗的也斗,动不动就上纲到路线是非。"①

改革开放和社会主义现代化建设新时期,为了更好地解决执政党的党风问题,陈云强调要整顿党风,而整顿党风就必须坚持原则和明辨是非。1982年6月24日,陈云在审阅中共十二大报告讨论稿时,通过秘书向胡乔木转告的意见中提出:"要提倡坚持原则,提倡是就是是、非就是非的精神。只有我们党内首先形成是非分明的风气,党的团结才有基础,党才有战斗力,整个社会风气才会跟着好转,才会使正气上升,邪气下降。"②这是他以斗争求团结,讲原则、讲是非提高战斗力思想的表现。从这里我们可以看到,陈云的思想,体现了一个朴素的道理:坚持原则、明辨是非是开展党内政治生活的前提,不分是非,思想就会产生邪气,不坚持原则,就会丧失战斗力。

推进党内政治生活健康发展离不开批评与自我批评。陈云在这个问题上有许多论述,他认为党内斗争主要是开展批评和自我批评。那么,如何看待批评和自我批评的重要性呢?为此,陈云要求共产党员翻看《联共(布)党史简明教程》这本书。这本书总结了苏联革命取得成功的六条经验,其中第五条讲的就是批评和自我批评。陈云还提出:"领导着政权的党,领导着军队的党,自我批评更加重要。"那么,怎样正确地开展批评和自我批评呢?梳理陈云的有关论述,我们可以看出他的主张,这就是:第一,批评和自我批评应从领导做起,检查自己有什么缺点和错误。这就是要做到:"先检查自己,批评自己,不能只说下面不好。如果工作出了毛病,作为领导者,自己应首先承担责任,不能上推下卸,诿过于人。一般说来,看别人的毛病比较容易,看自己的毛病比较难。领导者本来有责任,但不批评自己,光批评别人,这种批评便没有效力,别人是不会接受的。"同时,他还认为开展批评和自我批评要讲究方法。比如:在批评下级的时候,领导者说话则要慎重,如果领导者一句话说得不妥

---

① 《陈云文选》第三卷,人民出版社1995年版,第274页。
② 《陈云文选》第三卷,人民出版社1995年版,第274页。

当,在下面就可能会产生不好的影响。有的话在上级会议上可以讲,如果在别处随便讲,便会引起不好的后果,使下级不满。总之,陈云认为:"开展批评和自我批评,要从维护党的利益出发,要坚持原则,要实事求是。"第二,开展批评和自我批评要采取客观的态度。这就是要做到:"看问题要全面,要看本质,不要只看局部,看现象。"①只有从大的方面看,才能把问题看得全面、看得远。陈云还以中共陕甘宁边区第二次代表大会为例,说在这次代表大会上,党、政、军、民各方面都对自己的工作作了很多的自我批评。从总的方面看,我们的军政关系是好的,八路军对于边区的工作有很大的帮助,边区各级政府对于八路军的工作也有很大的帮助。他还说,双方都要看到自己的不足,双方都只说人家的长处,这样才能搞好关系。

开展党内政治生活也离不开加强团结。抗日战争时期,1937 年 12 月 9 日至 14 日中共中央政治局会议召开,陈云在 12 月 12 日的会上发言中特别强调要培养大批干部,加强统一战线工作和党内团结。他说:"中国革命要取得胜利,需要全国的团结,全国的团结就要全党的团结,全党的团结首先就要中央的团结。中国党有 16 年历史,是 16 年来患难的朋友,大家要相亲相爱,团结得像一个人一样。"②陈云的这段讲话尤其强调党内团结的重要性。解放战争时期,陈云在东北工作时也多次提到党的团结问题,如 1947 年 2 月 7 日,陈云在中共辽东分局扩大会议结束时作了总结讲话,这个讲话共有六个部分,其中第六个部分讲的是党内团结。陈云指出:"我们是处在比较困难的环境中,克服困难要依靠群众、军队和党内的团结力量,但主要是党内的团结力量。强调这条才能发动群众,消灭敌人。任何时候党内都有争论,对此同志们要有原则态度:(1)老实的态度,是则是,非则非。(2)负责的态度,争论事小,原则事大;历史上的事小,现在的工作事大。"③当时,辽东地区的工作处在一个比较困难的

---

①　《陈云文选》第一卷,人民出版社 1995 年版,第 183 页。

②　中共中央文献研究室编:《陈云传》(一),中央文献出版社 2015 年版,第 232—233 页。

③　《陈云文集》第一卷,中央文献出版社 2005 年版,第 581 页。

环境之中,所以,陈云要求必须依靠群众、军队和党内团结去战胜这一困难。

(三) 严肃党内政治生活必须遵守纪律

党的纪律是全党必须遵守的行为准则,严守纪律则是党的光荣传统。中国共产党是一个战斗的党,在斗争中依靠的唯一武器,就是纪律。遵守纪律的思想,是陈云一贯坚持和提倡的。关于遵守纪律方面的论断,在陈云的党的建设思想中,我们可以找到很多。比如,他指出:"为什么共产党要这样看重纪律?理由很简单,因为共产党要领导无产阶级及劳动人民争取彻底的解放,这不是容易的事。""全党严守党纪是革命胜利的一个重要条件",因而也是开展党内政治生活的基本条件和战斗武器,因为纪律是"保障党的意志和行动的统一,也是为了保障党的组织的统一"。"纪律是我们的重要武器。维护党的统一,不靠刀枪,要靠纪律。""纪律是执行党的路线的保证","是保证政治上组织上统一的武器",谁破坏党纪,"实质上就是破坏革命,我们必须与任何破坏纪律的倾向作斗争"。可见,纪律的重要性不言而喻。陈云对纪律问题的阐述,从开展党内政治生活的层面来讲,至少体现在两个方面:一是纪律不仅仅是铁的纪律,强制执行的纪律,更是高度自觉的纪律,是自觉自愿遵守的纪律,是植入内心深处的纪律。二是在纪律面前人人平等。"党内不准有不遵守纪律的'特殊人物'、'特殊组织'。遵守纪律首先要从自己做起,要与党内一切破坏党纪的倾向作斗争,但尤贵于与自己破坏党纪的倾向作斗争。"①遵守纪律为什么要从自己做起呢?尤其是要从领导机关、领导干部带头做起呢?这就是要防范高级领导干部如张国焘那样的人,带头破坏党的纪律的行为。

遵守党的纪律,不仅是口头上赞成,而且要在实际上执行。为什么刘力功不服从党的纪律呢? 对此,陈云指出:"这就告诉全党同志,遵守纪律不是在口头上,而是在实际行动上。口头上说遵守纪律是容易的,困难的是在

---

① 《陈云文选》第一卷,人民出版社 1995 年版,第 126 页。

实际行动上真正遵守纪律。所以党观察党员是否遵守纪律,要看他的行动。"①这里特别强调的是,行动上要遵守纪律,并且要与自己破坏纪律的错误作斗争。

新中国成立后,在社会主义革命和建设时期,特别是改革开放和社会主义现代化建设新时期,相当一批的"特殊人物""特殊组织"在纪律面前打了败仗,最后败下阵来,既没有带头执行党的纪律,也没有严格监督党员和党组织遵守执行党的纪律,以致那么多的领导干部因违纪违法受到党纪国法的严厉惩处。这是极其重要的教训。陈云关于纪律问题方面的论述,是我们在新时代做好党的纪律宣传教育工作的生动教材和有力思想武器。

1995 年 5 月,中共中央文献研究室编辑出版了《陈云论党的建设》一书。该书的出版说明中写道:"在中国共产党领导的新民主主义革命时期,在党执政以后特别是进入改革开放的新的历史时期,陈云同志对党的建设从理论到实践都有重大建树,提出许多具有深远意义的思想。他的这些思想,是中国共产党自身建设的经验总结,是毛泽东思想和建设有中国特色社会主义理论中关于党的建设理论的重要组成部分。"②收入该书中的陈云的文章和著作,是他的党的建设思想包括党内政治生活思想的集中反映。关于党内政治生活的思想也就涉及如何教育使用培养干部等问题,这也就构成了陈云党内政治生活思想的一个重要内容。

(四) 规范党内政治生活必须维护中共中央权威

中共十九大报告指出:"保证全党服从中央,坚持党中央权威和集中统一领导,是党的政治建设的首要任务。"③中国共产党是中国革命、建设和改革事

---

① 《陈云文选》第一卷,人民出版社 1995 年版,第 125—126 页。
② 《陈云论党的建设》,中央文献出版社 1995 年版,第 1 页。
③ 习近平:《决胜全面建成小康社会　夺取新时代中国特色社会主义伟大胜利——在中国共产党第十九次全国代表大会上的报告》,《人民日报》2017 年 10 月 28 日。

业的领导核心,要坚持党的集中统一领导,首先必须维护党的权威。在维护党的权威中,核心的是必须维护中共中央权威。规范党内政治生活,必须维护中共中央权威,而维护中共中央权威和坚持党的集中统一领导,又是加强和规范党内政治生活的一个重要目的。由于"文化大革命"的冲击和其他因素的影响,党内政治生活以及社会主义现代化建设中,中共中央的权威一定程度上、局部范围内遭受了严重的冲击。1979年10月4日,邓小平在中共省、市、自治区委员会第一书记座谈会上作了题为《关于经济工作的几点意见》的讲话。他在讲话中强调指出:"现在一提就是中央集中过多下放太少,没有考虑该集中的必须集中的问题。中央必须保证某些集中。"①

陈云在多次与中共中央及地方领导的谈话中也强调要维护中共中央权威。邓小平、陈云在维护中共中央权威方面,给全党起了一个示范作用。1981年12月15日至23日,中共中央召开省、自治区、直辖市党委第一书记座谈会,讨论经济工作,统一对经济工作的认识。这期间的12月22日,陈云在座谈会上指出:"国家建设必须全国一盘棋,按计划办事。"他还风趣地说:"我讲的这些话,都是'北京话'。地方的同志说北京人讲'北京话',我是上海人,但话属于'北京话'。""我是老北京,一开国就在中央工作,我这个'北京话'合乎全国的利益。"②1981年12月31日,根据中共中央书记处指示,《人民日报》发表了陈云《要讲真理,不要讲面子》一文。中共中央文献研究室为此加了按语,指出:最近,党中央号召我们,要勇敢地拿起批评和自我批评的武器,清除自己身上的政治灰尘、政治微生物,切实改进党的领导作风,健全各级党委集体领导,增强党内外的团结。1983年6月30日,中共中央工作会议在北京召开,针对现代化建设中的农业、能源、交通、骨干企业的建设和改造、科技教育事业、环境污染的防治和知识分子的生活待遇的提高等重点工作,陈云认为这些是"从整个国家的全局利益和长远利益出发考虑的。重点只能由中央

---

① 《邓小平文选》第二卷,人民出版社1994年版,第201页。
② 《陈云文选》第三卷,人民出版社1995年版,第307—308页。

根据全局的长远的利益,经过综合平衡来确定"。"重点确定之后,就要动员全党全民集中财力物力保重点。"①

1988 年 10 月 8 日,陈云在同当时的中央负责同志谈话时再次强调指出,中央要有权威,要有政治权威,尤其是要有经济权威。他认为,中央的政治权威要以"中央的经济权威作基础",否则"中央的政治权威是不巩固的"。在经济活动中,他认为中央应该"集中必须集中的权力"。他还认为搞活经济是对的,"但权力太分散就乱了,搞活也难"。② 陈云维护中央权威和反对经济建设中的分散主义的思想,得到了邓小平的赞同:"陈云同志讲,各路诸侯太多,议而不决,决而不行,各自为政。这个批评是正确的。中央的话不听,国务院的话不听,这不行。特别是有困难的时候,没有中央、国务院这个权威,不可能解决问题。有了这个权威,困难时也能做大事。不能否定权威,该集中的要集中,否则至少要耽误时间。对于不听中央、国务院的话的,处理要坚决,可以先打招呼,不行就调人换头头。"③1990 年 9 月 10 日,在同李鹏的谈话中,针对经济建设中存在地方主义、分散主义及其带来的危害,陈云指出:出路只有一条,就是中央要集中必要的权力,各地的省委书记、省长都要顾全大局,维护中央。1994 年 2 月 9 日,在同上海负责同志谈话时,陈云分析了中共十一届三中全会以来经济建设取得的成就,也指出了遇到的困难。那么,怎样解决这些困难呢? 陈云提出,首先要维护和加强党中央的权威。他认为,如果没有中央的权威,"就办不成大事,社会也无法稳定"④。从这些论述中不难看出,强调和重视维护中共中央权威,是陈云规范党内政治生活思想的重要组成部分。

发展社会主义民主政治,必须坚持民主集中制,搞好党内民主。在陈云看来,党内政治生活能否保持正常,关键要看民主集中制是否健全。只有高度重

---

① 《陈云文选》第三卷,人民出版社 1995 年版,第 323 页。
② 《陈云文选》第三卷,人民出版社 1995 年版,第 366 页。
③ 《邓小平文选》第三卷,人民出版社 1993 年版,第 319 页。
④ 《陈云文选》第三卷,人民出版社 1995 年版,第 380 页。

视党内民主,开展批评和自我批评,才能实现生动活泼的政治局面。他指出:"核心领导只有经过严格执行民主集中制,并在实践中经过考验,才能建立起来。"①发扬民主,陈云说得最多的是要让人讲话,尤其是讲不同意见和批评的话。

四、民主集中制是党的根本组织原则和组织制度

民主集中制是民主基础上的集中和集中指导下的民主相结合。它既是中国共产党的根本组织原则,也是群众路线在党的生活中的运用。共产党员必须贯彻以党内关于"党员个人服从党的组织,少数服从多数,下级组织服从上级组织,全党各个组织和全体党员服从党的全国代表大会和中央委员会"为主要内容的民主集中制的组织原则。

民主集中制建设在党的组织建设中具有至关重要的地位。"民主集中制,是既要有民主,又要有集中。"②民主与集中,发扬党内民主与严肃党的纪律,这两者不是截然对立的,而是有机统一的。1940年3月,陈云在《严格遵守党的纪律》一文中就指出:"纪律与自由,是矛盾的统一。无产阶级政党应该是一个最有纪律的党,也是一个最讲民主、最讲自由的党。"③陈云非常重视发扬民主的问题,并将发扬民主同切实改正工作中的缺点、错误和真正把工作做好紧密地联系起来。他说:"光靠少数领导干部发现我们工作中的问题、缺点和错误,那是很不够的。必须充分发扬民主,发动广大群众和干部对我们的工作提意见。只有根据大家的意见,切实改正我们工作中的缺点、错误,才能把人们的积极性调动起来,真正把工作做好。"④

陈云运用唯物辩证法的基本原理,来阐述民主与集中的关系问题。他说:

---

① 《陈云文选》第一卷,人民出版社1995年版,第348页。
② 《陈云文选》第三卷,人民出版社1995年版,第270页。
③ 《陈云文选》第一卷,人民出版社1995年版,第197—198页。
④ 《陈云文选》第三卷,人民出版社1995年版,第187—188页。

"不民主,只集中,必然愈不能集中,多交换意见,反而容易集中。"①如果割裂民主与集中的关系,极易导致个人专制主义或极端民主化。他说:"关于民主制度、民主生活很不够是'文化大革命'得以发生的重要原因之一,这个问题实际上应该说,党内民主集中制没有了,集体领导没有了,这是'文化大革命'发生的一个根本原因。""十一届三中全会以后,党内有了民主集中制的气氛,才会有同志敢于提出不同的意见。"对党内民主生活制度,陈云也十分重视。他说:"我们党内要强调一下,要有民主生活制度。常委多少时间开一次会,政治局多少时间开一次会,要立个规矩。常委会议,政治局会议,政治局扩大会议,应该分开来开。这是党内民主生活。民主集中制要坚持。经常开会讨论,经常交换意见,就不至于出大的问题。"②陈云所强调的"只有民主才能集中""民主必须集中",深刻揭示了民主集中制的科学内涵。

五、必须坚持民主集中制的原则

陈云指出:"历史经验证明,实行民主集中制,做起来很不容易。"③坚持民主集中制,是党章规定的原则。共产党员必须坚决贯彻民主集中制,坚决做到"四个服从"。正如陈云所指出:"这'四个服从'是一个也不能少的。这是我们党的铁的纪律,也是健全党内生活、增强党的战斗力的有力武器。"并要求领导干部要以身作则,"领导干部、领导机关必须成为严守党纪的模范。要特别防范高级领导人破坏纪律的行为,如张国焘"。④　总之,陈云特别强调党的组织原则中最重要的一条是贯彻执行中共中央的决议,服从中共中央的绝对领导。

陈云对"一言堂"是非常痛恨的,他要求全党牢记"一言堂"所带来的教训。他说:"十一届三中全会以后,党内有了民主集中制的气氛,才会有同志

---

① 《陈云文选》第一卷,人民出版社 1995 年版,第 347 页。
② 《陈云文选》第三卷,人民出版社 1995 年版,第 274、275、359 页。
③ 《陈云文选》第三卷,人民出版社 1995 年版,第 353 页。
④ 《陈云文选》第一卷,人民出版社 1995 年版,第 348、196 页。

敢于提出不同的意见。在这个事情上,我们原来是吃过苦的,搞一言堂。"①

陈云认为,坚持民主集中制原则的根本目的,在于把党的高度的组织性、统一性与党员、各级党组织的积极性、创造性结合起来,在党内形成既有集中,又有民主;既有纪律,又有自由;既有统一意志,又有个人心情舒畅、生动活泼的政治局面。陈云还就中央书记处的工作方法,对民主集中制问题作了阐述,他认为书记处应该采取办公会议的方式,也就是集体办公集体领导的方式。他说:"要认真实行集体领导制度。民主集中制,是既要有民主,又要有集中。党的任何一级组织,允许不同意见存在,我看这不是坏事。有不同意见,大家可以谨慎一些,把事情办得更合理一些。允许有不同意见的辩论,这样可以少犯错误。一个人讲了算,一言堂,一边倒,我认为不好。这是讲民主方面。但是,又必须要有集中,少数服从多数,全党服从中央,否则什么事情也做不了,一事无成。没有民主不好,没有集中也办不了事。"1982 年 12 月 31 日,陈云在中共中央政治局扩大会议上的发言中指出:"我过去说过,不怕人家讲错话,就怕人家不说话。讲错话不要紧,要是开起会来,大家都不说话,那就天下不妙。"②到了晚年,陈云通过党内生活正反两方面的经验,深切感到要发扬民主,仅仅强调让大家讲话还不够,必须有一定的制度保证。

六、开展批评和自我批评

开展批评和自我批评,与党的民主集中制紧密相关。陈云从执政党所处的地位和所担负的历史使命出发,特别强调批评与自我批评对无产阶级执政党的特殊重要性;针对党的历史上有过过火斗争和是非不分、当老好人两种错误倾向,陈云主张批评的目的在于真正帮助人家纠正错误。他说:"开展批评和自我批评要采取客观的态度。看问题要全面,要看本质,不要只看局部,看

---

① 《陈云文选》第三卷,人民出版社 1995 年版,第 275 页。
② 《陈云文选》第三卷,人民出版社 1995 年版,第 270、275 页。

现象。"主张对待批评与自我批评的态度是要讲真理,不要讲面子;要求开展批评与自我批评首先应从领导做起。"检查自己有什么缺点,有什么错误。先检查自己,批评自己,不能只说下面不好。"①开展批评和自我批评,要从维护党的利益出发,要坚持原则,要实事求是。陈云指出:"只要有勇于开展批评与自我批评这一条,坚持真理,改正错误,我们共产党就将无敌于天下。"②

即使开展党内斗争,也主要是依靠批评与自我批评的武器来进行。什么是党内斗争? 如何开展党内斗争? 毛泽东作过许多论述,党的第一代中央领导集体的一些成员也作过论述。比如,陈云认为:"党内斗争主要是开展批评和自我批评。"③刘少奇认为:党内斗争基本上是一种思想上原则上的分歧和斗争。"在党内,只能允许合法的斗争,只能允许思想斗争,一切违犯党章党纪的斗争方式,都是不能允许的。"④朱德则主张:"解决党内问题还是要和风细雨,正确地开展批评和自我批评。"⑤从他们的论述中可以看出,党内斗争,只能是讲事实、摆道理,按照党章党规党纪的要求进行,开展批评与自我批评,不能将其扩大化,也决不能使用"左"的一套做法,搞"残酷斗争""无情打击""惩办主义"等。在党内斗争中,必须坚持正确的思想观点,反对错误的思想观点。

1962 年 1 月 11 日至 2 月 7 日,中共中央扩大的工作会议(通称"七千人大会")在北京召开,参加会议的有各中央局、中央各部委、各省市自治区党委、各地委、县委、重要厂矿企业以及军队各部门负责干部共 7118 人。七千人大会的主要目的是总结经验教训,开展批评与自我批评,统一认识,加强民主集中制,以便进一步纠正 1958 年以来"大跃进"中的错误,切实贯彻调整国民经济的方针,迅速扭转国民经济困难的局面。七千人大会闭幕后的第二天即

① 《陈云文选》第一卷,人民出版社 1995 年版,第 183 页。
② 《陈云文选》第三卷,人民出版社 1995 年版,第 187 页。
③ 《陈云文选》第一卷,人民出版社 1995 年版,第 182 页。
④ 《刘少奇选集》上卷,人民出版社 1981 年版,第 214 页。
⑤ 《朱德选集》,人民出版社 1983 年版,第 388 页。

2月8日,在参加扩大的中央工作会议的陕西省全体干部会议上,陈云就民主与集中、批评与自我批评等问题发表了意见。他说:"批评和自我批评是上下通气的必要条件。只有通气,才能团结;只有民主,才能集中。"陈云认为,从这次工作会议开始,今后批评之门是大开着的,并且应该越开越大。他还进一步指出:"少奇同志报告中所讲的要认真实行民主集中制,开展批评与自我批评,并不是什么新问题。发扬民主,经常开展批评与自我批评,都是我们党的老传统,只是这几年把这个传统丢了,现在要把它恢复起来。"①

总之,陈云在民主与集中、组织纪律、正确开展党内民主生活、批评与自我批评等方面,有自己的许多思想观点,对搞好党内民主,发展民主政治提出了一系列正确建议和政策主张。所有这些,对于坚持和完善民主集中制、发展社会主义民主政治,都有现实指导意义。

七、不断推进党的制度建设

搞好政治建设,必须把制度建设贯穿其中。党的制度建设,主要指的是领导制度、组织制度、工作制度、社会制度、监督制度等方面的建设,是正确贯彻党的路线、方针、政策和顺利推进国家各项事业的重要保证。陈云是有强烈制度意识、制度自觉、制度遵守的党和国家领导人,他的党的制度建设思想内涵丰富,对推进党的建设包括党的政治建设起了很大作用。

(一)坚持以实事求是和求真务实的精神推进党的制度建设

实事求是,是毛泽东思想的精髓,也是陈云的思想品格和道德追求;求真务实是贯穿陈云思想行动中的一根主线。在长期的革命实践中,陈云始终坚持党的实事求是的思想路线。还在抗日战争时期,他就认为,大后方秘密党的工作"必须彻底无保留地打破主观主义、公式主义和生搬硬套书本上的概念,

---

① 《陈云文选》第三卷,人民出版社1995年版,第187、190页。

从具体的中国情况出发,抓住中国的特点"①。党的工作和党的建设,要做到实事求是、一切从实际出发,党的制度建设,当然也不例外。

1978 年 9 月,陈云在《坚持实事求是的革命作风》一文中提出:"实事求是,这不是一个普通的作风问题,这是马克思主义唯物主义的根本思想路线问题。我们要坚持马克思列宁主义,坚持毛泽东思想,就必须坚持实事求是。如果我们离开了实事求是的革命作风,那末,我们就离开了马克思列宁主义、毛泽东思想,而成为脱离实际的唯心主义者,我们的革命工作就要陷于失败。所以,是否坚持实事求是的革命作风,实际上是区别真假马克思列宁主义、真假毛泽东思想的根本标志之一。"陈云在这篇文章中还写道:"毛泽东同志多次向我们宣传斯大林在《苏联共产党(布)历史简明教程》结束语中的这段名言:'精通马克思列宁主义理论,这完全不是说要熟读它的一切公式和结论,拘守着这些公式和结论的每一字句。为了精通马克思列宁主义理论,首先就要学会怎样把它的字句和实质区别清楚。'毛泽东同志告诉我们,只有首先做到了这一点,才叫入了马克思列宁主义的门,才能建立理论和实际相统一即实事求是的革命作风。否则,就是把马克思列宁主义的条文当教条,而教条是狗屎也不如的。毛泽东同志给中央党校的题词是:实事求是;后来又给《七大纪念册》题词:实事求是,力戒空谈。"②在这篇文章中,陈云还原汁原味地引用了毛泽东关于"实事求是"的阐释。陈云敬重和称赞毛泽东实事求是的革命作风,并加以学习,做到身体力行。只要对陈云各个历史时期撰写的文章、报告、批语以及谈话和讲话进行梳理和归纳,对他在党的制度建设方面的思考与实践进行分析和阐述,就可以看出陈云是实事求是、力戒空谈的典范。他注重以解决问题为导向,具有深厚的问题意识,并对党的建设包括党的制度建设实践中的问题进行具体分析,总结提炼。这些总结提炼,具有很强的针对性、现实

---

① 《陈云文选》第一卷,人民出版社 1995 年版,第 235 页。
② 《陈云文集》第三卷,中央文献出版社 2005 年版,第 441、445—446 页。

性和指导性。如前所述,陈云提出的"不唯上、不唯书、只唯实"和"交换、比较、反复"这"十五字诀",就是形成于延安时期,后来在内容上又作了补充和扩展,并贯穿他的一生。"十五字诀"的实质,就是遵循实事求是的思想原则。他提出,调查研究摸清情况,是坚持党的思想路线的基础,是做好任何一项工作的基础。要用90%以上的时间来深入群众、调查研究,是决定政策、措施和制度的前提。陈云正是凭借坚持实事求是的思想路线和奉行求真务实的工作态度,在政治、经济、文化、社会、生态以及党的建设等领域里正确地处理各种复杂的矛盾和问题,对党的制度建设作出了重大贡献。

(二) 践行以人为本和为民谋利的思想推进党的制度建设

为人民服务是中国共产党的根本宗旨,人民立场是中国共产党的根本政治立场,以人为本、执政为民是检验中国共产党一切执政活动的最高标准。中国共产党在任何时候都要把人民利益放在第一位,始终与人民心连心、同呼吸、共命运,始终依靠人民推动历史前进。陈云继承了马克思主义关于无产阶级政党必须"全心全意为人民服务"的思想,始终牢记中国共产党为人民谋利益和维护人民利益的根本宗旨。在中国革命、建设和改革的各个历史时期,陈云都坚持走群众路线,在制定路线、方针和政策时能够做到问计于民,体现了他以人为本与为民谋利的制度价值取向。

中国共产党同人民群众的关系,是陈云始终高度重视的问题。他曾说:"我们不应该只知道向群众要东西,更应该时刻注意为群众谋福利。关于这一点,不论党、政、军、民各团体都应该注意,把改善群众生活的工作做好。""党脱离了群众,就成了光杆子的党,这样的党也是不能存在的。"①后来说:"如果我们不能解决人民的吃饭穿衣问题,我们的社会主义建设事业便站不稳,必然还要回头补课。"②

---

① 《陈云文选》第一卷,人民出版社1995年版,第173、171页。
② 《陈云文选》第三卷,人民出版社1995年版,第85—86页。

在领导新民主主义革命中,陈云一贯主张党要紧密联系群众,为人民群众办实事。1939 年 11 月 3 日,陈云在中共中央主办的党内刊物《共产党人》第 2 期上发表了《开展群众工作是目前地方工作的中心》的文章,他在这篇文章中指出:"至于说到巩固党,那末,历来的经验证明,没有一个脱离群众的党组织是巩固的。一切脱离群众的党部,都是最不巩固的党部。所以,只有党与群众密切的联系着,只有党的支部真正成为群众核心的时候,那个党才是一个巩固的党,那个支部才是党在群众中的堡垒。"①要做到不脱离群众和密切联系群众,就需要注意解决群众迫切需要解决的问题。党的各级组织要把解决群众的各种实际问题和切身问题作为中心工作。在领导中国社会主义经济建设中,陈云一贯主张,关系全国人民经济生活的事是第一位的大事,经济建设和人民生活必须兼顾、必须平衡。在探索中国自己的社会主义建设道路的过程中,为加强对经济工作和改进体制工作的统一领导,1957 年 1 月 10 日,中共中央发出的《关于成立中央经济工作五人小组的通知》指出:经济工作五人小组由陈云任组长,在中央政治局领导下,统一领导全国的经济工作。② 陈云担任中央经济工作五人小组组长期间,主要精力放在改进经济管理体制以及研究解决人民的吃饭穿衣问题这两个方面。在这两个方面,陈云都成绩显著。在处理国家建设与人民生活关系的制度化探索中,提出了一系列真知灼见,比如:关于经济建设必须摆在老百姓有吃有穿的基础上才能稳固的思想,关于要提高人民生活水平、要节制生育的思想,关于经济发展必须和人口、环境、资源协调发展的思想等,对中国社会主义的经济健康发展产生了深远影响。他还提出向群众学习的问题,"共产党员要领导群众,就必须首先向群众学习。'三个臭皮匠,凑成个诸葛亮。'离开群众,世上是没有什么诸葛亮的。"③

---

① 《陈云文选》第一卷,人民出版社 1995 年版,第 165 页。

② 中共中央文献研究室编:《陈云年谱(修订本)》中卷,中央文献出版社 2015 年版,第520 页。

③ 《陈云文选》第一卷,人民出版社 1995 年版,第 169 页。

陈云为人民谋利益和一切为了人民的思想是一以贯之的,既体现在革命战争时期,也体现在和平建设时期包括改革开放和社会主义现代化建设新时期。1980 年 12 月 16 日,陈云在中央工作会议上作了题为《经济形势与经验教训》的讲话。他在这次讲话中指出:"搞经济建设的最后目的,是为了改善人民的生活。搞国防建设,也是为了保障人民生活的改善。"①

(三) 必须以遵守党规党法和优良作风推进党的制度建设

党的作风体现党的性质、宗旨、纲领和路线,也是党的形象的直观表现。1939 年 5 月 30 日,陈云在《解放》第 72 期上发表了《怎样做一个共产党员》的文章(该文 1943 年编入解放社出版的《整风文献》。——作者注)。这篇文章由五个部分构成,其中的第五个部分讲的是"共产党员的标准"。"共产党员的标准"这一部分阐述了六个方面的内容,其中第三个方面阐述了"遵守党的纪律,严守党的秘密"。在这第三个方面,陈云结合历史和现实,着重指出:"十八年来党的斗争经验,证明了纪律是执行党的路线的保证。在过去,由于正确地开展了党内斗争,执行了党的纪律,我们克服了陈独秀等人的错误路线,制止和战胜了张国焘的反革命破坏阴谋,保证了党在各个时期的革命任务的实现,以及现在抗日民族统一战线的成立和抗日战争的进行。在今后,党仍应坚持这种纪律,才能团结全党,克服新的困难,争取新的胜利。"②总之,一个能自觉遵守纪律的好的共产党员,就在于他能在实际行动和日常生活中,真正地表现出自己是坚决遵守党的铁的纪律的模范。《怎样做一个共产党员》,是延安整风运动的必读文件之一。

在中国共产党的历史进程中,对于遵守党的纪律和严守党的秘密的重要性,陈云是深有体会的,也有自己的主张。比如,新民主主义革命时期,陈云在延安工作期间就曾指出:"一个革命的队伍必须有铁的纪律,来保障完成革命

---

① 《陈云文选》第三卷,人民出版社 1995 年版,第 280 页。
② 《陈云文选》第一卷,人民出版社 1995 年版,第 139 页。

的任务。""为了保持抗战的力量,为了保证革命和党的事业的胜利完成,每个党员必须高度地提高政治警惕性,严守党的秘密工作的纪律,并且与一切忽视、破坏党的秘密工作的危险倾向作斗争。任何党内的不对外公开的事件,不准任意向党外宣传;任何对其他党员没有必要说出的秘密事件,不准在其他党员中乱说。一切破坏秘密工作的行动,必须受到党的纪律的制裁,直到开除党籍。"①再比如,社会主义革命和建设时期,陈云在中共七届四中全会上的发言中指出:"高级干部要提高革命警惕,提高革命嗅觉,千万不要'伤风'。我看这是我们党的团结的可靠保证。再加上一条,我们要严守党的制度和党规党法,发扬党的优良作风,那党就有保证了。靠别的,我看都靠不住,要靠我们自己。"②又比如,改革开放和社会主义现代化建设新时期,陈云又特别强调,党性原则和党的纪律要常抓不懈。正如他在中共中央纪律检查委员会常委会提出的报告上的批语中所指出的那样:"纪检工作应该研究新情况,适应新情况。党性原则和党的纪律不存在'松绑'的问题。没有好的党风,改革是搞不好的。共产党不论在地下工作时期或执政时期,任何时候都必须坚持党的纪律。"③

　　作为伟大的马克思主义者,杰出的无产阶级革命家、政治家,陈云以其深远的战略眼光和准确的判断力,在加强执政党党风建设和推进党的制度建设等方面提出了一系列思想主张,特别是他提出的"执政党的党风问题是有关党的生死存亡的问题"的论断,深刻揭示了执政党党风建设的重要性、紧迫性、艰巨性和长期性,引起了全党的广泛注意和高度重视,意义重大,影响深远。

　　为了汲取"文化大革命"的教训,并根据新形势下党内监督出现的重大问题,从严肃党内政治生活出发,陈云主持制定了《关于党内政治生活的若干准则》。这是改革开放和社会主义现代化建设新时期党内第一部法规文件。可

---

① 《陈云文选》第一卷,人民出版社 1995 年版,第 122、140 页。

② 《陈云文选》第二卷,人民出版社 1995 年版,第 233 页。

③ 《陈云文选》第三卷,人民出版社 1995 年版,第 275 页。

以说,《关于党内政治生活的若干准则》,以及《关于对党员干部加强党内纪律监督的若干规定(试行)》等党规党法相继出台,使党规党法建设取得了新的成效,而且为以后党制定更为系统、定性更为准确、制约更为有效、程序更为严密的党的一整套纪律和制度体系奠定了坚实的基础。①

第三节　加强党员队伍建设和支部建设

基层党组织建设和党员队伍建设,是党的组织建设的重要基础。在长期的革命工作实践中,陈云非常重视基层党组织建设,也有过一系列论述。比如,支部是"党的最基本的组织""党团结群众的核心""党的力量增长的主要源泉"等观点,为中国共产党加强基层组织建设提供了重要指导和宝贵经验,有力地推动了党的建设。

一、支部应是基层工作的中心

党的基层组织是党的全部工作和战斗力的基础。支部在党的组织系统中,究竟是处在一个什么样的地位呢? 这是进行支部建设的首要理论问题。陈云认为,支部是党的基本组织,支部不仅是党的力量所在,更是党的力量生长的源泉。正是基于这样一种认识和思考,陈云指出:"支部是党的最下层的组织,也是党的最基本的组织。党的一切口号、主张、政策,依靠支部才能具体深入到群众中去。依靠支部在群众中日常的宣传组织工作,才能使广大群众团结在党的口号、主张、政策之下,进行革命运动。"中国共产党是中国工人阶级的先锋队,同时是中国人民和中华民族的先锋队,它应该注意不断壮大自己的队伍。"支部领导机关的健全与否,对于党的任务的完成有决定的作用。"陈云在界定支部的属性的同时,特别强调了支部的核心堡垒作用。他指出:

①　陈云生平思想研究会编:《"陈云与全面从严治党"学术研讨会论文集》,中央文献出版社 2017 年版,第 347—348 页。

"支部不但要在组织形式上具有核心的堡垒的姿式,而且要在实质上真正能起核心的堡垒的作用。"①支部要实现这一目的,就必须建立起自己的基本工作,分配并责成每个党员去执行去完成。他提出了支部四个方面的基本工作:党团结群众的核心组织,征收党员的机关,教育党员的学校,领导党、政、军、民、学各项工作。

陈云还明确了支部的主要任务是做好群众工作。在许多文章和讲话中,陈云都提到支部开展群众工作的思想。他认为,基层党组织是深入群众的前沿阵地,是领导群众工作的核心力量;要完成党的各项任务,密切联系群众的基层党支部才是巩固的堡垒。比如,他说:"只有党与群众密切的联系着,只有党的支部真正成为群众核心的时候,那个党才是一个巩固的党,那个支部才是党在群众中的堡垒。"可见,支部的堡垒作用与群众工作是紧密相连的。那么,如何判定支部工作的好坏呢?陈云也作了分析,他指出:"支部是党团结群众的核心组织。支部在周围群众中间工作的好坏是测量支部工作好坏的尺度。"②陈云的这些思想主张,阐明了支部是基层工作的中心,支部在群众中的堡垒地位,支部是领导群众工作的核心力量,支部领导机关的建设及其作用,在当时有助于加强和改进党的基层组织建设。即使在新时代,陈云的这些思想和主张,对于加强和改进党的基层组织建设也具有一定的现实意义。

二、党员队伍的质量重于数量

党的事业要不断发展和壮大,必须依靠党组织和党员,必须依靠党员发挥先锋模范作用和带头作用,必须发展党员队伍和扩大党员规模,特别是要不断提高党员队伍素质。数量是质量的前提条件,质量是数量的根本保障。在坚持大力发展党员、壮大党员队伍的同时,陈云及时地提出了党员"质量的发展重于数量的发展",并强调"这种质量上的提高,远胜于数量上的发展"。

---

① 《陈云文选》第一卷,人民出版社 1995 年版,第 145、147 页。
② 《陈云文选》第一卷,人民出版社 1995 年版,第 165、148 页。

"党员的质量重于数量"的重要观点,是中国共产党加强党员队伍建设的一条重要原则和宝贵经验。在这方面,陈云作出了重大贡献。他的关于发展党员的一系列思想观点和主张,直接成了党的政策和决议。1938年3月上中旬,根据毛泽东在同年"三月政治局会议"(此处指的是1938年2月27日至3月1日,中共中央政治局举行的例会。——作者注)上的建议,陈云主持起草中共中央《关于大量发展党员的决议》。该《决议》指出:"为了担负起扩大与巩固抗日民族统一战线以彻底战胜日本帝国主义的神圣的任务,强大的党的组织是必要的。""目前党的组织力量,还远落在党的政治影响之后,甚至许多重要的地区,尚无党的组织,或非常狭小。因此大量的十百倍的发展党员,成为党目前迫切与严重的任务。"目前党内在发展党员问题上要打破两种错误倾向:一种是关门主义倾向;另一种是在统一战线中忽视党的发展,以为党的扩大无足轻重,甚至于取消党的发展的严重倾向。《决议》要求:"把发展党员成为每一个党员及各级党部的经常的重要的工作之一。"同时,要做好新党员的组织审查和初步的马列主义与党的建设的教育,"使他们了解共产主义与其他党派的理论思想的基本区别"。①

1940年10月,陈云又在《共产党人》第11期上发表了《巩固秘密党的几个问题》(该文收入1995年出版的《陈云文选》第一卷时改名为《巩固党在大后方及敌占区的秘密组织》。——作者注),在文章的第三部分中提出"党员的质量重于数量"的重要观点,从两个方面阐述了为什么要郑重地提出党员的质量重于数量这个问题,并具体阐述了提高党员质量的基本途径:第一,要"洗刷落后分子",如严格审查干部,从党内将内奸分子、投机分子与太落后分子"这三种人洗刷出去"。② 第二,要"加强党内的教育",强调"每个干部,每个党员,都要经常阅读党出版的书报或其他进步的书报,增加知识,自修深造,

---

① 中共中央文献研究室编:《陈云年谱(修订本)》上卷,中央文献出版社2015年版,第252页。

② 《陈云文集》第一卷,中央文献出版社2005年版,第275页。

在政治上不断提高自己"。① 1941 年 12 月,陈云撰写了《大后方党组织的彻底改组和扩大党外的活动》一篇文稿,他在这篇文稿中指出:"党员数量不在多,思想上同情党的人和党外的共产主义者则不怕多。"而要贯彻执行"党内小,使党短小精干"的原则,"就必须彻底打破那种秘密党党员数量愈多愈好,只求数量不求质量的错误传统"。② 历史的车轮驶入到改革开放和社会主义现代化建设新时期,陈云对党员的质量问题和素质问题又进行了深入思考,并有自己的独到见解。比如,1985 年 3 月 13 日,陈云在与王鹤寿、韩光谈话时指出:"提高共产党员的素质,是非常重要的事情,是党的建设上的一个根本问题。对这一点要有清楚的认识,要认真地抓紧抓好。"③陈云的这些思想观点和政策主张,对于新时代发展党员注重数量更注重质量,具有参考价值。

三、坚持共产党员的标准

共产党员的标准问题是党的建设的一个基本问题。共产党员的标准问题,也是党员队伍建设的重大问题,它直接关系到党的先锋队性质,关系到党的事业的兴衰与成败。对于共产党员的标准问题,毛泽东作过阐述,陈云也作过阐述,他们都非常重视共产党员的标准问题。1929 年 12 月,毛泽东在为红四军九大写的决议即"古田会议决议"中,提出了"以后新分子入党条件",一共有五个,这五个"入党条件"其实就是要成为一个共产党员必须具备的五条标准:"(1)政治观念没有错误的(包括阶级觉悟);(2)忠实;(3)有牺牲精神,能积极工作;(4)没有发洋财的观念;(5)不吃鸦片,不赌博。"④对于共产党员的标准问题,陈云有很深的思考,并进行过比较系统的阐述,只要回顾中国共产党的历史,凭借有关党的建设方面的资料,我们就不难看出。1937 年 12 月

---

① 《陈云文选》第一卷,人民出版社 1995 年版,第 207—208 页。
② 《陈云文选》第一卷,人民出版社 1995 年版,第 229 页。
③ 《陈云文集》第三卷,中央文献出版社 2005 年版,第 541 页。
④ 《毛泽东文集》第一卷,人民出版社 1993 年版,第 90 页。

至 1944 年 3 月,陈云担任中共中央组织部部长,他上任不久,就主持起草了中共中央《关于大量发展党员的决议》。这个时期是抗日战争最为艰难的时期,也是中国共产党成立以来发展最快的时期。党员队伍的发展壮大和素质的不断提高,为抗日战争及以后解放战争的胜利提供了坚强的组织保证。为了加强对共产党员的思想教育,保持党的先进性和纯洁性,1939 年 5 月 30 日,陈云在《解放》上发表了题为《怎样做一个共产党员》的文章。他在这篇文章中提出了共产党员的六条标准,这就是:终身为共产主义奋斗;革命的利益高于一切;遵守党的纪律,严守党的秘密;百折不挠地执行决议;群众模范;学习。①这六条标准,系统地阐明了共产党员标准的基本内涵,论述了怎样做一个合格的共产党员的问题,这篇文章对提高共产党员的素质起了重要的作用。1943年,该文被中共中央编入 22 篇全党必读的《整风文献》中。由于发表这篇文章的时候陈云是中共中央组织部部长,所以,他在这篇文章中提出的六条标准,既是他个人对共产党员标准的具体要求,也表明了中共中央组织部对共产党员标准的具体要求。以这六条标准来衡量每一个共产党员,是当时加强党的建设、做好发展党员工作的一项重要政策。陈云提出的共产党员六条标准,是时代发展的客观要求和社会进步的产物,丰富和发展了党的建设理论。

在《怎样做一个共产党员》一文中,陈云还提出并阐述了共产党员人生观的问题。他指出:"一个愿意献身共产主义事业的共产党员,不仅应该为党在各个时期的具体任务而奋斗,而且应该确定自己为共产主义的实现而奋斗到底的革命的人生观。怎样才能建立和坚定自己的人生观呢? 首先必须认识到人类社会历史发展的规律和坚信共产主义社会必然实现的前途。"②对共产党员如何才能建立和坚定自己的人生观,陈云也作了具体阐述。2015 年 6 月 12日,习近平同志在纪念陈云同志诞辰 110 周年座谈会上的讲话中,对陈云关于共产党员的六条标准的思想进行了高度评价。陈云关于共产党员标准的思

---

① 《陈云文选》第一卷,人民出版社 1995 年版,第 137—144 页。
② 《陈云文选》第一卷,人民出版社 1995 年版,第 137 页。

想,是中国化时代化的马克思主义党建理论,为广大党员修养、磨炼和规范自己提供了思想要求和行为规范。

四、学习是共产党员的责任

中国共产党的一个突出特点,就是重视学习和善于学习。向书本学习,是必不可少的,而向实践和群众学习,则是中国共产党开展学习的一个重要途径。比如,陈云十分重视向群众学习,他曾深刻地指出:只有群众才真正了解他们自己的问题,只有在群众中才能讨论出在当时当地解决问题最适当的办法。"疑难不决的事情,要请教群众。没有这一条,不能算马克思主义者。我们在工作中,不仅要依靠组织,更主要的是要依靠群众。这应该成为我们的一个口号。"①

陈云很重视共产党员的学习,在《怎样做一个共产党员》一文中,提出的共产党员的六条标准之一就是学习。在这篇文章中,陈云指出:"共产党员有了革命的理论,才能从复杂万分的事情中弄出一个头绪,从不断变化的运动中找出一个方向来,才能把革命的工作做好。不然,就会在复杂的、不断变化的革命环境中,迷失道路,找不到方向,不能独立工作,也不能正确地实现党的任务和决定。"也就是说,共产党员要努力提高自己的政治和文化水平,增进革命知识,培养政治远见。陈云还根据当时的环境提出了五个方面的学习内容,特别是对第五个方面,他作了进一步的阐述,指出:"每个共产党员要随时随地的在实际工作中学习,向群众学习。一切实际工作中的和群众斗争中的经验教训,是我们最好的学习的课本。"②

1939 年 12 月,陈云撰写了《学习是共产党员的责任》一文。在这篇文章中,陈云对学习作过专门论述,强调学习是每个共产党员的责任,是做好工作的基本条件。比如,陈云就曾指出:"学习是做好工作的一个条件,而且是一

---

① 《陈云文选》第三卷,人民出版社 1995 年版,第 46 页。
② 《陈云文选》第一卷,人民出版社 1995 年版,第 142、143 页。

个必不可少的条件。"只有加强学习,才能提高文化知识水平、掌握认识事物的科学方法和制定正确的方针政策,最终取得中国革命的胜利。陈云还指出,学习有两个方面,一是向书本学习,二是向实践学习。他强调,加强理论学习的关键是要学会正确的思想方法。陈云指出:"各人的程度不同,环境不同,读书应该采取不同的办法。像我们这样没有什么底子,各种知识都很缺乏的人,要老老实实做小学生。要将现有的主要教科书一本一本地读,既不是弛怠,也不用着急,一步一步来。可以每个星期读三四十页,每字每句都要读懂,不懂的就要认真请教。"①他还提出了几条具体的读书学习的建议,比如,"一本一本书读懂的办法很重要","学习理论一定要联系实际","读书要做笔记","读书最好有个小组","读书要与懒惰作斗争","共产党员的口号是'学习,学习,再学习'","对自己,'学而不厌',对人家,'诲人不倦'",等等。

陈云非常注重马克思主义原理及思想方法的掌握问题。他说:"掌握了马列主义的原理和思想方法,就会自然地同自己的实践经验结合起来,把具体经验提高到一般理论,再拿这种一般理论去指导实际工作。"②新中国成立后,特别是中共十一届三中全会后,陈云仍然不断提倡学习,包括学习并掌握马克思主义的思想方法问题。中共十三大前夕,陈云在同中央负责同志谈话中,再次强调全党面临着学会运用马克思列宁主义、毛泽东思想的立场、观点、方法分析和解决问题这项最迫切的任务。中共十三大后,陈云退出中央领导岗位第一线,但他仍然一如既往地关心并提醒年轻的领导干部要在实践中学会运用马克思列宁主义的思想方法,并用它来观察和处理问题。

陈云阐述的共产党员为什么要学习,党员领导干部为什么要带头学习,学习什么以及怎样学习等问题,不仅在当时很好地解决了党员和党员领导干部学习马克思列宁主义存在的认识模糊和方法不当的问题,而且对于新时代加强全党的学习依然有很强的指导作用。

---

① 《陈云文选》第一卷,人民出版社1995年版,第188—189页。
② 《陈云文选》第一卷,人民出版社1995年版,第189页。

五、严格共产党员的组织管理

抗日战争时期,陈云对怎样加强党的组织管理提出了一系列重要的政策主张。比如,他主张:"党要成为无产阶级的先锋队,就必须经常有系统地注意调剂自己党员的成分。"①并且,从四个方面对共产党员的成分进行了具体阐述。

调剂共产党员的成分,首先要加强优秀的工人成分,注意贫苦的农民和知识分子成分,特别是注意农妇和知识分子的成分,一切共产党员必须为共产主义事业奋斗。此外,陈云对于严格入党手续,做好候补党员的管理、教育和转正工作,慎重处理恢复党籍等方面的问题都提出了很重要的意见。比如,他对恢复党籍或重新入党的问题,认为除了要遵照中共中央决定,还必须按具体情况作决定。为此,他提出了四条原则:"(1)长期脱离党,但仍在继续为党工作,党内有人证明者,恢复党籍。(2)长期脱离党,自称仍在继续为党工作,但党内无人证明,而今日已具备入党条件者,重新入党,候有证明时,恢复党籍。(3)曾经长期参加党的工作,中有相当时间(一两年)脱离党的工作,未做违反革命利益的事,而现在已经恢复党籍者,则脱离党的工作的这一时期,不算在党龄之内。(4)长期脱离党,未做违反革命利益的事,经过相当长期的考察而今日已具备入党条件者,重新入党。"②陈云所提出的这些意见,有着很强的政策性、实践性和可操作性,对于加强党员的组织管理也具有很强的指导作用。

陈云关于加强党员队伍建设和支部建设的论述,主要集中在 20 世纪 30 年代至 40 年代,特别是他担任中央组织部部长期间。他在这期间的许多文章和讲话,都谈到了党的建设问题,包括党员队伍建设和支部建设。这些文章和讲话,阐述了中国共产党关于加强自身建设的重要性问题。总之,陈云在这期间对党的建设从理论到实践都作出了贡献。

---

① 《陈云文选》第一卷,人民出版社 1995 年版,第 132 页。
② 《陈云文选》第一卷,人民出版社 1995 年版,第 135 页。

六、培养选拔干部特别是中青年干部

1935 年,斯大林指出:"人才、干部是世界上所有宝贵的资本中最宝贵最有决定意义的资本。应该了解,在我们目前的条件下,'干部决定一切'。"①到了 1938 年,毛泽东指出:"政治路线确定之后,干部就是决定的因素。"②这些论断,都说明了干部的重要性。陈云对干部这个问题有很深的思考和丰富的实践,他在中国革命、建设和改革的各个历史时期有关党的干部政策的讲话和论述,极大地推动了党的干部事业的发展。

(一)坚持"德才并重,以德为主"的方针

按照德才兼备的原则选拔和培养干部,是中国共产党坚持的原则和标准,也是陈云反复强调的原则和标准。早在延安时期,陈云就具体提出了"德才并重,以德为主"的四条标准:"忠实于无产阶级事业,忠实于党","与群众有密切联系","能独立决定工作方向并负起责任","守纪律"。这四条标准,体现了德才兼备,"为干部选拔和任用提供价值依据"。③

对于斯大林、毛泽东关于干部的论述,陈云十分赞同,并明确地指出:"干部对党的事业负有重大的责任,应该成为一般党员和群众的模范。"既然干部如此重要,那么选拔干部时就必须慎重。陈云强调,干部既要有才又要有德,选拔干部一定要坚持"德才并重,以德为主"的方针,既要反对只顾才不顾德,也要反对只顾德而不顾才,必须把德和才统一起来。他说:"总之,用干部的标准,概括起来有二:政治,能力。两者不能缺一,以政治为主。"④由此可见,才这个业务标准重要,德这个政治标准更重要,选拔和任用干部,必须突出政

① 《斯大林选集》下卷,人民出版社 1979 年版,第 373 页。
② 《毛泽东选集》第二卷,人民出版社 1991 年版,第 526 页。
③ 严爱云:《陈云与中国共产党的制度建设》,人民出版社 2015 年版,第 70 页。
④ 《陈云文选》第一卷,人民出版社 1995 年版,第 211、214、213 页。

治标准。"德才并重,以德为主"的方针,深刻地揭示了世界社会主义运动和无产阶级政党建设中的一个核心问题,即领导权问题,其重大而深远的实践意义就在于确保党的各级领导班子由忠诚于马克思主义的人组成。

进入改革开放和社会主义现代化建设新时期,陈云更加重视干部的德才问题,并提出了"德才兼备"的论断。1987年1月16日,陈云在中共中央政治局扩大会议上发表讲话指出:"五湖四海,再加一个德才兼备,这是我们提拔干部的大方针。现在有同志常说,要开拓型干部。开拓型也要,但首先要强调有德,有党性。德才兼备,才干固然要有,但德还是第一。我希望政治局、书记处要注意这样一个问题。"①这里,陈云讲到了使用干部要五湖四海、就地取材和德才兼备,特别强调了提拔干部要注意其党性的问题,注意其政德的问题,而党性和政德就是政治标准,就是德的真正内涵,这是陈云一贯的思想。还在1980年12月16日的中央工作会议上,陈云在讲话中就曾提出,实现"四个现代化",必须靠中国共产党的领导,搞"四化"建设没有"万金油"式的干部是不行的。不过,他还指出:"但是干部队伍的革命化、年轻化、知识化、专业化、制度化,仍然是我们在干部政策上的大方针。我们老干部必须担负起挑选德才兼备的青年干部的责任。"同时,陈云非常注重中青年干部的政治标准,他说:"总之,一方面要大胆提拔,加快提拔中青年干部,一方面又要严格把好政治标准这一关。"②

陈云关于"德才并重,以德为主"的四条标准,特别是有关干部"德"的方面论述,内涵丰富,意义深远,表明党组织选拔出来的干部:既要有强烈的政治意识和坚定正确的政治方向,又要有对党的绝对忠诚和坚强的党性修养;既要做到严格执行民主集中制和遵守党的纪律,又要练就敢于担当的为民情怀和过硬的本领。当然,陈云强调选拔干部以德为主,是以德才兼备为基础的,并不是不要"才",或者不看重"才",这是需要加以说明的。

---

① 《陈云文选》第三卷,人民出版社1995年版,第359页。
② 《陈云文选》第三卷,人民出版社1995年版,第281、317页。

（二）提出干部政策的"十二字诀"

1938 年，陈云在抗日军政大学作了一次讲演。他说："干部政策，拿俗话来讲，就是用人之道。为何要讲这个问题呢？因为同学们要到敌人占领的后方去工作，不单是当一个游击队员，而且要当干部，当领导者，而用人之道对于领导工作是非常重要的。""我现在来讲干部政策，只想用十二个字，分成四个问题来解释：第一，了解人；第二，气量大；第三，用得好；第四，爱护人。"①

陈云认为，要把一个人了解得很彻底是不容易的。他曾指出："最近就发现有两种毛病：第一种毛病是用一只眼睛看人，只看人家一面，不看全面，不能面面都看到；第二种毛病是只看到这个人今天干了什么，没有看到他以前干些什么，只看到他本领的高低，没有看到他本质的好坏。"②对此，陈云认为，世界上没有一个人是毫无长处和优点的，也没有一个人是毫无短处和缺点的。

对干部的了解，还可以通过干部审查这一途径。1940 年 8 月 14 日，陈云主持起草了中共中央组织部的《关于审查干部经验的初步总结》。在这个总结中，他指出："审查干部的目的有不可偏废的两个方面：1. 为了发现干部的长处与缺点，以便适当地培养、使用、提拔和调动干部。2. 为了发现混在党内的异己分子，以便清洗他们出党而巩固党的行列。"③陈云指出，无论是为了认识和了解干部的长处与缺点，还是为了发现内奸，都必须详细了解干部在入党前、入党后全部生活和奋斗的历史，因为只有从历史的具体环境中才能正确地看出他的工作经验以及能力；只有从全部的历史中才能查出谁是干部，谁是偶然混入的分子，谁是内奸。他要求中央组织部在审查工作中要"细心耐烦"、审查严格，"实事求是的审查才是真正的严格"。

陈云认为，用人要气量大，这个气量大就是善用各种人才。要用人，就会

---

① 《陈云文选》第一卷，人民出版社 1995 年版，第 109 页。
② 《陈云文选》第一卷，人民出版社 1995 年版，第 110 页。
③ 《陈云文集》第一卷，中央文献出版社 2005 年版，第 283 页。

复杂,不会简单。陈云指出:"只有几个人,不要发展,才简单,但是革命一定不会成功。共产党是先锋队,要领导广大的后备军,要与广大群众打成一片,它周围必然是复杂的。今天只有抗大、陕公的同志去和敌人搏斗还不会成功,要团结更多的同志和广大的群众。干革命如果怕复杂,便会愈弄愈复杂,不怕复杂,革命就好办。"陈云还专门以孙中山为例,认为孙中山能够取得成功,一个重要的原因,就是气量大、善用人。他指出:"我们也必须善于用人,只要这个人有一技之长,就要用,只有这样,才能成大事业。"①

从陈云的一系列讲演和讲话中可以看出,他所强调的用人要气量大,除了用好共产党人,即用好党员干部,还要正确地看待知识分子,并大量地吸收知识分子加入中国共产党,加入到革命队伍中来。同时,也要正确地看待非党干部。新中国成立后,陈云也一直强调要把党外有经验的人才用起来,用来为社会主义建设服务。

陈云认为,用人用得好,是说要有什么方法用人才能用得好。俗话说的"人尽其才,人尽其用",道理很明白,就是什么样的人适合做什么样的事,就是人员、岗位和事情做到有机结合。一言以蔽之,就是要讲究用人的方法。对此,陈云指出:"要有什么方法用人才能用得好呢? 我想没有旁的道理,只要是在你领导下的人都很高兴工作,都很积极工作,能够这样,工作就一定会做得好。"那么,怎样领导才能使干部高兴地安心地工作呢? 陈云提出:"只有一条,就是上级要信任下级,下级也信任上级,上下互相信任。对领导人来说,一定要做到让下级敢于说话,敢于做事。"②在这里,陈云还举例说明敢于说话和敢于做事的积极效果。

关于用什么方法使别人敢于说话的问题,陈云也进行了具体阐述,并提出了三点要注意的地方。第一,领导者的态度要好。第二,少戴大帽子。第三,当你去批评人家错误的时候,要指出人家错误的根源以及纠正错误的方法。

---

① 《陈云文选》第一卷,人民出版社1995年版,第113页。
② 《陈云文选》第一卷,人民出版社1995年版,第114页。

批评的目的并不是出气,主要是在于真正帮助人家纠正错误。①

陈云认为,爱护人,是说共产党爱护党员不下于父母爱护子女。至于如何爱护人,陈云具体阐述了四点意见。第一,使用干部不要今天拉起来,明天又放下去,好像打桩子一样,这是我前面讲过的。第二,对下面干部任何不安心问题,都要想法子解决。人家热心来找你,一定有什么重要的事情需要解决。这个时候,你可能在看文件或是写一件东西,也要停下手头的事来会一会他,倾听他说话。第三,当着解决一个干部的问题,关系到他的政治生命的时候,要很郑重、很谨慎、很细心地去处理它。第四,对于干部不要"抬轿子",只说他的好处。不客气批评别人的人,才是好人,才够得上是革命同志。②

由此,我们深切地体会到,陈云对爱护人包括爱护干部是非常重视的,用他的话来讲就是"爱护人很重要"。陈云提出的这"十二字诀",是对中国共产党的干部政策的高度概括和科学总结。陈云的用人之道,充满了马克思主义的唯物辩证法,学习、研究和宣传他的用人思想,对于我们今天探索深化干部制度改革仍然具有重大的指导意义。

(三)选拔和培养中青年干部

2019年3月1日,在中央党校(国家行政学院)中青年干部培训班开班式上,习近平同志发表讲话指出:"培养选拔优秀年轻干部是一件大事,关乎党的命运、国家的命运、民族的命运、人民的福祉,是百年大计。"③中国共产党在中国革命、建设和改革的各个历史时期,都重视中青年干部的选拔和培养工作。陈云作为党和国家的主要领导人之一,对培养选拔中青年干部有一系列的重要论述。

---

① 《陈云文选》第一卷,人民出版社1995年版,第115—117页。
② 《陈云文选》第一卷,人民出版社1995年版,第119—121页。
③ 《习近平在中央党校(国家行政学院)中青年干部培训班开班式上发表重要讲话强调 在常学常新中加强理论修养 在知行合一中主动担当作为》,《人民日报》2019年3月2日。

选拔和培养中青年干部是当务之急。在抗日战争时期和解放战争时期，关于干部政策和干部教育培养的问题，陈云就非常重视，有过很多论述。新中国成立之后特别是改革开放和社会主义现代化建设新时期，陈云对干部工作问题包括中青年干部的选拔、培养、使用和教育工作等方面的问题，也有很多论述。比如，收入《陈云文选》第三卷中的《提拔培养中青年干部是当务之急》，这篇文章一共谈到了 12 个问题，对为什么要提拔培养中青年干部，提拔培养什么样的中青年干部，怎样提拔培养中青年干部等问题作了具体阐述。他指出："从现在起，就成千上万地提拔培养中青年干部，让德才兼备的中青年干部在各级领导岗位上锻炼。老干部对他们实行传帮带，使大量的中青年干部成为我们各级党政工作强大的后备力量，随时可以从中挑选领导干部。这是对我们最有利的办法，应该努力去做。"①又比如，收入《陈云文选》第三卷中的《成千上万地提拔中青年干部》，这篇文章一共谈到了 9 个问题，分析了干部青黄不接的状况，阐述了提拔中青年干部的缘由，提出了必须成千上万地提拔中青年干部的举措。他指出："必须成千上万地提拔中青年干部。要成千上万，几千，一万，两万。"②这就是说，只有成千上万地提拔经过选择的好的中青年干部，才能使干部交接班稳定地进行。

提拔中青年干部使党的事业后继有人。在 20 世纪 80 年代初期，陈云就指出，没有老干部不能实现"四个现代化"，没有大批知识分子参加到中国共产党的干部队伍中来，也决不能建成现代化的新中国。"文化大革命"刚结束，干部队伍青黄不接，陈云就较早认识到培养、选拔中青年干部的紧迫性和重要性的问题。他指出："应该清醒地看到，由于种种原因，我们党的干部队伍相当长时间以来就存在程度不同的老化问题，存在青黄不接的问题。这个问题现在不解决，或者解决得不好，共产主义事业在中国就有可能出现曲折。"所以，"要提拔中青年干部，使我们党的事业后继有人"，并且把优秀的中

---

① 《陈云文选》第三卷，人民出版社 1995 年版，第 293 页。
② 《陈云文选》第三卷，人民出版社 1995 年版，第 302 页。

青年干部放到负责岗位上去锻炼,让他们挑担子。在国务院财经委员会第一次会议上,陈云在讲话中提出:"找一个,两个,三个,四个,或者五个年轻一些的,四十岁到五十岁的干部,到财经委员会工作。要有一点工作经验的,人数也不要多。这些人不是当秘书,而是在我们这里当'后排议员'。"陈云在这里讲的"后排议员",其实就是中青年干部。在中共十一届五中全会上,陈云在发言中指出:"现在我们主动地来选择人才,还有时间,再等下去,将来就没有时间了。"陈云赞同"台阶论",提出要按级提拔,"台阶论还是对的。这是小平同志讲的,台阶,一级一级上来,这是必要的。一定要按级提拔。我写的一些办法也是按级提拔。但是,也可以越级提拔。越级提拔的,只能是少数。我看按台阶的办法上台的人,他的基础巩固扎实,本领全面。"①

选拔培养中青年干部有利于保持梯队结构。粉碎"四人帮"后,陈云针对"文化大革命"中干部队伍建设状况,特别是干部老龄化严重的情况,他提醒要重视干部的梯队建设。1982年4月,陈云同中共上海市委第一书记陈国栋谈话时指出:"上海市领导要大胆选拔中青年干部,市级领导班子里不仅要有五十岁左右的人,还要有四十岁左右的人,特别是要有四十岁以下的人;不仅要有第二梯队,还要有第三梯队。只有这样,干部交接班才能稳定地进行。"②

1983年6月30日,陈云在中央工作会议上的讲话中又提到培养接班人的问题以及提出建立第三梯队的设想。他说:"我们搞革命、搞建设,搞得热热闹闹,切莫忘了要后继有人。现在,我们党的第二梯队已经基本建立起来了,第三梯队也已经有了一定的数量。今后全党要努力把第三梯队建设好。"③对于陈云的提议,邓小平表示赞同。他说:"陈云同志的讲话,不但谈了经济问题,还谈了一个重要的政治问题,即干部队伍三个梯队的配备问题。这

---

① 《陈云文选》第三卷,人民出版社1995年版,第257—258、269、301页。
② 中共中央文献研究室编:《陈云年谱(修订本)》下卷,中央文献出版社2015年版,第339页。
③ 《陈云文选》第三卷,人民出版社1995年版,第324页。

个问题关系到我们党和国家的命运,讲得非常好。"①陈云和邓小平的讲话,对建立干部梯队结构起了重要的指导作用,干部梯队建设也取得了丰硕的成果。1984 年 12 月 24 日,陈云在中南海会见苏联部长会议第一副主席阿尔希波夫时指出:"我们现在实行三个梯队的办法。叶剑英同志、邓小平同志、李先念同志和我,以及其他七十岁以上的老同志是第一梯队,摆脱日常工作,一边休息,一边考虑些大事。六十岁上下的同志是第二梯队,他们主持中央日常工作。今天我特别邀请姚依林同志和我一起见你,就是因为现在是他们当家,工作主要靠他们去做。另外,从五十岁左右、四十岁左右的人中选拔优秀的人才组成第三梯队,放在各级领导岗位上锻炼,准备将来接班。"②1985 年 9 月 23日,陈云在党的全国代表会议上又强调干部队伍要保持梯队结构,他指出:"成千上万地提拔中青年干部,充实各级领导班子,这是近几年来,我们党反复强调的一项重要工作。经过反复考察,一批优秀的中青年同志,被选进了中央和地方的各级领导班子。干部队伍保持梯队的结构,可以使党的事业后继有人,代代相传。"③陈云提出的提拔中青年干部特别是建立第三梯队的设想,不但非常符合中国共产党的实际情况,而且十分有利于中国特色社会主义事业承前启后、继往开来,在新时代不断地发展和壮大。

第四节　党的作风关系到党的生死存亡

中共十一届三中全会后,中国共产党恢复了优良传统和作风,陈云感到中国共产党大有希望。1979 年 1 月,在中央纪委的一次全会上,陈云指出:"我们的国家是九亿人口的大国,我们的党是这样一个大国的执政党。我们党处于全世界举足轻重的地位,是中流砥柱。只要我们党起到了这样的作用,那

---

①　中共中央文献研究室编:《陈云传》(四),中央文献出版社 2015 年版,第 1733 页。

②　《陈云文选》第三卷,人民出版社 1995 年版,第 341—342 页。

③　陈云:《在中国共产党全国代表会议上的讲话》,《人民日报》1985 年 9 月 24 日。

末,国际共产主义运动的胜利就有了保证。"①他十分关注执政党的党风问题,并将其提到有关党的生死存亡的高度。

一、执政党的党风问题有关党的生死存亡

虽然中国共产党在延安时期只是局部执政,但是,对局部执政的执政党如何加强自身建设,陈云已提到了这个问题。他说:"领导着政权的党,领导着军队的党,自我批评更加重要。因为党掌握了政权以后,犯了错误会更直接更严重地损害群众利益。党员违犯了纪律,特别容易引起群众的不满。"1940年12月,陈云在延安撰写的一份提纲中强调指出:"当权的大党,领导干部很可能成为官僚。"因此,他主张"要坚决防止和克服官僚主义"。②

随着中华人民共和国的成立,中国共产党便成为全国范围的执政党。1954年2月,针对高岗饶漱石事件,陈云提醒人们:"我们对于执政党以后党内的状况是不能盲目乐观的。"必须看到,革命胜利了的国家,"比起秘密工作和在山沟里打游击的时代,更容易出野心人物"。他在分析产生这种问题的原因时又指出:一方面,"有人就只想做官,不想革命了,把革命忘光了";另一方面,"物质享受是很具备的,很可以腐化"。③ 所以,进入改革开放和社会主义现代化建设新时期,陈云在他亲自主持拟定的《关于党内政治生活的若干准则(草案)》中,明确指出:"党的中央纪律检查委员会的基本任务,就是要维护党规党纪,整顿党风。"④这为党内政治生活的健康发展提供了重要依据。

中共十一届三中全会以后,由于改革开放方针的提出,给中国的经济建设带来了蓬勃发展的生机与活力。与此同时,党内的种种不正之风也在不断蔓延,一部分党员尤其是领导干部存在的以权谋私问题,严重地损害了党的形

---

① 《陈云文选》第三卷,人民出版社1995年版,第243页。
② 《陈云文选》第一卷,人民出版社1995年版,第183、221页。
③ 《陈云文选》第二卷,人民出版社1995年版,第231页。
④ 《三中全会以来重要文献选编》上册,人民出版社1982年版,第44页。

象。对此,陈云提出:"执政党的党风问题是有关党的生死存亡的问题。因此,党风问题必须抓紧搞,永远搞。"①1983 年 10 月 11—12 日,中共十二届二中全会召开。全会一致通过《中共中央关于整党的决定》,确定从 1983 年冬季开始,用三年时间分期分批地对党的作风和党的组织进行一次全面整顿。1985 年 3 月 13 日,陈云在与中央纪委领导谈话时一针见血地指出:"现在,有些小报上面讲的,无非是男女关系等乱七八糟的东西,它会腐蚀干部,腐蚀青年。这不只是党的问题,还关系到我国青年的志向问题。"②从陈云的这次谈话中我们可以看出,党风问题不解决,会亡党亡国;青年志向问题不加以正确引导,也会亡党亡国。1985 年 9 月 23 日,陈云在中国共产党全国代表会议上的讲话中又指出:"整顿党风这件事,不可掉以轻心。""各级领导干部,特别是高级领导干部要重视。"③这些论述,既说明陈云对党风建设的重视,也说明他为加强党风建设所作的贡献。

中央纪委的基本任务,是维护党章党规和整顿党风。同时,还要加强党性原则和党的纪律教育工作。所以,陈云指出:"纪检工作应该研究新情况,适应新情况。党性原则和党的纪律不存在'松绑'的问题。没有好的党风,改革是搞不好的。"④这些都说明,党的组织纪律是执行党的政治路线的保证。

陈云提出的"执政党的党风问题是有关党的生死存亡的问题"这一论断,振聋发聩,它关系到党的建设的成败兴衰,在党的建设和发展的历史上意义重大。这一论断的提出,也得到了邓小平的大力称赞。邓小平指出:"我赞成陈云同志讲的,执政党的党风问题是有关党的生死存亡的问题。要严格执行《关于党内政治生活的若干准则》,坚持不懈地纠正各种不正之风,特别要坚决反对对党中央的路线、方针、政策采取阳奉阴违、两面三刀的错误态度。"⑤

---

① 《陈云文选》第三卷,人民出版社 1995 年版,第 273 页。

② 《陈云文集》第三卷,中央文献出版社 2005 年版,第 541 页。

③ 《陈云文选》第三卷,人民出版社 1995 年版,第 351、352 页。

④ 《陈云文选》第三卷,人民出版社 1995 年版,第 275 页。

⑤ 《邓小平文选》第二卷,人民出版社 1994 年版,第 358—359 页。

陈云的这一论断,对中国共产党搞好执政党的党风建设有着重要意义。

二、搞好党的建设关键在于党的高级干部

1938 年 10 月 14 日,毛泽东在中共六届六中全会上所作的政治报告《论新阶段》中就曾指出:"在担负主要领导责任的观点上说,如果我们党有一百个至二百个系统地而不是零碎地、实际地而不是空洞地学会了马克思列宁主义的同志,就会大大地提高我们党的战斗力量,并加速我们战胜日本帝国主义的工作。"①它表明,高级领导干部对党的事业至关重要。党的建设的经验证明,党的事业能否发展壮大,从某种意义上说,关键在于党员干部特别是领导干部。同样,执政党党风建设的好坏,与党员干部特别是领导干部更是密切相关。陈云在革命、建设和改革时期,对党的高级领导干部的作用和影响都有论述。

1938 年 9 月,陈云在回顾中国共产党的历史时曾说:"可惜得很,中国共产党在过去十年斗争中,干部损失了十几万,没有陕北根据地的话,连现在这一点干部也保存不了。全中国一千八百多个县,假如每个县能够保存三个党员,我们党开展工作的力量就大得多了。"②从这里我们看得出,陈云把党的事业的发展和革命的胜利,与党员和党的干部紧紧地联系在一起,特别是与高级领导干部紧紧地联系在一起。比如,1945 年 5 月 9 日,陈云在中共七大的发言中就提出了高级领导干部对中国革命的影响很大的问题。他认为,各级领导干部特别是高级领导干部必须克服骄气,如果高级领导干部中有这种倾向,那危险性一定大于中下级领导干部。这就是说,领导干部如果有了个人主义思想,就会背上大"包袱",而且级别越高,背的包袱越大,造成的危害也越大。中国共产党是有军队的党,正如陈云所说:"军队是拿枪杆子的,它的组织更

---

① 《毛泽东选集》第二卷,人民出版社 1991 年版,第 533 页。
② 《陈云文选》第一卷,人民出版社 1995 年版,第 109 页。

集中,干部的责任很大,高级干部的责任更大。"①这就是说,全国人民把希望寄托于中国共产党及其高级干部身上。而"我们党的工作好坏,决定着中国革命的命运"。

陈云还以革命战争时期与和平建设年代为时段,对党员和党员干部进行比较。他指出:"党在全国执政以前,在敌人统治下的地下党,那时作一个党员就有杀头的危险,根本谈不上什么物质享受;在苏区的党和解放区的党,大家忙于打仗和支援战争,另外,也没有什么物质可以享受。党在全国执政以后,从中央到基层政权,从企业事业单位到生产队的领导权,都掌握在党员手里了。"②可见,中国共产党在全国执政以后,责任在加大,危险系数也在加大。所以,党必须切实加强自身建设,搞好党风,并严格地要求党员和党的干部。

新中国成立后,中国共产党在全国人民中的威望是很高的。但是,也存在两个值得严重注意的问题:一个是少数党员滋长了脱离群众的官僚主义和命令主义的作风,另一个是在工作中发生了不少违犯党的政策和党的纪律的行为。针对这两个严重的问题,中共中央决定在全党开展一次着重整顿党的干部的整风学习。根据这个决定,1950 年 5 月 6 日,中共中央纪律检查委员会书记朱德,在中央直属系统党、政、军、群各级党的纪律检查委员会联席会议上作了讲话,将党内违反政策和纪律的表现概括为四个方面:第一,强迫命令,脱离群众,已达到相当严重的程度。第二,官僚主义的作风进一步滋长起来。第三,摆老资格、恃功挟赏的落后思想表现突出。第四,贪污腐化的行为比过去有所增多。那么,产生这些问题的原因究竟是什么呢? 朱德指出:"在客观上,一方面是由于革命的胜利,容易使我们产生政治麻痹、思想松懈、骄傲自大等等许多坏东西;另一方面,则是由于周围环境的包围与影响,如与其他阶级合作,与留用人员共事,城市的花花绿绿,等等。……在主观上则是由于我们

---

① 《陈云文选》第一卷,人民出版社 1995 年版,第 297 页。
② 《陈云文选》第三卷,人民出版社 1995 年版,第 331 页。

党内的教育、党内的生活、党内的制度,特别是党内纪律的执行等等方面,都还存在着许多严重的缺点。"①

搞好党的建设,特别是加强党风建设,除了对普通党员要有严格要求,关键还在于党的高级干部。领导干部特别是高级干部职务高、权力大、影响广,只有领导干部特别是高级领导干部做好了,才能更好地贯彻党的各项方针和政策,才能更好地搞好党的建设,也才能更好地体现党的领导。1954 年 2 月10 日,陈云在中共七届四中全会上作了题为《高级领导人要提高革命觉悟》的发言。他在这篇发言中,针对高饶事件产生的情况着重指出:"保障党的团结,防止党的分裂,其责任主要是在高级领导人员。"对于出野心人物和闹乱子的问题,陈云认为:"关键是在几百个高级领导人,就是省(市)委书记以上的干部及军队中的负责干部。"对于揭露野心人物和不闹乱子的问题,陈云指出:"也决定于这几百个人。只要这几百个人头脑十分清醒,革命胜利就会有保证。"②陈云的这些话,惊世骇俗,语重心长,抓住了问题的要害,提出了应对之策,犹如醍醐灌顶,发人深省。

三、必须端正党风

党风指的是党组织和党员的作风,它体现着党组织的精神状态和党员的言行风格。党的风气的好坏,直接关乎党的事业的兴衰成败。陈云长期在党和国家的重要领导岗位上,对这个问题具有丰富的感性认识和深刻的理性思考。对执政党党风建设的论述和政策主张,是陈云党建思想的一个重要组成部分。

对一个执政党来说,党风问题至关重要。中国共产党从建党时候开始,特别是到了抗日战争时期,就非常重视党的作风建设问题。比如,1941 年 5月 19 日,毛泽东在延安干部会上所作的《改造我们的学习》的报告中分析

---

① 《朱德选集》,人民出版社 1983 年版,第 286—287 页。
② 《陈云文选》第二卷,人民出版社 1995 年版,第 230、233 页。

了主观主义的态度,认为这种态度就是"我们队伍中若干同志的作风",而"这种作风,拿了律己,则害了自己;拿了教人,则害了别人;拿了指导革命,则害了革命"。①

长期以来,陈云对党风问题也有很深的思考,并且同主观主义等党内不良作风进行了坚决的斗争。早在新民主主义革命时期,陈云对党风建设问题就提出了许多真知灼见。比如,在延安工作期间,他要求组织部的干部认真搞好接待工作,嘱咐他们:"要热情接待,说话和气,对人尊重,要有礼貌,使组织部形成良好的风气。"并且指出:"党风不正——干部工作者应负熟视无睹的责任。"②1942 年 8 月 11 日,由王稼祥、陈云负责的中央军委系统学习委员会作出《关于开始党风学习的决定》,强调加强思想指导的同时,要切实做好理论联系实际,深入开展批评和自我批评。新中国成立之后,陈云曾对税务人员评价道:"他们中许多人是好的,是尽职的,但有些人则还是沿袭过去的不良作风,同时也发现了少数贪污腐化分子。"③这要引起我们的重视。粉碎"四人帮"之后的 1976 年 10 月 16 日,陈云接到李先念征询对粉碎"四人帮"后各项工作意见的电话,他在电话中谈了所考虑的问题。李先念听后认为切中要害,希望陈云把这些意见写成书面材料。10 月 18 日,陈云将意见写成文字送李先念。在这份书面材料中,陈云谈了他对当前工作的六点意见,其中第六点就是恢复党的好作风。④ 在改革开放和社会主义现代化建设新时期,陈云对党风问题又作了系统而深刻的阐述。比如,对黄克诚等请示中央纪委和各级纪检机构的工作方针,陈云作出了明确的指示。据黄克诚回忆:"中央纪律检查委员会成立时,我请示陈云同志,问他首先抓什么,他说,要抓党风。"⑤

---

① 《毛泽东选集》第三卷,人民出版社 1991 年版,第 800 页。
② 《陈云文集》第一卷,中央文献出版社 2005 年版,第 353 页。
③ 《陈云文选》第二卷,人民出版社 1995 年版,第 107—108 页。
④ 中共中央文献研究室编:《陈云年谱(修订本)》下卷,中央文献出版社 2015 年版,第225—226 页。
⑤ 黄克诚:《关于党风问题》,《人民日报》1981 年 2 月 28 日。

关于怎样端正党风的问题,陈云提出了不少举措,概括起来主要有:第一,各级领导干部要以身作则,率先垂范。陈云认为,各级领导干部特别是高级领导干部,老党员、老干部要身体力行,作出榜样,带头端正党风,党的高级领导人员在教育好子女的问题上,给全党带好头,"决不允许他们依仗亲属关系,谋权谋利,成为特殊人物"。第二,各级党组织要纪律严明,党委和纪委要承担责任。陈云提出:"对严重的经济犯罪分子,我主张要严办几个,判刑几个,以至杀几个罪大恶极的,雷厉风行,抓住不放,并且登报。否则党风无法整顿。"后来,他又提出:"无论是谁违反党纪、政纪,都要坚决按党纪、政纪处理。""各级纪委必须按此原则办事,否则就是失职。"第三,要提倡坚持原则,分清是非。陈云认为,在党风和社会风气中,有一个很大的问题就是是非不分。"有些同志在是非面前不敢坚持原则,和稀泥,做老好人,而坚持原则的人受孤立。""只有我们党内首先形成是非分明的风气,党的团结才有基础,党才有战斗力,整个社会风气才会跟着好转,才会使正气上升,邪气下降。"①虽然陈云对党风问题的思考以及端正党风的举措已成为历史,但他所作的这些思考和提出的这些举措,对中国共产党在新时代经受住长期执政的考验,仍然有着不同凡响的意义。

四、严守党的纪律和党内制度

在党的建设中,纪律和制度占有重要的地位。陈云主张将严肃党纪和加强党员的思想政治教育相结合。还在 1940 年的时候,陈云就深刻地指出:"纪律是我们的重要武器。维护党的统一,不靠刀枪,要靠纪律;同时,加强思想政治工作,端正路线和方针、政策。"②

但是,陈云又认为教育虽然是基础,但不是万能的,党的制度和党规党法的建设也很重要。他说:"我看不能因为有马列主义教育,以后就不出问题

① 《陈云文选》第三卷,人民出版社 1995 年版,第 352、273—274、356、274 页。
② 《陈云文选》第一卷,人民出版社 1995 年版,第 196 页。

了。张国焘不是老党员吗？他比一般干部受的马列主义教育还少吗？但是他叛变了。这证明什么呢？证明只靠马列主义的教育，还不能保证我们党内不出野心人物。"也就是说，在执政党党风建设中，除了要加强马克思列宁主义理论修养和思想教育，还要加强党的制度建设和党规党纪党法教育。所以，陈云说："我们要严守党的制度和党规党法，发扬党的优良作风，那党就有保证了。靠别的，我看都靠不住，要靠我们自己。"①"我们的党是一个战斗的党，我们在斗争中依靠的武器，唯一的就是纪律。"②这些话虽然是改革开放和社会主义现代化建设新时期以前说的，但都是真知灼见。

陈云认为，所有的共产党员都要遵守党的纪律。他指出："共产党不论在地下工作时期或执政时期，任何时候都必须坚持党的纪律。"③这就是说，在中国共产党里面，不存在特殊的人物和组织。"不管你是中央委员，还是一般党员，不管你是老党员，还是新党员，都要遵守纪律。""不管是中央委员会，还是支部委员会，都要遵守纪律。一句话，党内不准有不遵守纪律的'特殊人物'、'特殊组织'。"陈云还指出："严格地遵守党的纪律为所有党员及各级党部之最高责任。无特殊人物，无特殊组织。"④他主张从健全严格党纪和制度入手，纠正和防止党内的腐败现象，以达到纯洁队伍的目的。

1981年3月4日，中共中央纪律检查委员会第三次全体会议通过决议，指出："陈云提出的执政的党风问题是有关党的生死存亡的问题，对中国共产党建设具有重大意义，是做好纪律检查工作的基本指导思想，应当形成舆论，使全体党员，尤其是领导干部，认识到这个问题的严重性。"⑤由此可见，陈云关于执政党党风建设的思想理论和政策主张意义重大，丰富了执政党建设的理论。

---

① 《陈云文选》第二卷，人民出版社1995年版，第232页。
② 《陈云文选》第一卷，人民出版社1995年版，第275页。
③ 《陈云文选》第三卷，人民出版社1995年版，第275页。
④ 《陈云文选》第一卷，人民出版社1995年版，第126、196页。
⑤ 中共中央文献研究室编：《陈云年谱（修订本）》下卷，中央文献出版社2015年版，第309页。

第五节　党员要加强党性教育和党的纪律教育

陈云对共产党员的党性教育和党的纪律教育非常重视,并作过一系列论述。党性教育和党的纪律教育,也由此成了陈云党建思想的一个重要组成部分。

一、陈云党性教育及党的纪律教育思想的形成情况

抗日战争时期,陈云对共产党员的党性、党性修养的要求等问题,都进行了论述。新中国成立后特别是中共十一届三中全会召开之后,他对加强共产党员党性修养的问题,以及执政党如何搞好党风建设、党性教育和党的纪律问题,又进行了论述。

(一)抗日战争时期,陈云党性及党纪教育思想的初步形成

什么是党性?刘少奇在《人的阶级性》一文中指出:"共产党员的党性,就是无产者阶级性最高而集中的表现,就是无产者本质的最高表现,就是无产阶级利益最高而集中的表现共产党员的党性锻炼和修养,是党员本质的改造。"①在《论共产党员的修养》一文中,他又强调共产党员的党性"就是共产主义道德的最高表现,就是无产阶级政党原则性的最高表现,就是无产阶级意识纯洁的最高表现"②。对一个共产党员来说,党性不可或缺,党性教育和党的纪律教育同样不可或缺。

抗日战争时期,陈云在延安结合革命形势发展和党的建设的实际,撰写了许多关于党的组织工作方面的文章,涉及党员的成分,党员的标准、数量和质量,党支部的性质和作用,党的干部政策和队伍建设,党的群众工作等问题。比如,

---

① 《刘少奇论党的建设》,中央文献出版社 1993 年版,第 225 页。
② 《刘少奇选集》上卷,人民出版社 1981 年版,第 131 页。

对党员的数量和质量问题,他曾指出,党员数量大大增加,这是非常好的事情,但数量多不等于质量高。数量固然重要,但质量更重要。因为,提高共产党员的质量,是党的建设的一个带有根本性的问题。那么,怎样提高党员质量呢? 陈云指出:"提高质量不仅仅是洗刷落后分子,还必须加强党内的教育。"①他这里所说的加强党内的教育,主要就是加强共产党员的党性教育,也就是加强马克思主义教育、阶级教育和党的教育。

这个时期,陈云还有不少文章和讲话涉及对共产党员的党性要求。比如,在《怎样做一个共产党员》一文中,陈云在谈到共产党员标准时提出了六个条件,诠释了共产党员的党性和党的纪律问题。之后,他又撰写了《党的支部》《学习是共产党员的责任》《严格遵守党的纪律》《党员对党要忠实》《关于党性问题》《增强新党员新干部的党性》等文章,阐述了共产党员的党性要求。在此期间,中共中央高度重视共产党员的党性问题。比如,1941 年 1 月,中共中央的有关决定中就提出,要加强全党的党性教育和党性学习。同年 7 月 1日,中共中央政治局通过《中共中央关于增强党性的决定》。这个《决定》指出:"今天巩固党的主要工作是要求全党党员,尤其是干部党员,更加增强自己党性的锻炼,把个人利益服从于全党的利益,把个别党的组成部分的利益服从于全党的利益,使全党能够团结得像一个人一样。"②其中还指出了党内存在的各种违反党性的倾向,如个人主义、英雄主义、无组织的状态、独立主义、反集中的分散主义等,并提出了克服这些错误倾向的办法。这个《决定》是延安整风运动的必读文件之一。

在中共中央高度重视党性问题的形势下,1942 年 9 月,陈云又撰写了《延安新干部党性薄弱现象及如何增强其党性问题》一文。他在这篇文章中详细列出了不服从党的工作分配的四种人,深刻分析了新党员新干部党性观念如此薄弱的两个主要原因。同时,他根据当时新党员新干部党性薄弱的实际情

---

① 《陈云文选》第一卷,人民出版社 1995 年版,第 207 页。
② 《中共党史教学参考资料》(三),人民出版社 1979 年版,第 5 页。

况,提出了从三个方面开展增强其党性的工作。

(二)社会主义革命和建设时期,陈云党性教育及党纪教育思想的逐步丰富

新中国成立后,陈云主持领导全国财政经济工作。这一时期,虽然陈云主要是抓经济建设工作,没有分管党建工作,但他一直在思考党性及党的纪律教育问题。从这一时期他发表的相关文章和讲话中,就不难看出。比如,《新老干部要团结》《高级领导人要提高革命觉悟》《加强商业工作的政治观点、群众观点和生产观点》《多注意听反面的意见》《怎样使我们的认识更正确些》《坚持实事求是的革命作风》等等。

这里,我们以陈云在中共七届四中全会上所作的《高级领导人要提高革命觉悟》发言为例,来看看陈云的党性思想。陈云认为,加强党内马列主义教育,这是很好的,是肯定的、无疑问的。但同时,他又认为,只靠马列主义教育,还不能保证我们党内不出野心人物。"那末,我们翻来覆去地想一想,可靠的是什么呢?我们党内可能出现分裂的危险,就没有什么办法防止了吗?我看可靠的、永久的办法,可传到我们子孙后代的,就是提高高级领导人的革命觉悟和革命嗅觉。"他在这里提到的革命觉悟和革命嗅觉,其实就是要高级领导人提高党性锻炼和党性修养。如果高级领导人觉悟不高、嗅觉不灵,那出了野心人物的时候是可能闹不团结的,甚至可能闹到党的分裂。为此,陈云在这篇发言中进一步指出:"高级干部要提高革命警惕,提高革命嗅觉,千万不要'伤风'。我看这是我们党的团结的可靠保证。"①这里,再以陈云在1962年2月8日所作的《怎样使我们的认识更正确些》讲话为例,来看看陈云所强调的虚心听取意见及加强修养又是何等的重要。陈云指出:"领导干部听话要特别注意听反面的话。相同的意见谁也敢讲,容易听得到;不同的意见,常常由于领

---

① 《陈云文选》第二卷,人民出版社1995年版,第232—233、233页。

导人不虚心,人家不敢讲,不容易听到。所以,我们一定要虚心,多听不同的意见。还应该看到,事物是很复杂的,要想得到比较全面的正确的了解,那就必须听取各种不同的意见,经过周密的分析,把它集中起来。调查研究有各种各样的方法,找有各种不同看法的人交换意见,也是一种方法,而且是一种重要的方法。总之,我们共产党员要加强修养,养成耐心听取不同意见的良好习惯。"①陈云在这里讲的虚心听取意见,其实就是一个领导干部的修养问题,而修养自然也包括党性修养。

(三)中共十一届三中全会及其之后,陈云党性及党纪教育思想的不断完善

在中共十一届三中全会上,陈云被增选为中共中央政治局常委、中共中央副主席,同时被选为中共中央纪律检查委员会第一书记,主抓党的纪律检查工作,包括主持制定《关于党内政治生活的若干准则》。在改革开放和社会主义现代化建设新时期,陈云对纪律检查干部和共产党员,都分别提出了要加强党性和党的纪律教育的要求。

一方面,陈云提出了纪律检查干部自身要加强党性教育和党的纪律教育的要求。1982 年 9 月 13 日,陈云在中国共产党中央纪律检查委员会全体会议上作了题为《纪律检查干部要有坚强的党性》的讲话。这个讲话共有三点内容,其中第三点内容主要是:"要把党的纪律检查队伍本身的干部选好,用好。做纪律检查工作的干部,应当是有坚强的党性,有一股正气的人;应当是能够坚持原则,敢于同党内各种不正之风和一切违法乱纪行为作坚决斗争的人;而不应当是在原则问题上'和稀泥',做和事佬、老好人的人。"②

另一方面,陈云提出了共产党员自身要加强党性教育和党的纪律教育的要求。1985 年 3 月 13 日,陈云在与王鹤寿、韩光谈话时指出:"全国纪律检查

---

① 《陈云文选》第三卷,人民出版社 1995 年版,第 188 页。

② 中共中央文献研究室编:《陈云论党的建设》,中央文献出版社 1995 年版,第 279 页。

工作会议要研究一下,为什么那么多的党员,甚至多年的老党员,在'有令不行,有禁不止'的歪风刮来时,自己顶不住,一下子就卷进去了,跟着跑,跟着干,这是什么原因? 这些共产党员的党性到哪里去了? 从党的建设的角度看,这是个值得严重注意的问题,发展下去,不就关系到党的生死存亡吗! 这个情况,反映了我们一部分党员的党性有问题。"为此,陈云明确提出:"各级党组织和党的纪律检查部门只是查处违法乱纪的案子不行,更重要的是要加强共产党员的党性教育和自觉遵守党的纪律的教育。"①同年 6 月 29 日,陈云在全国端正党风工作经验交流会的书面讲话中指出:"要充分认识到,社会主义精神文明的建设,关键是执政党要有好的党风。要加强共产党员的党性教育,提高共产党员的素质。"②7 月 4 日,中央纪委发出《关于认真学习陈云同志在全国党风工作经验交流会上的讲话的通知》。

二、陈云党性教育及党的纪律教育思想的主要内容

关于党性的问题,由于主体的不同,其内在要求也不同。对于共产党员自身来说,存在一个如何加强党性修养的问题;对于执政党而言,存在一个如何加强对共产党员党性教育的问题。③ 陈云党性教育及党的纪律教育的思想内涵丰富,主要体现在以下几个方面。

(一) 坚定共产主义理想信念,为共产主义事业奋斗终身

党性问题的精髓要义,就是如何使每个共产党员都始终坚定共产主义的远大理想和中国特色社会主义的共同理想,并为之奋斗终身;就是如何坚持共产党员的标准、严格按照共产党员的标准要求自己,并永葆共产党人的先进性

① 《陈云文集》第三卷,中央文献出版社 2005 年版,第 541 页。
② 《陈云文选》第三卷,人民出版社 1995 年版,第 348 页。
③ 陈云纪念馆编:《上海陈云研究(2015 年)》,上海社会科学院出版社 2015 年版,第238 页。

和纯洁性。在新民主主义革命时期，以共产党员的标准为例，陈云在阐述共产党员的标准时，把"终身为共产主义奋斗"放在共产党员的标准的首位。他指出："共产党是为人类的彻底解放，为共产主义和无产阶级事业而奋斗的政党。因此，一个愿意献身共产主义事业的共产党员，不仅应该为党在各个时期的具体任务而奋斗，而且应该确定自己为共产主义的实现而奋斗到底的革命的人生观。"①

在社会主义革命和建设时期特别是改革开放和社会主义现代化建设新时期，对于那些理想信念不坚定的共产党员，陈云提出了严肃批评。1985 年 9 月，他在中国共产党全国代表会议上的讲话中就曾指出："现在有些人，包括一些共产党员，忘记了社会主义和共产主义的理想，丢掉了为人民服务的宗旨。他们为了私利，'一切向钱看'，不顾国家和群众的利益，甚至违法乱纪。如报上多次公布的，那些投机诈骗，贪污受贿，非法致富，以及在同外国人交往中，不顾国格人格的现象等等。"除了对这些信念不坚定的共产党员提出严肃批评外，陈云还分析了产生这一问题的原因，并提出了解决问题的办法，如加强思想政治工作。他提出："应当把共产主义思想的教育、四项基本原则的宣传，作为思想政治工作的中心内容。"②并且，强调这种宣传教育不能有丝毫减弱，还要大大加强。

（二）始终对党绝对忠诚，切实做到言行一致

1939 年 5 月，在《怎样做一个共产党员》一文中，陈云指出："在我们党的历史上，有过无数的模范党员，他们为了共产主义的事业而斗争，在任何困难的环境下，百折不挠，在种种威胁利诱下，表示对党和革命无比忠诚。成千成万的优秀党员及党的领袖，在火线上、刑场上和监狱中，英勇牺牲。他们在全世界和全中国劳苦大众的面前，显示了中华民族优秀子孙的至高无上的气

---

① 《陈云文选》第一卷，人民出版社 1995 年版，第 137 页。
② 《陈云文选》第三卷，人民出版社 1995 年版，第 352 页。

节,而他们一生的丰功伟业,更是光辉千古。"①陈云的这段话表明,那些优秀共产党员和党的领袖,之所以不怕牺牲,是因为心中始终对党绝对忠诚,并且始终做到言行一致。对党绝对忠诚,是党性的题中应有之义和直接体现。陈云还指出:"每个党员必须对于民族、对于革命、对于本阶级、对于党,表示无限的忠诚,把个人利益服从于民族的、革命的、本阶级的和党的利益。"②

中国共产党是言行一致的政党,是为中华民族和中国人民谋利益的政党;共产党员也应该做到言行一致,并且能够为民族和人民谋利益。1940 年 3 月,陈云在《党员对党要忠实》一文中指出:"我们共产党是言行一致的政党,而且只有共产党才能言行一致。我们共产党内也不允许有对党言行不一致的党员,不允许任何党员对党讲一句假话。我们绝不能像剥削阶级政党那样,党员可以说假话,鬼话连篇,欺骗人民。如果我们的党员也染上了这种恶习,那末,我们党内的互相信任就不可能建立,党的意志的统一和铁的纪律也就不能建立,共产党将不成其为无产阶级有组织的队伍,也决不能被人民信任而成为人民的领袖。"③

在进入改革开放和社会主义现代化建设新时期,中国经济建设也进入一个快速发展时期,综合国力不断增强,人民生活水平不断提高。同时,也存在着困难和问题。面对困难和问题,陈云进行了深入思考。1994 年 2 月 9 日,陈云在同上海市负责同志谈话时指出:"从一九七八年党的十一届三中全会以来,全国经济发展很快,人民生活水平有了很大提高,这是有目共睹的事实。当然,目前还存在不少困难和问题。""如果没有中央的权威,就办不成大事,社会也无法稳定。"④这就是说,共产党员要始终对党忠诚、恪尽职守,维护中央权威。只有维护中央权威,经济社会才能得到发展,国家才能长治久安,人

---

① 《陈云文选》第一卷,人民出版社 1995 年版,第 142 页。
② 《陈云文选》第一卷,人民出版社 1995 年版,第 138 页。
③ 《陈云文选》第一卷,人民出版社 1995 年版,第 201 页。
④ 《陈云文选》第三卷,人民出版社 1995 年版,第 380 页。

民才能安居乐业。

（三）要讲真理，不要讲面子

1945 年 5 月 9 日，陈云在中共七大上作了题为《要讲真理，不要讲面子》的发言，阐述了如何看待功劳和错误，如何把面子丢开和讲真理，如何增加力量等问题。

第一，"头一条是人民，第二条是党，第三才是个人"。陈云认为，如果在党的领导下，工作取得一点功劳，就要看到这个功劳的因素，功劳是哪里来的？功劳里有三个因素，但次序要摆好。对此，陈云指出："假设你在党的领导下做一点工作，做得还不错，对这个功劳怎样看法？我说这里有三个因素：头一个是人民的力量，第二是党的领导，第三才轮到个人。可不可以把次序倒转一下，第一是个人，第二是党，第三是老百姓？我说不能这样看。"①陈云说的不能这样看，就是不能把这三个次序倒转过来。对领导干部来讲，只有正确认识工作成绩，科学分析取得成绩的原因，才能在工作中摆正心态，克服个人主义倾向，才不会把个人的作用看得过了头，看得太大。

陈云把个人的作用放在第三位，决不是否定个人的作用。历史唯物主义从来不否认个人在历史发展和社会进步中的重要作用，但必须看到，个人的认识能力往往受各种主客观条件的限制，难以看清或者反映事物的全貌。

第二，"有的时候你愈要面子，将来就愈要丢脸"。一个人看重面子，是人之常情。但当面子和真理一同摆在面前的时候，再过于看重面子，就不可取。人为什么会犯错误？原因很多，但跟讲究面子也分不开。陈云指出："我们要讲真理，不要讲面子，是什么就是什么，应该怎样就怎样。有的时候你愈要面子，将来就愈要丢脸。只有你不怕丢脸，撕破了面皮，诚心诚意地改正错误，那时候也许还有些面子。共产党员参加革命，丢了一切，准备牺牲性命干革命，

---

① 　《陈云文选》第一卷，人民出版社 1995 年版，第 293 页。

还计较什么面子?"①他号召共产党员丢开面子,讲真理,怎样对于老百姓有利,怎样对于革命有利,就怎样办。这就是说,共产党员所做的工作要有利于人民和革命,如果强调讲面子,讨论问题就会不客观,看问题就有个人的角度,有利于他,有利于他的面子,就赞成你的意见;对于他的面子不好看的,便不赞成。如果一切从自己面子角度出发,讨论问题、看问题掺杂个人得失在里面,立场不正,就不会看得很清楚,不会讲真理,结果一定害人害己。

陈云这一论述的精髓要义在于,必须站在党和人民的立场,决不能站在个人的立场开展批评和自我批评。

第三,"现在全党的任务是要增加力量"。全党要增加力量,就必须放下"包袱",去掉个人主义。陈云在中共七大上的发言中指出:"现在全党的任务是要增加力量。增加力量的方法很多,有的是扩大解放区,有的是缩小沦陷区。对个人来说,要增加又要减少,增加就是要学习,减少就是要把'包袱'放下,放下'包袱'也是增加力量。这个力量的增加是不可估计的。如果我们的同志都把心摆得非常正,非常实事求是,毫无个人主义,可以抵得十万军队,一百万军队,这是无敌的力量。"②

陈云在这里讲到的"包袱",指的就是个人主义。而个人主义里面,就存在着骄气。"下级也有,中级也有,高级也有,大头子也有。下级干部的个人主义,高级干部的个人主义,性质是一样的。但在我看来,两个'包袱'不同。"③这就是说,领导干部一旦有个人主义思想,就会背上大大的"包袱",而且级别越高,背的包袱越大,造成的危害也越大。

(四)严格遵守党的纪律,坚决保守党的秘密

党的纪律是党的各级组织和全体党员必须遵守的行为准则。遵守党的纪

---

① 《陈云文选》第一卷,人民出版社 1995 年版,第 296 页。
② 《陈云文选》第一卷,人民出版社 1995 年版,第 297 页。
③ 《陈云文选》第一卷,人民出版社 1995 年版,第 292 页。

律、保守党的秘密,是中国共产党的优良传统,也是中国共产党取得成功的重要武器。遵守党的纪律、保守党的秘密方面的论断,是陈云党建思想的一个重要组成部分。1940 年 3 月 19 日,陈云在延安抗日军政大学第五期学生毕业大会上的讲话中就曾指出:"无产阶级政党如果没有铁的纪律,就不能巩固自己,团结群众,坚持斗争,战胜强敌。""没有一个具有铁的纪律的党,无产阶级就不能团结和领导小资产阶级。"①陈云结合党的历史,阐述了遵守党的纪律的重要性。比如,他在《怎样做一个共产党员》一文中指出:"十八年来党的斗争经验,证明了纪律是执行党的路线的保证。在过去,由于正确地开展了党内斗争,执行了党的纪律,我们克服了陈独秀等人的错误路线,制止和战胜了张国焘的反革命破坏阴谋,保证了党在各个时期的革命任务的实现,以及现在抗日民族统一战线的成立和抗日战争的进行。在今后,党仍应坚持这种纪律,才能团结全党,克服新的困难,争取新的胜利。"②遵守党的纪律,保守党的秘密,是陈云一贯倡导的工作纪律,也是他身体力行的具体体现。

在中国共产党的历史进程中,对于遵守党的纪律和保守党的秘密的重要性,陈云是深有体会的,他曾强调指出:"为了保持抗战的力量,为了保证革命和党的事业的胜利完成,每个党员必须高度地提高政治警惕性,严守党的秘密工作的纪律,并且与一切忽视、破坏党的秘密工作的危险倾向作斗争。任何党内的不对外公开的事件,不准任意向党外宣传;任何对其他党员没有必要说出的秘密事件,不准在其他党员中乱说。一切破坏秘密工作的行动,必须受到党的纪律的制裁,直到开除党籍。"③新中国成立后,陈云仍然强调,共产党员、干部、领导干部特别是高级领导干部,都要严格遵守党的纪律和党内法规。在中共七届四中全会上的发言中,陈云明确指出:"我们要严守党的制度和党规党

①　《陈云文选》第一卷,人民出版社 1995 年版,第 195 页。
②　《陈云文选》第一卷,人民出版社 1995 年版,第 139 页。
③　《陈云文选》第一卷,人民出版社 1995 年版,第 140 页。

法,发扬党的优良作风,那党就有保证了。"①中共十一届三中全会以后,陈云又在一些文章、会议、讲话、谈话、批示中,多次强调党性原则和党的纪律要常抓不懈。1984年10月17日,陈云在中共中央纪律检查委员会常委会提出的《加强纪律检查工作,保证经济体制改革顺利进行》的报告上作批语:"纪检工作应该研究新情况,适应新情况。党性原则和党的纪律不存在'松绑'的问题。没有好的党风,改革是搞不好的。共产党不论在地下工作时期或执政时期,任何时候都必须坚持党的纪律。"②

(五) 要做到廉洁自律,不可以功臣自居

对于干部廉洁自律的问题,陈云在各个历史时期都进行了深入思考,并提出了重要意见。比如,1983年10月12日,陈云在中共十二届二中全会上作的发言中指出:"党在全国执政前和执政后的情况有很大不同。党在全国执政以前,在敌人统治下的地下党,那时作一个党员就有杀头的危险,根本谈不上什么物质享受;在苏区的党和解放区的党,大家忙于打仗和支援战争,另外,也没有什么物质可以享受。党在全国执政以后,从中央到基层政权,从企业事业单位到生产队的领导权,都掌握在党员手里了,党员可以利用手中掌握的各种权力为自己谋取私利。""我们绝大多数党员是不谋私利的"。③ 这里,陈云作出这样的对比,就是要告诫党员干部,在中国共产党在全国范围执政的新形势下,共产党员不能以权谋私,而要廉洁自律。

在廉洁自律方面,陈云对党员干部提出了严格要求,对党员干部的子女也提出了严格要求,特别是告诫干部子弟千万不可以革命功臣子弟自居。新中国成立前夕,1949年6月19日,陈云在写给陆恺悌的一封信中就强调指出:"我以父兄的责任,还要叮嘱你一件事,而且你可以把这一段信上所说的抄给

---

① 《陈云文选》第二卷,人民出版社1995年版,第233页。
② 《陈云文选》第三卷,人民出版社1995年版,第275页。
③ 《陈云文选》第三卷,人民出版社1995年版,第331页。

霓云要他也注意,就是你和霓云千万不可以革命功臣的子弟自居,切不要在家乡人面前有什么架子或者有越轨违法行动,这是决不允许的。你们必须记得共产党人在国家法律面前是与老百姓平等的,而且是守法的模范。革命党人的行动仅仅是为人民服务,决不想有任何酬报,谁要想有酬报,谁就没有当共产党员的资格。我与你父亲既不是功臣,你们更不是功臣子弟。这一点你们要切记切记。要记得真正革命功臣是全国老百姓,只有他们反对反动派,拥护解放军,解放军才能顺利地解放全中国。你们必须安分守己,束身自爱,丝毫不得有违法行为。"①改革开放和社会主义现代化建设新时期,陈云又对党的高级干部寄予厚望,希望他们在教育子女问题上给全党带好头,决不允许其子女依仗亲属关系,谋权谋利,成为特殊人物。

三、陈云党性教育及党的纪律教育思想的现实启示

从陈云党性和党的纪律教育的思想中,可以领悟到:无论何时何地,共产党员都要始终坚持党性原则和增强党性意识,并加强党性教育;共产党员都要及时检视自身党性薄弱的问题和原因,并认真地加以解决;共产党员都要不断提高党性修养,并在实践中加强锻炼。

(一)共产党员要始终坚持党性原则和增强党性意识

任何一个共产党员,都要始终坚持党性原则、增强党性意识,都要加强党性教育。特别是新党员新干部,更应如此。这方面,从抗日战争时期陈云的一系列论述,我们就可以看出,他非常重视加强新党员新干部的党性教育。陈云指出:"利用这次整风的机会,以这些不接受工作的人为例,在各机关、学校展开讨论,以转移风气。要使人们了解,没有党就没有个人,只有在党性建立之后,个性才有可能建立与发展。每个党员必须具有随时准备为党牺牲的决心,

①　《陈云文选》第一卷,人民出版社 1995 年版,第 396 页。

这是党员是否合格的标准。"①

在中国特色社会主义进入新时代的今天,中国共产党内仍然存在着个别党员缺乏党性原则和党性意识不强的问题,这个问题必须引起我们的高度重视。各级党组织及其职能部门,都要对这样的党员进行党章、党规和党纪方面的教育,进行党的性质和宗旨教育,进行党性和理想信念教育,进行党的初心和使命以及奋斗目标的教育。共产党员必须始终牢记自己的第一身份是共产党员。群众看党员,党员看干部,干部看领导,领导看主要领导。这就说明,如果一个好的共产党员有很强的党性原则和很高的党性修养,那么,他就会传播一种正能量,对人民群众产生很好的影响;如果一个政党特别是执政党拥有数量比较多的这样的党员和干部,那么,这个执政党的形象就会自然而然地高大起来,在人民群众中的威望就会迅速地树立起来,人民群众的拥护度就会升高起来,而且会越来越高。

对于一个共产党员来讲,不论做什么事情,担负怎样的工作,也不论职位高低、能力大小、资历深浅,在党性这个根本问题上,都不能疏忽,不能懈怠。工作越是有了成绩,职务越是重要,就越应该去严格要求自己,在政治上同中共中央保持高度一致;同时,要更认真地学习马克思列宁主义、毛泽东思想、邓小平理论、"三个代表"重要思想、科学发展观和习近平新时代中国特色社会主义思想,加强政治性、组织性和纪律性,坚持实事求是的思想路线,维护党的形象和威信。

新的历史条件下,党的建设任务艰巨,共产党员党性教育任务同样艰巨。抓好党性教育和党性修养工作,关键是要坚持党性原则、增强党性意识。党性原则和党性意识,从本质上体现了中国共产党固有的根本属性,也反映了共产党人必须具有的理想信念和道德修养。在"我为群众办实事"和解决群众急难愁盼的问题当中,更要坚持并体现党性原则和党性意识。2022 年 3 月 1

① 《陈云论党的建设》,中央文献出版社 1995 年版,第 155 页。

日,习近平同志在中央党校(国家行政学院)中青年干部培训班开班式上发表重要讲话。他在讲话中强调指出:"树立和践行正确政绩观,起决定性作用的是党性。只有党性坚强、摒弃私心杂念,才能保证政绩观不出偏差。共产党人必须牢记,为民造福是最大政绩。我们谋划推进工作,一定要坚持全心全意为人民服务的根本宗旨,坚持以人民为中心的发展思想,坚持发展为了人民、发展依靠人民、发展成果由人民共享,把好事实事做到群众心坎上。"①

(二) 共产党员要认真检视自身党性薄弱的原因

从中国共产党的领袖们关于党性的论述来看,从共产党人的言论和行动来看,共产党员的党性不是抽象的,而是具体的,不是虚无缥缈和不可捉摸的,而是能够看得见和摸得着的。一个共产党员的党性如何,体现在他平时对党的信仰和忠诚度上,对党的性质的铭记度上,对党的宗旨的践行度上。就像陈云在《怎样做一个共产党员》中所指出:"革命的和党的利益高于一切,这不是一句空话。党不仅要求每个党员懂得这一条,特别是要求每个党员能在实际行动和日常生活的每个具体问题上,坚决地毫不疑惑动摇地执行这一条。党内有了这样为革命为党的利益而牺牲一切的党员,才能保证党胜利地完成革命。"②只要把党和人民的事业放在最高位置,认真检视自己,培养坚强党性,坚持马克思主义信仰,就一定能实现共产主义远大理想和中国特色社会主义共同理想。

共产党员特别是新党员新干部的党性,为什么会出现薄弱的情形呢? 对于这个问题,陈云在延安时期就作过细致的分析。他认为,延安的新党员新干部会有这样严重的党性薄弱的现象,有两个主要原因:"第一,延安的新党员

---

① 《习近平在中央党校(国家行政学院)中青年干部培训班开班式上发表重要讲话强调筑牢理想信念根基树立践行正确政绩观　在新时代新征程上留下无悔的奋斗足迹》,《人民日报》2022年3月2日。

② 《陈云文选》第一卷,人民出版社1995年版,第139页。

新干部绝大多数是年轻的学生,他们生长在抗日的环境,又处在和平的边区,入党后就未得到适当的锻炼,有的还是'老延安',几年来只在几个机关、学校转来转去,碰不到任何较大的困难。因此,他们的缺点很少有机会得到暴露和纠正,甚至还在无形中增长。如果看同样党龄的新党员新干部,经过几年前方的或下层工作的锻炼,则显然与长期在延安的新党员新干部有所不同。这更说明,小资产阶级出身的知识青年,只有在长期的艰苦环境中锻炼,才能逐步消除其小资产阶级意识,增强无产阶级意识。""第二,我们在教育上的一些缺点或多或少助长了他们的不良思想。"①并且,对第二个主要原因的主要表现的三个方面进行了具体阐述。

在中国特色社会主义进入新时代的今天,共产党员检视自身党性薄弱的问题,是及时的也是必要的,检视之后,还要及时地加以解决。那么,又在哪些方面加以解决呢?换句话说,共产党员应该在哪些方面加强党性教育和党性修养呢? 2015 年 12 月,习近平同志在全国党校工作会议上指出:"党性教育是共产党人修身养性的必修课。各级党校要把党性教育作为教学的主要内容,深入开展理想信念教育、党的宗旨教育,把党章和党规党纪学习教育作为党性教育的重要内容。党校党性教育单元要加大力度、增加分量,安排足够时间,形成党性教育课程体系,有效改进党性教育方式方法,提高党性教育实效。"②这就为解决共产党员党性薄弱的问题指明了方向。

(三)共产党员要在实践中不断加强党性锻炼

共产党员要提高党性修养,就必须在实践中加强锻炼。陈云曾经指出:"要使一个党性观念不强的人较快地达到坚强的境界,可以用加强对其教育

---

① 《陈云论党的建设》,中央文献出版社 1995 年版,第 153—154 页。
② 《习近平在全国党校工作会议上强调 坚持党校姓党根本工作原则 切实做好新形势下党校工作》,《人民日报》2015 年 12 月 13 日。

和锻炼的方法。"①也就是说,共产党员要提高党性修养,就必须加强党性锻炼,而加强党性锻炼,就必须把自己置身于伟大实践中。

陈云在《延安新干部党性薄弱现象及如何增强其党性问题》一文中,针对新党员新干部党性薄弱的实际情况提出了一个举措,这就是"大批地分派新党员新干部到下层锻炼",即"在整风后将大批的延安新党员新干部派到地方上去,派到技术部门去,派到事务工作中去,对新党员新干部使用的基本原则是,要使其多走逆风,少走顺风。必要时,对某些新党员新干部要分配其不愿干的工作,以磨练其意志。但组织部门在分派工作时,必须审慎行事,不得草率,防止出现更坏的结果"。②

实际上,陈云提出的这种锻炼,对于共产党员来说,作用很大。中国共产党历来重视全党特别是领导干部学习,这是推动党和人民事业发展的一条成功经验。习近平同志指出:"我们正在从事的中国特色社会主义事业是伟大而波澜壮阔的,是前人没有做过的。因此,我们的学习应该是全面的、系统的、富有探索精神的,既要抓住学习重点,也要注意拓展学习领域;既要向书本学习,也要向实践学习;既要向人民群众学习,向专家学者学习,也要向国外有益经验学习。学习有理论知识的学习,也有实践知识的学习。"③这里提到的五个方面的学习,都是非常重要的。理论知识的学习重要,实践知识的学习同样重要。一方面,可以在学习理论的过程中即学习实践中增强党性;另一方面,可以在学习群众的过程中即服务群众实践中增强党性。

在中国特色社会主义进入新时代的今天,中国共产党更加强调党员的修养和锻炼的问题。2019 年 3 月 1 日,习近平同志在中央党校(国家行政学院)中青年干部培训班开班式上的讲话中指出:"广大干部特别是年轻干部要在

---

①　《陈云论党的建设》,中央文献出版社 1995 年版,第 154—155 页。

②　《陈云论党的建设》,中央文献出版社 1995 年版,第 155—156 页。

③　习近平:《在中央党校建校 80 周年庆祝大会暨 2013 年春季学期开学典礼上的讲话》,《人民日报》2013 年 3 月 3 日。

常学常新中加强理论修养,在真学真信中坚定理想信念,在学思践悟中牢记初心使命,在细照笃行中不断修炼自我,在知行合一中主动担当作为,保持对党的忠诚心、对人民的感恩心、对事业的进取心、对法纪的敬畏心,做到信念坚、政治强、本领高、作风硬。"①这就为共产党员在实践中加强党性锻炼提供了根本遵循。

综上所述,陈云在领导中国革命、建设和改革的历史进程中,对于共产党员的党性、党性修养的要求和党的纪律教育等问题,有许多深刻论述,这些深刻论述所蕴含的思想,是陈云党建思想的一个重要组成部分。陈云关于中国共产党的建设的思想,以及所积累的党建经验,"形成了丰富的既与毛泽东思想、邓小平理论相一致又有自己特点的系统的党建思想"②,其党的建设的思想是毛泽东建党学说和邓小平党建理论的重要组成部分,丰富和发展了中国共产党的党建理论。新时代,系统梳理和认真研究陈云关于中国共产党的建设的思想,包括他的党性教育及党的纪律教育的思想,不仅有助于深化对陈云党建理论贡献的认识,而且有助于坚持和加强党的全面领导,有助于坚持党要管党、全面从严治党和深入推进党的建设新的伟大工程。

第六节　搞好干部教育和党校教育

陈云长期担任中国共产党的领导工作,在党的建设特别是党的组织建设、培养和使用干部、党员教育以及党校教育工作等方面付出了大量的时间、心血和精力,取得了重大成就,也积累了丰富经验。同时,关于陈云的干部教育工作和党校教育工作方面,有三个时段是值得我们去了解的。这三个时段指的是陈云在苏联学习期间、延安工作之际以及改革开放和社会主义现代化建设新时期。

---

① 《习近平在中央党校(国家行政学院)中青年干部培训班开班式上发表重要讲话强调 在常学常新中加强理论修养　在知行合一中主动担当作为》,《人民日报》2019年3月2日。

② 朱佳木:《论陈云》,中央文献出版社2010年版,第558页。

一、不断加强对干部的教育

干部教育是提高干部队伍素质的重要途径和手段,是干部工作的重要内容。干部教育思想不仅对提高干部队伍素质起到了积极的指导作用,而且为以后的干部教育工作积累了宝贵经验。为此,陈云提出:"要提高干部的政治水平,克服经验主义,既要在思想方法上,在政治上和理论上,在党的路线上和政策上加强教育,又要扩充他们各方面的革命斗争经验,并使理论知识和实践经验两者结合起来。"陈云强调干部教育的经常化,提出在抓好干部学校教育的同时,更要重视干部的在职学习和教育;强调干部教育要坚持理论与实践相统一,提出把"从实际经验归结到基本理论上"作为教员教育干部的方法。这就是说,既要打破轻视实际的观点,同时也要反对不安心学习理论、着急要去工作的思想。实际工作是重要的教育武器,实际工作的过程,就是教育干部的过程。对此,陈云指出:"事实证明:真正政治上高明的革命家,只能在革命斗争中培养,不能专从学校里训练。""因此,没有革命斗争经验的人,如果不到工作中取得实际经验,单靠听讲看书,甚至饱读马克思列宁主义的原理原则,想在政治上真正开展是不可能的。"①

上述情况表明,陈云关于干部队伍建设的思想是十分丰富的,他的许多论述引起了中共中央的高度重视,他的许多意见、建议和主张,成为中国共产党制定干部政策的重要依据和实施条件,对于加强领导班子和干部队伍建设有着重要的理论价值和实际作用。

二、陈云干部教育工作和党校教育工作方面的三个时段

只要认真考察、回顾苏联学习期间及延安工作之际陈云有关中国共产党的干部政策的讲话、讲演、指示、批示、报告、汇报等,就可以看出他关于干部工

---

① 《陈云文选》第一卷,人民出版社 1995 年版,第 251、216、250—251 页。

作的思想和主张。再认真回溯改革开放和社会主义现代化建设新时期陈云有关党的干部队伍建设的论述,就可以看出他关于培养选拔中青年干部的一系列思想和主张。这些思想和主张,对于加强党的干部队伍建设意义重大。

(一)在苏联学习期间就非常注重干部教育工作

对于一个职业革命家来说,除了自己要提高自身的教育素质,还要重视对党的各级领导干部和其他革命建设人才的教育培养等工作。陈云对干部教育工作非常重视,他的注重干部教育工作,最早可追溯到他在共产国际学习和工作期间。1935 年 9 月上旬,陈云同陈潭秋、曾山、杨之华等一行七八人到达莫斯科。此时,共产国际第七次代表大会(共产国际第七次代表大会于 1935 年 7 月 25 日至 8 月 20 日在莫斯科召开,这是共产国际最后一次代表大会。——作者注)刚闭幕不久。陈云同中共出席共产国际七大的代表团成员王明、滕代远等一起受到斯大林的接见。[①] 9 月下旬至 10 月上旬,陈云列席青年共产国际第六次代表大会(青年共产国际第六次代表大会于 1935 年 9 月 25 日至 10 月 11 日在莫斯科召开。青年共产国际也称少共国际。——作者注)。从 9 月底到 10 月初,陈云参加中共驻共产国际代表团的工作,任监察委员会委员,化名史平。10 月 9 日,他同陈潭秋、饶漱石、曾山、孔原、滕代远、高自立等出席共产国际七大和青年共产国际六大的 11 名中共代表一起,进入莫斯科列宁学校学习,并组成特别班。这个特别班主要学习政治经济学课程,还学习列宁主义问题、社会发展史、中国革命问题和中共党史等课程。陈云在这里,既学习专业课程,又学习英语。1942 年 11 月 16 日,陈云在中共中央西北局高级干部会议上作关于整党问题的讲话,在讲话中谈到"老干部要带头学文化学科学"时,回忆起他自己以前在苏联的学习和生活的情景。他说:"比方从前我在学校学英文,觉得难得很。1935 年我到苏联,看不懂英文报纸,要

[①] 中共中央文献研究室编:《陈云年谱(修订本)》上卷,中央文献出版社 2015 年版,第 210 页。

人家翻译成中文。后来我旁边住了一位大学生,我就跟他学英文,用了几个月工夫,马马虎虎能看懂报上一点消息了。"①

在苏联,陈云除了学习有关干部教育课程之外,还做一些教务工作和教学工作。1936 年 2 月 11 日,共产国际执委会为了进一步为中国共产党培养干部,作出《关于为中国共产党培养干部的决议》。陈云被共产国际执委会书记处指定为负责审查关于培养中共干部的教学计划和教学大纲的九人委员会成员,这个委员会的任务主要是"审查教学计划和教学大纲,同时应考虑各校不同的教学计划和教学大纲,该计划和大纲应极为符合中国共产党的任务,并为各小组确定学习期限"②。3 月 1 日,莫斯科东方劳动者共产主义大学干部处聘请陈云担任"党建、工会建设代理副教授","从 1936 年 3 月 1 日起,每年100 课时,每课时 16. 66 卢布"。陈云在共产国际专门为培养中国东北抗联干部而设立的莫斯科东方大学八分校兼任党的建设和工会建设的代理副教授。他的讲课,赢得了在该校学习的中国干部的好评。曾在莫斯科东方大学学习过的韩光回忆道:"1936 年,党派我到莫斯科东方大学学习。学习期间,经常听中共驻共产国际代表团王明、史平(指陈云。——作者注)等领导人的报告。王明作报告,总要捧着马列书本,讲讲翻翻,翻翻讲讲,使听者不明白,最终也不知讲的是什么。而史平作报告从来不拿稿子,讲的都是我们想知道又不知道的国内政治形势。"③陈云的讲课,对在异国他乡的年轻的中国共产党人是极大的鼓舞和教育。

以上表明,陈云在苏联学习、生活和工作期间,扩大了知识面,视野得到了拓宽,马克思列宁主义理论水平和中国共产党的政策水平也得到了提高。这些,为他后来从事党的组织工作、干部教育工作和党校教育工作打下了一定的基础。

---

① 《陈云文选》第一卷,人民出版社 1995 年版,第 267 页。
② 中共中央文献研究室编:《陈云年谱(修订本)》上卷,中央文献出版社 2015 年版,第218 页。
③ 韩光:《朴素唯实,一代风范》,《中国纪检监察报》1996 年 4 月 9 日。

(二) 在延安工作之际狠抓干部教育工作和党校教育工作

无数事实证明,党的事业的不断发展,同党的建设和干部队伍的建设密不可分,同党的领导和干部的作用密不可分。而干部教育工作和党校教育工作,又是党的建设和干部队伍建设的一个重要的内容。陈云在延安工作之际,就非常重视干部教育工作和党校教育工作,曾多次在中共中央政治局会议上的发言中特别强调要培养大批干部。1937 年 12 月,中共中央政治局会议根据形势发展的变化,对各地的工作重新作出部署,对中央领导机构成员也重新进行了调整,决定增补陈云等为中央书记处书记,陈云接替博古任中央组织部部长,李富春任副部长。① 担任中央组织部部长这一职务,使得陈云能够直接狠抓干部培养和干部教育工作。1938 年 1 月 4 日,陈云出席中共中央政治局常委会议。会议讨论了中央党校工作,决定党校教员训练班与抗大、陕公(即陕北公学。——作者注)教员班合并,中央一级干部也参加,办成一个高级研究班;并决定了各门课程研究室的指导人,陈云等被指定为党建与群众工作课程研究室的指导人。12 月 7 日,陈云出席中共中央书记处会议。当会议讨论干部学校的教育方针问题时,他汇报了中组部干部训练班的情况。会议决定组织一个委员会,负责抗大、陕公、中组部干部训练班、中央党校全部学员的编组计划,由王稼祥任主任,陈云、李富春等人参加。这次会议还决定由陈云兼任中央党校校长。

延安工作之际,陈云对干部教育工作和党校教育工作抓得紧、抓得细、抓得实,并且身体力行。比如,陈云在担任中央党校校长后,多次去中央党校讲课,如讲《中国共产党》《最低纲领》《支部工作》《党员》《党的组织原则》《支部》《组织工作与领导方式》等,同时还撰写党史党建文章,找中央党校学员谈话,为中共中央起草决定等。他的不少意见和建议被中共中央采纳,成为干部教育和党校教育的政策性文件。比如,《关于延安几种干部培养与使用的决

---

① 中共中央文献研究室编:《陈云年谱(修订本)》上卷,中央文献出版社 2015 年版,第247 页。

定》,就是由陈云为中共中央组织部起草,并经中共中央书记处会议通过,作为向全党发出的决定。该《决定》有不少涉及干部教育和学习的内容,如第一条就指出:有工作经验,但文化水平很低的在职老干部,尤其是其中的中、高级干部,必须根据中央关于在职干部教育的决定进行学习,提高文化水平。1942年5月29日,陈云撰写了在中共中央党校关于干部政策与干部教育政策问题的讲话提纲。这份讲话提纲一共由11个部分构成,其中也涉及干部教育政策的问题。他说:关于干部教育政策,应重视在工作中教育的方法,采取工作教育、学校学习、在职学习等多种教育形式,使缺乏实际经验者在实际工作中学习,做局部工作者在全面工作中学习,并且部分地进行地方干部与军队干部的交换。在整个抗战阶段,干部工作可以以教育干部为中心。① 担任中央党校校长,陈云做了大量的干部教育工作和党校教育工作;担任中央组织部部长,陈云总是抓大事,像"调查研究、制定干部政策、重要干部的调配等大事他都亲自去抓"②。

由此看来,作为中央书记处书记、中央组织部部长和中央党校校长,陈云把主要精力放在了干部教育工作和党校教育工作上。可以说,陈云在延安工作之际,一个重要的贡献就是狠抓干部教育工作和党校教育工作,而干部教育工作和党校教育工作则构成了其工作的主要内容,也凸显了他工作的重要特色。

(三)在中共十一届三中全会以后提出了党校干部教育改革的问题

新中国成立后,陈云一如既往地重视干部教育工作和党校教育工作。比如,20世纪50年代,陈云就提出了"新老干部要团结""干部要学习经济知识""任用干部要打破论资格的现象""高级领导人要提高革命觉悟"等思想主张。改革开放和社会主义现代化建设新时期,陈云在党校干部教育工作方面

① 《陈云文集》第一卷,中央文献出版社2005年版,第356—357页。
② 袁宝华:《深切怀念陈云同志》,《光明日报》1995年6月23日。

又付出了大量的精力。比如,1982 年 6 月 26 日,他在同王震谈话时指出:"党校还是要有党校的特点,不能代替正规大学,不能一期搞好几年,设很多专业课。"同一天,陈云再次通过其秘书向胡乔木转达他对中共十二大报告讨论稿的意见,除重申前天的意见外,又指出:"一切在政府和企事业单位工作的党员必须服从党的领导"还不够,还应加一句"重大问题都必须由党委作出决定"。① 9 月 23 日,他在同王震谈话时又指出:党校要轮训、考察干部,了解干部包括他们的历史,选拔优秀的青年干部。陈云的这些关于党校干部教育改革的意见和建议,很快被中共中央和国务院吸收。1982 年 10 月 3 日,中共中央、国务院作出的《关于中央党政机关干部教育工作的决定》指出:今后中央党政机关的所有干部都要分期分批参加轮训,干部教育工作要经常化、正规化、制度化,力争三五年内使干部队伍的政治、业务水平得到明显提高,以适应社会主义现代化建设的需要。1983 年 2 月 22 日至 3 月 2 日,第二次全国党校工作会议在北京召开,会议主要研究了全国党校的教育改革问题,使党校由轮训干部为主转向以培训干部为主,逐步实现党校教育正规化。2 月 25 日,陈云致信中共中央党校校长王震、副校长蒋南翔,表示同意他们在第二次全国党校工作会议上的讲话的基本精神,并指出:"很好地培训适应四化建设需要的革命化、年轻化、知识化、专业化的党政领导骨干,是党校的迫切任务。希望这次会议着重讨论解决这个问题。党校学员既要学习马列主义、毛泽东思想的基本理论和党的方针、政策,以此作为主课,又要学习一些现代科学文化知识和必要的专业知识,以提高领导水平和实际工作能力。"② 2 月 26 日,第二次全国党校工作会议传达了陈云这封信的精神。

陈云对党校工作的意见,又很快被中共中央采纳。1983 年 5 月 3 日,中共中央印发《关于实现党校教育正规化的决定》,指出各级党校的基本任务,

---

① 中共中央文献研究室编:《陈云年谱(修订本)》下卷,中央文献出版社 2015 年版,第 344—345 页。

② 《陈云文选》第三卷,人民出版社 1995 年版,第 322 页。

是用马列主义、毛泽东思想的基本理论,用党的方针政策和必要的现代科学知识、业务知识武装党的干部,为党培训具有共产主义思想觉悟、党性强、作风好,又有现代化建设知识的领导骨干。可以看出,中共中央印发的《关于实现党校教育正规化的决定》,与此前陈云对党校工作的意见基本一致。

陈云社会主义建设思想,内容丰富,博大精深,涉及社会主义经济建设的思想、政治建设的思想、文化建设的思想、社会建设的思想、生态建设的思想和党的建设的思想;研究陈云社会主义建设思想,必须将陈云放在中国共产党领袖群体中特别是党的第一代中央领导集体和党的第二代中央领导集体中,阐述他探索中国社会主义建设道路的思想,揭示出他的思想主张对毛泽东思想和邓小平理论的丰富和完善。陈云社会主义建设思想,是毛泽东思想、邓小平理论的重要组成部分,在中国社会主义革命和建设时期以及改革开放和社会主义现代化建设新时期,都有着重要的地位和作用,对新时代中国特色社会主义事业的发展有着重大的借鉴和启发。通过对陈云社会主义建设思想的研究,可以看到,陈云不仅是一位伟大的无产阶级革命家和政治家,更是一位卓越的经济理论家和实践家。

参 考 文 献

一、著作

1.《陈云文选》第一至三卷,人民出版社 1995 年版。

2.《陈云文集》第一至三卷,中央文献出版社 2005 年版。

3.中共中央文献研究室编:《陈云年谱(修订本)》上卷、中卷、下卷,中央文献出版社 2015 年版。

4.中共中央文献研究室编:《陈云传》(一)(二)(三)(四),中央文献出版社 2015 年版。

5.《陈云同志文稿选编(1956—1962 年)》,人民出版社 1981 年版。

6.《陈云文稿选编(1949—1956 年)》,人民出版社 1982 年版。

7.《马克思恩格斯选集》第 1—4 卷,人民出版社 1995 年版。

8.《列宁选集》第 1—4 卷,人民出版社 1995 年版。

9.《斯大林选集》下卷,人民出版社 1979 年版。

10.《毛泽东选集》第一至四卷,人民出版社 1991 年版。

11.《毛泽东文集》第六至八卷,人民出版社 1999 年版。

12.中共中央文献研究室编:《毛泽东年谱(1893—1949)》中卷,中央文献出版社 2002 年版。

13.中共中央文献研究室编:《毛泽东年谱(1949—1976)》(四),中央文献出版社 2013 年版。

14.《周恩来选集》上卷,人民出版社 1980 年版。

15．《刘少奇选集》上卷，人民出版社 1981 年版。

16．《朱德选集》，人民出版社 1983 年版。

17．《邓小平文选》第三卷，人民出版社 1993 年版。

18．中共中央文献研究室编：《邓小平年谱（1975—1997）》（上），中央文献出版社 2004 年版。

19．《三中全会以来重要文献选编》（上、下），人民出版社 1982 年版。

20．《十一届三中全会以来重要文献选读》（上、下册），人民出版社 1987 年版。

21．中共中央文献研究室编：《陈云论党的建设》，中央文献出版社 1995 年版。

22．薄一波：《若干重大决策与事件的回顾（修订本）》（上、下卷），人民出版社 2001 年版。

23．中共中央文献研究室编：《关于建国以来党的若干历史问题的决议注释本（修订）》，人民出版社 1985 年版。

24．《中共中央关于党的百年奋斗重大成就和历史经验的决议》，人民出版社 2021 年版。

25．《中国共产党第二十次全国代表大会文件汇编》，人民出版社 2022 年版。

26．《中国共产党章程》，人民出版社 2022 年版。

27．中共中央党史研究室：《中国共产党历史（1921—1949）》第一卷（下册），中共党史出版社 2011 年版。

28．中共中央党史研究室：《中国共产党的九十年（社会主义革命和建设时期）》，中共党史出版社、党建读物出版社 2016 年版。

29．中共中央文献研究室第三编研部编：《陈云与评弹界》，中央文献出版社 2012 年版。

30．中共中央文献研究室编：《陈云关于评弹的谈话和通信（增订本）》，中国曲艺出版社 1997 年版。

31．中共中央文献研究室陈云研究组编：《陈云研究述评》（上、下册），中央文献出版社 2004 年版。

32．张全景主编：《陈云党建思想探讨》，上海交通大学出版社 2005 年版。

33．朱佳木主编：《陈云和他的事业——陈云生平与思想研讨会论文集》（上、下册），中央文献出版社 1996 年版。

34．《缅怀陈云》编辑组编：《缅怀陈云》，中央文献出版社 2000 年版。

35．钟文编著：《百年陈云》，中央文献出版社 2005 年版。

36．朱佳木主编：《陈云与当代中国》第一辑，当代中国出版社 2010 年版。

37．朱佳木主编：《陈云与当代中国》第二辑，当代中国出版社 2014 年版。

38．陈云纪念馆编：《陈云党建思想研究》（上、下），中央文献出版社 2015 年版。

39．中共中央文献研究室编：《永远的陈云》，中央文献出版社 2015 年版。

40．《陈云生平思想研究——纪念陈云诞辰 110 周年学术研讨会论文集》（上、下），中央文献出版社 2016 年版。

41．陈云思想生平研究会编：《"陈云与全面从严治党"学术研讨会论文集》，中央文献出版社 2017 年版。

42．王杰：《陈云经济思想新论》，中央文献出版社 2001 年版。

43．刘开寿主编：《陈云党建理论研究》，四川人民出版社 1992 年版。

44．姜辉：《陈云与中国特色社会主义》，辽宁师范大学出版社 2000 年版。

45．王玉清：《崇敬与思念——回忆陈云同志》，中央文献出版社 2001 年版。

46．《陈云与新中国经济建设》编辑组：《陈云与新中国经济建设》，中央文献出版社 1991 年版。

47．严爱云：《陈云与中国共产党的制度建设》，人民出版社 2015 年版。

48．孙业礼、熊亮华：《共和国经济风云中的陈云》，中央文献出版社 1996 年版。

49．《中国安全生产工作重要文献新编》，中国石化出版社 2000 年版。

50．《中华人民共和国法规汇编（1953—1955）》第二卷，中国法制出版社 2005 年版。

51．《中华全国总工会生产部、劳动保护文件》，工人出版社 1964 年版。

52．中华全国妇女联合会妇女运动历史研究室编：《中国妇女运动历史资料（1937—1945）》，中国妇女出版社 1991 年版。

53．赵士刚主编：《陈云与中共党史重大事件》，中央文献出版社 2001 年版。

54．周良主编：《陈云与苏州评弹交往实录》，中央文献出版社 2000 年版。

55．朱佳木、迟爱萍、赵士刚编著：《中华名人丛书——陈云》，中央文献出版社 1999 年版。

56．熊亮华、孙业礼：《陈云的非常之路》，人民出版社 2001 年版。

57．迟爱萍：《伟人之初——陈云》，浙江人民出版社 1996 年版。

58．[美]大卫·M.贝奇曼：《陈云》，孙业礼译，中央文献出版社 2002 年版。

59．赵士刚主编：《陈云谈陈云——历史纪实》，党建读物出版社 2001 年版。

60．刘启芳：《陈云研究文集》（一），中央文献出版社 2016 年版。

61．房中：《陈云研究文集》（二），中央文献出版社 2016 年版。

62．房中：《陈云与党的建设》，人民出版社 2017 年版。

63．刘家栋：《陈云与调查研究》，中央文献出版社 2004 年版。

64．刘家栋：《陈云在延安》，中央文献出版社 1995 年版。

65．中共江西省委党史资料征集委员会、江西锅炉化工石油机械联合公司党委编：《陈云在江西》，中央文献出版社 1996 年版。

66．中共上海党史研究室等编著：《陈云在上海》，中央文献出版社 2000 年版。

67．刘雪明、江泰然、周秀泠：《陈云政策思想与实践研究》，中央文献出版社 2005 年版。

68．李涛：《在总书记岗位上的张闻天》，中央文献出版社 2000 年版。

69．何沁主编：《中华人民共和国史（第三版）》，高等教育出版社 2010 年版。

70．孙光德、董克用主编：《社会保障概论》，中国人民大学出版社 2000 年版。

71．许涤新主编：《当代中国的人口》，中国社会科学出版社 1988 年版。

72．陈云故居暨青浦革命历史纪念馆编：《走进陈云——口述历史馆藏资料辑录》，中央文献出版社 2008 年版。

73．余玮：《传奇陈云》，人民日报出版社 2013 年版。

74．唐矽、高阳主编：《党和国家主要领导人思想生平研究资料选编：陈云生平研究资料》，中央文献出版社 2013 年版。

75．唐矽主编：《党和国家主要领导人思想生平研究资料选编：陈云思想研究资料》，中央文献出版社 2013 年版。

76．中共中央文献研究室、国家开发银行联合课题组编：《陈云对外开放思想形成和发展》，中央文献出版社 2013 年版。

77．詹真荣、熊乐兰：《马克思主义社会建设理论与实践》，云南出版集团公司、云南教育出版社 2011 年版。

78．谢孟军：《对外贸易驱动汉语国际推广研究：理论及实证》，人民出版社 2023 年版。

79．陈云纪念馆编，张凤翔主编：《陈云党建思想发展史》，中央文献出版社 2019 年版。

二、论文

1．陈云：《中华人民共和国过去一年财政和经济工作的状况》，《人民日报》1950 年 10 月 1 日。

2．陈云：《关于经济工作和财政工作的报告》，《人民日报》1951 年 11 月 4 日。

3．陈云:《当前基本建设工作中的几个重大问题》,《红旗》1959 年第 5 期。

4．陈云:《粮食购销还要抓紧》,《人民日报》1979 年 6 月 25 日。

5．陈云:《搞活经济很重要》,《文献和研究》1984 年第 12 期。

6．薄一波:《我对陈云同志的思念》,《党的文献》2005 年第 4 期。

7．胡绳:《陈云同志是实事求是的楷模》,《人民日报》1995 年 6 月 20 日。

8．朱佳木:《谈谈陈云对计划和市场关系问题的思考》,《党的文献》2000 年第 3 期。

9．刘书楷:《陈云与新中国财经工作的起步》,《党的文献》1995 年第 3 期。

10．周太和:《陈云与上海财经会议的重大决策》,《中共党史研究》2000 年第 3 期。

11．刘国新:《一次杰出的决策——陈云与抗美援朝开始后的财经方针》,《当代中国史研究》1995 年第 3 期。

12．朱佳木:《陈云从延安时代开始一直倡导的四个主张——为纪念陈云诞辰 98 周年而作》,《党的文献》2003 年第 3 期。

13．朱佳木:《从党风角度看陈云的民生思想》,《党的文献》2019 年第 1 期。

14．朱佳木:《回顾和学习陈云同志党的干部工作的思想》,《中共党史研究》2015 年第 6 期。

15．朱佳木:《陈云的改革开放思想——纪念陈云同志诞辰 110 周年》,《当代中国史研究》2015 年第 3 期。

16．迟爱萍:《回顾与展望:陈云研究述评》,中共中央文献研究室陈云研究组编:《陈云研究述评》上册,中央文献出版社 2004 年版。

17．迟爱萍:《陈云与社会主义精神文明建设》,《当代中国史研究》1996 年第 3 期。

18．迟爱萍:《陈云与社会主义新时期党的建设》,《中共党史研究》1995 年第 3 期。

19．迟爱萍:《论陈云在红军长征中的独特作用》,《党的文献》2016 年第 6 期。

20．赵士刚:《陈云经济改革构想的演进及其历史贡献》,《党的文献》2010 年第 1 期。

21．王梦奎:《学习陈云同志新时期经济论著四题》,《中共党史研究》1991 年第 2 期。

22．曲格平:《新中国环境保护工作的开创者和奠基者——周恩来》,《党的文献》2000 年第 2 期。

23．董志凯:《陈云如何在对外贸易中运用"比较优势"》,《中共宁波市委党校学报》2012 年第 5 期。

24．王庭大:《陈云党的组织建设思想研究述评》,《党的文献》2004 年第 4 期。

25．朱文显:《陈云对党的知识分子政策的贡献》,《四川师范大学学报(社会科学版)》1996 年第 2 期。

26．周良:《要认真研究陈云同志的文艺思想》,《文艺理论与批评》1995 年第 4 期。

27．孙东升:《论陈云对我国古籍整理工作的贡献》,《南昌大学学报(哲学社会科学版)》2003 年第 3 期。

28．张金才:《陈云三次领导稳定物价的基本经验》,《党的文献》2011 年第 3 期。

29．李文:《财政赤字、通货膨胀与债务危机——陈云对赤字财政的有关思想及其现实启示》,《经济问题》2012 年第 9 期。

30．宋学勤:《陈云社会建设思想与实践的现实意义——以中国共产党执政能力建设为视角》,《思想理论教育导刊》2010 年第 10 期。

31．董志铭:《八大前后陈云研究解决民生问题的思想和实践》,《中国浦东干部学院学报》2013 年第 1 期。

32．陈群:《陈云留下的宝贵精神财富》,《党的文献》2015 年第 2 期。

33．赵士刚:《搞社会主义建设要从本国实际出发——解读陈云 1956 年两次涉外会谈中对经济建设的思考》,《党的文献》2015 年第 2 期。

34．熊亮华:《"我们做工作不要被那些老框框束缚住"——解读陈云 1973 年关于对外经济工作的两则文献》,《党的文献》2015 年第 3 期。

35．《首届"陈云与当代中国"研讨会综述》,《当代中国史研究》2007 年第 5 期。

36．李正华:《陈云晚年的党建思想及其现实意义》,《理论学刊》2010 年第 7 期。

37．王庭大:《陈云党建思想与全面从严治党》,《中国浦东干部学院学报》2016 年第 5 期。

38．虞云耀:《陈云党建思想的深刻内涵和重大意义》,《党的文献》2015 年第 4 期。

39．占善钦:《陈云对正确处理人民内部矛盾理论的贡献》,《当代中国史研究》2007 年第 9 期。

40．王瑞芳:《陈云的农业水利思想》,《北京科技大学学报(社会科学版)》2009 年第 2 期。

41．吴克辉:《陈云与华南橡胶垦殖事业的开拓》,《理论界》2012 年第 10 期。

42．周蕾、刘维芳:《陈云妇女解放思想初探》,陈云纪念馆编:《上海陈云研究（2014 年）》,上海社会科学院出版社 2014 年版。

43．刘海飞:《陈云党性思想及其当今启示》,陈云纪念馆编:《上海陈云研究（2015年）》,上海社会科学院出版社 2015 年版。

44．丛雪娇:《陈云的生态文明及其时代价值》,《党史文苑》2016 年第 10 期。

后　记

　　陈云是伟大的无产阶级革命家、政治家,杰出的马克思主义者,是中国社会主义经济建设的开创者和奠基人之一,党和国家久经考验的卓越领导人,是以毛泽东同志为核心的党的第一代中央领导集体和以邓小平同志为核心的党的第二代中央领导集体的重要成员,为党和人民事业发展作出了重大贡献。他把毕生精力献给了党领导的伟大事业,在长达70年的革命生涯中,为新中国的成立、为社会主义基本经济制度和政治制度的确立、为改革开放和社会主义现代化建设所建立的功勋,党和人民将永远铭记。

　　陈云社会主义建设思想,内涵丰富、博大精深,是毛泽东思想、邓小平理论的重要组成部分,在各个历史时期有着重要的地位和作用。本书旨在从陈云研究的现状出发,借鉴陈云研究的已有成果,立足陈云本人的文章和著作,通过细致的梳理分析,并开展实地调查,对陈云社会主义建设思想作比较全面系统的研究,突出其历史性和时代性特征。研究陈云社会主义建设思想,对于全面建成社会主义现代化强国、实现第二个百年奋斗目标,以中国式现代化全面推进中华民族伟大复兴具有重大的理论和实践意义。

　　在写作过程中,本书吸收了许多专家和学者的研究成果,在此表示由衷的感谢。本书的出版,得到了人民出版社及责任编辑刘伟老师的悉心帮助,得到了中共江西省委党校(江西行政学院)领导和各位同事的大力支持。

笔者妻子许凤华和儿子江冠雄,在本书的写作过程中也付出了很多。限于自身的学术水平和研究能力,本书还存在不少缺点和不足,敬请专家与读者批评指正。

江泰然

2024 年 11 月

责任编辑：刘　伟

封面设计：王欢欢

图书在版编目(CIP)数据

陈云社会主义建设思想研究 / 江泰然 著. -- 北京 ： 人民出版社，

2025. 6. -- ISBN 978－7－01－027001－2

Ⅰ. K827＝7；D61

中国国家版本馆 CIP 数据核字第 2025XB4068 号

陈云社会主义建设思想研究

CHEN YUN SHEHUI ZHUYI JIANSHE SIXIANG YANJIU

江泰然　著

人民出版社 出版发行

(100706　北京市东城区隆福寺街 99 号)

中煤(北京)印务有限公司印刷　新华书店经销

2025 年 6 月第 1 版　2025 年 6 月北京第 1 次印刷

开本：710 毫米×1000 毫米 1/16　印张：18

字数：247 千字

ISBN 978－7－01－027001－2　定价：72.00 元

邮购地址 100706　北京市东城区隆福寺街 99 号

人民东方图书销售中心　电话 (010)65250042　65289539